中 德
跨文化交际与管理
| 第2版 |

〔德〕Kai Bartel　Thomas Kempa
〔中〕舒 雨　张华南　周 蕴　编

INTERKULTURELLE KOMMUNIKATION
—— INTERKULTURELLES MANAGEMENT

商务印书馆
The Commercial Press

图书在版编目（CIP）数据

中德跨文化交际与管理：第2版：德文 / 舒雨等编.
北京：商务印书馆，2025. -- ISBN 978-7-100-24984-3
  I. G125；G151.65
中国国家版本馆CIP数据核字第2025DZ3403号

权利保留，侵权必究。

中德跨文化交际与管理
第2版

〔德〕Kai Bartel　Thomas Kempa
〔中〕舒雨　张华南　周蕴　编

商　务　印　书　馆　出　版
（北京王府井大街36号　邮政编码100710）
商　务　印　书　馆　发　行
北京新华印刷有限公司印刷
ISBN 978 - 7 - 100 - 24984 - 3

2025年7月第1版　　　　　开本787×1092 1/16
2025年7月北京第1次印刷　印张 16 1/2

定价：75.00元

前　言

目前德国是中国在欧洲最重要的政治和经济伙伴之一，双方的合作已经涉及诸多领域。随着中国改革开放的深入发展和经济腾飞，对同时具有语言、文化和经济管理知识的专门人才的需求也与日俱增。这方面人才的标志是，他们在处理经济事务时有能力正确判断文化和跨文化因素的潜在作用，并能令人满意地发挥和驾驭其作用。因为问题的多视角性，涉及的领域也是多方面的，所以我们为本书设定的任务是在这方面提供一个基础。

本书除了介绍文化、交际和跨文化领域的知识外，还将介绍跨文化培训措施、中德交往中具有实践意义的行动指南、人员领导和管理及国际营销方面的企业管理知识。全书分为三大部分（重点），每个部分由两章组成。第一和第二章是理论和认识的基础；第三和第四章介绍跨文化培训措施及谈判中的跨文化问题，旨在为今后的跨文化工作做准备，具体形象地展示在经济生活中如何使用这些知识；第五和第六章涉及国际商务的重要企业管理知识和国际市场营销问题。

第一部分阐明必要的基础理论问题。第一章首先介绍什么是*文化*并解释*交际*的概念，然后才能探讨什么是*跨文化*问题，并建立起跨文化的**问题意识**。在此，编者有意识地将本章内容仅限于最基本的问题。第二章研讨跨文化特性的理论原则，例如价值观及其作用，在这方面对于中国文化尤为重要的是*关系*和*礼貌*。本书所挑选的话题既顾及科学性也顾及实用性。

随后本书引入与实践有关的跨文化问题。第三章主要涉及对象是外派人员。本章首先介绍*文化适应性*和"文化休克"这两个概念，然后回答跨文化培训为什么如此重要的问题，接着概要介绍跨文化培训的形式，其中一部分还配有实例说明，最后以描述文化同化类型作为本章的结束。第四章将跨文化管理问题具体到中国和德国交往的情景中，提供实用的行动建议，具体议题是代表团、口译和笔译、接待和谈判等。

第五章和第六章的重点是企业管理。这方面的跨文化问题主要涉及管理和人员的领导及管理，因此第五章主要介绍企业的跨文化管理和国际管理，具体探讨在跨文化管理方面对国际企业领导人员的要求和跨文化的人事管理。最后的第六章是市场营销问题，探讨国际市场营销的条件及具体构成。

本书旨在为大学本科德语学生介绍跨文化交际和跨文化管理的基本知识，为继续学习奠定基础，不要求学生事先在这些方面有初步知识，所以编者在编写本书时从内容到形式都充分考虑到了学习对象的知识状况和学习习惯。为了确保教材在内容和教学法方面适合学习对象，本书的编写工作是在一个具有不同文化背景的中国和德国教师小组中进行的，整个工作过程也可视为是跨文化交际的一次演习。初稿完成后，即在大学本科德语系三年级进行了有益的试用，根据课程目标和学生的学习过程，发现了不少尚可改进、补充和挪动的地方，我们对此作了相应的修改。

在指导思想上，编者不但重视教材的科学内涵，更看重知识的使用，同时培养学习者**对视角转换的敏感性**，因为只有这样，才能促成将来在跨文化环境中双赢的合作。在视角转换中正确对待他人和进行自我反思起着关键的作用，犹如步履钢丝，必须自觉地对在本文化的经验条件中形成的思想进行检验，还要防止看问题定势化，在解释和思考不同文化现象时最需要的是向自己提出自我反思的任务。简言之，本书的目的就是希望读者能够对自己和他人的一切言行进行深思，在跨文化的相互交往中不再固执己见。

题材的广泛必然要求对内容进行选择，因此材料受到限制就在所难免。在众多理论模式中，编者决定只选择一些基础性的论点，例如霍夫斯泰德的价值分类体系和豪尔的强语境文化和弱语境文化模式。霍夫斯泰德的价值分类体系在企业管理学界和实施者中都获得很好的反响，这一点我们必须加以重视，我们看重的是该体系能从理论上进行正确和实用的分类。为了提高学习者的学术水平，对于霍夫斯泰德体系中存在问题的部分，学习者也应该具备敏锐性。豪尔提出的模式可以将互动关系——例如在德国人和中国人之间产生的相互关系——快速有效地予以理论的归纳，从而便于分析和理解。

本书的另一个任务是通过具体指导和提供生词表帮助学习者开展讨论。

前言

在解释，尤其是翻译概念方面，我们花费了很多精力，因为中国在这个领域中的专业术语尚没有统一的译法。编者在书后附上专业术语词汇表及中文翻译和解释，这是全书的一个重要组成部分，也是我们为中国在该领域能够进行科学讨论的一大贡献。

本书既可作为阅读书籍，亦可作为教科书使用，为此编者在每个章节后面都提供了可以加深理解和理论联系实际的练习。在每个篇幅较大的小节之后还附有复习性测试题，它们的依据是课文中提供重要内容信息及减轻学习者学习和理解负担的旁注。我们希望本书能够帮助中国的师生顺利进入跨文化交际和跨文化管理领域，并预祝学习者学习愉快！竭诚欢迎您的批评和指正！

编者
2010 年 6 月

Vorwort
Zielsetzung und Inhalte dieses Buches

Deutschland ist einer der wichtigsten ökonomischen und politischen Partner Chinas in Europa. Dies äußert sich in zahlreichen Kooperationen im akademischen, kulturellen und natürlich auch im ökonomischen Bereich. Die zunehmende Öffnung und wirtschaftliche Expansion der Volksrepublik schafft einen wachsenden Bedarf an qualifizierten Fachleuten, die sowohl Sprach- und Kulturkenntnisse als auch Kenntnisse im Bereich der Wirtschaft und des Managements mitbringen. Ein wichtiges Qualifikationsmerkmal in diesem Zusammenhang ist die Befähigung, in wirtschaftlichen Kontexten, kulturelles bzw. interkulturelles Potenzial korrekt einschätzen und im Idealfall nutzen und steuern zu können. Dies erfordert eine breit angelegte Beschäftigung mit der Materie, die aus ganz unterschiedlichen Blickwinkeln analysiert werden muss. Es soll die Aufgabe dieses Lehrwerks sein, in diesem Bereich Grundlagen zu legen.

Neben Kenntnissen aus den Bereichen Kultur und Kommunikation, sowie der Interkultur, werden auch Wissen über interkulturelle Trainingsmaßnahmen und praxisorientierte Handlungsanweisungen im chinesisch-deutschen Kontakt sowie BWL-Wissen aus den Bereichen Personalführung, -management und dem internationalen Marketing vermittelt. Das Buch ist in drei Blöcke (Schwerpunkte) zu jeweils zwei Kapiteln aufgeteilt. Die Kapitel 1 und 2 sind die Basiskapitel. Die Kapitel 3 und 4 geben einen Überblick über interkulturelle Trainingsmaßnahmen, die auf interkulturelle Situationen vorbereiten, und zeigen konkrete und anschauliche Anwendungen dieser Kenntnisse im Wirtschaftsleben. Die Kapitel 5 und 6 thematisieren wichtige BWL-Themen im internationalen Business.

Im ersten Schwerpunkt werden einige unabdingbare theoretische Grundlagen gelegt. Konkret gesagt, werden im Kapitel 1 zuerst die Frage *Was ist Kultur?* und der Begriff der *Kommunikation* geklärt. Damit werden die Grundlagen für die Diskussion der Frage gelegt, was der Begriff des „Interkulturellen" überhaupt beinhaltet. Im Abschnitt über *Interkultur* soll dann versucht werden, eine **Bewusstheit für die Problemstellung** zu schaffen. Die Autoren konzentrieren sich dabei auf die grundlegenden Problematiken. Das zweite Kapitel behandelt theoretische Ansätze, z. B. wie an Interkulturalität herangegangen werden kann. Das beinhaltet die Frage nach den *Werten*, die den Kulturen zu Grunde liegen, und deren Auswirkungen. Dabei geht es vor allem um das gerade für China so wichtige Thema der *Beziehungen* und der *Höflichkeit*. Der für dieses Buch gewählte Aspekt ist, wie im Folgenden noch dargestellt werden soll, gleichzeitig wissenschaftlich und anwendungsbezogen.

Nach diesen grundlegenden, generell auf Kultur und Kommunikation bezogenen Anteilen wendet sich das Buch in seinem interkulturellen Schwerpunkt praxisbezogenen Themen zu. In Kapitel 3 wird die Frage aufgegriffen, welche Probleme auf Menschen zukommen, die einen Auslandsaufenthalt absolvieren. Dabei werden zunächst *Akkulturation und „Kulturschock"* vorgestellt. Dann wird die Frage beantwortet, *warum interkulturelles Training* notwendig ist. *Formen interkultureller Trainings* (und deren Anwendungsbereiche) werden daraufhin im Überblick und teilweise mit Beispielen vorgestellt. Abschließend wird der *Culture Assimilator* beschrieben. Noch konkreter interkulturell wird das Buch im Kapitel 4, in dem chinesisch-deutsche Kontaktsituationen beschrieben und Handlungsmöglichkeiten dargestellt werden. Dabei werden die Themen *Delegationen, Dolmetschen und Übersetzen* sowie *Empfänge* und *Verhandlungen* abgehandelt.

Den betriebswirtschaftlichen Schwerpunkt des Buches bilden die Kapitel 5 und 6. Interkulturelle Problematiken entstehen häufig im Bereich des Managements und der Personalführung bzw. der Personalverwaltung. Daher ist das Kapitel 5 diesen Themen unter interkulturellen und internationalen Aspekten gewidmet. Hier werden das *interkulturelle Management* und dessen Anforderungen an international tätiges Führungspersonal, sowie das *interkulturelle Personalmanagement* behandelt. Im 6. und letzten Kapitel, das dem Marketing gewidmet ist, werden die *Bedingungen des internationalen Marketings* sowie seine konkrete Ausformung als *internationales Marketing* betrachtet.

Dieses Buch vermittelt den chinesischen Studierenden der Germanistik Grundbegriffe der Interkulturellen Kommunikation und des interkulturellen Managements und legt die Grundlage für ein weiterführendes Studium. Dabei wird von geringen bzw. keinen Vorkenntnissen in diesen Bereichen ausgegangen. Beim Verfassen waren die Adäquatheit der vermittelten Inhalte sowie der Form der Vermittlung dieser Inhalte in Bezug auf die Vorkenntnisse und Lerngewohnheiten dieser Zielgruppe von größter Bedeutung. Die Entwicklung der dafür angemessenen Form fand in einer chinesisch-deutschen, also einer gemischtkulturellen Arbeitsgruppe statt, welche die inhaltliche und didaktische Eignung des Materials für die Zielgruppe prüfte und sicherstellte. Auch dieser Prozess war eine Übung in interkultureller Kommunikation. Nach der Abfassung der ersten Version wurde das Buch im Unterricht mit Studierenden des dritten Jahrganges getestet. Das war von großem Vorteil, da in dieser Testphase noch zahlreiche Änderungen, Ergänzungen und Umstellungen vorgenommen werden konnten, die aus der inneren Logik des Kurses und dem Lernprozess der Studierenden abgeleitet wurden.

Im Zentrum steht neben der wissenschaftlichen Darstellung stets die Anwendung der erworbenen Kenntnisse, aber auch **die Sensibilisierung der Lernenden für den Perspektivenwechsel**, der notwendig ist, um in interkulturellen Umfeldern eine für beide Seiten produktive und damit erfolgreiche Zusammenarbeit zu ermöglichen. Bei diesem Perspektivenwechsel spielen Fremdstellung und Selbstreflexion eine wesentliche Rolle. Unter Fremdstellung und Selbstreflexion verstehen die Autoren den Drahtseilakt, das eigene Denken im Kontext der eigenen kulturell geprägten Erfahrungsbedingungen bewusst zu überprüfen. Ein weiteres Anliegen ist es, Stereotypisierungen vorzubeugen. Daher schließen sich an Interpretationen und Überlegungen über die „andere" Kultur stets Aufgaben mit selbstreflektorischen Anteilen an. Kurz gesagt, soll das Buch zum Nachdenken über das Eigene und das Andere anregen und helfen, feste Standpunkte im Sinne eines wechselseitigen interkulturellen Austausches zu relativieren.

Das umfangreiche Thema verlangt eine inhaltliche Auswahl, hierbei sind Beschränkungen leider unumgänglich. So haben die Autoren sich dafür entschieden, aus den vielfältigen theoretischen Modellen grundlegende wissenschaftliche Ansätze auszuwählen. Die Darstellung konzentriert sich auf die *Hofstede'schen* Kulturdimensionen und das Modell der High-Context- und Low-Context-Kulturen von *Hall*. Gerade die Hofstede'schen Kulturdimensionen haben in der Betriebswirtschaft und unter Praktikern großen Anklang gefunden, sodass deren großem Einfluss Rechnung getragen werden musste. Besonderer Wert wurde auf eine korrekte Einordnung der praxisorientierten Darstellungen in theoretische Zusammenhänge gelegt. Um akademisch-wissenschaftlichen Ansprüchen zu genügen, werden die Lernenden aber auch für die problematischen Aspekte der Hofstede'schen Darstellung sensibilisiert. Der Hall'sche Ansatz liefert ein Modell, mit dessen Hilfe interaktionale Konstellationen, wie sie beispielsweise zwischen Deutschen und Chinesen entstehen können, schnell und effektiv in einen theoretischen Bezugsrahmen gesetzt, und damit analysiert und verstanden werden können.

Ein weiteres wichtiges Anliegen dieses Buches ist es, den Lernenden einen anschaulichen Einstieg in die Diskussion sowie das dafür notwendige Vokabular zu liefern. Auf die Klärung der Begriffe wurde (vor allem bei der Übersetzung) großer Wert gelegt, da dies ein Bereich ist, in dem hier in China noch gewisse Unklarheiten vorhanden sind. Daher ist das Glossar der Fachbegriffe, in dem diese Begriffe übersetzt und erläutert werden, ein wesentlicher Bestandteil des Ganzen und damit der wichtigste Beitrag dieses Buches zur wissenschaftlichen Diskussion dieser Themen in China.

Das Buch kann als durchgängiger Text gelesen werden. Aber in Hinblick auf seine Verwendung als Lehrbuch sind zwischen die einzelnen Abschnitte Vertiefungs- und Anwendungsübungen eingefügt, und jeder größere Abschnitt wird von einem Wiederholungstest abgeschlossen. Diese Tests basieren auf den Randglossen, welche die wichtigsten Informationen des Textes hervorheben und so das Lernen und Verstehen vereinfachen. Wir hoffen, den chinesischen Lehrenden und Lernenden mit dieser Publikation einen interessanten und zugleich gewinnbringenden Einstieg in die Thematiken *Interkulturelle Kommunikation* und *Interkulturelles Management* bieten zu können und wünschen viele interessante Stunden damit. Wie in jeder Arbeit dieses Umfanges sind Mängel und Fehler nicht immer vermeidbar. Die Autoren laden daher alle Leserinnen und Leser dazu ein, ihnen ihre Korrekturen und Anregungen mitzuteilen.

Juni 2010   Die Verfasser

Inhaltsverzeichnis

1. Kapitel	**Kultur, Kommunikation, Interkultur**	1
1.0	文化、交际与跨文化交际	2
1.1	Was ist Kultur?	5
1.2	Kommunikation	19
1.3	Interkultur	36

2. Kapitel	**Werte, Beziehungen, Höflichkeit**	45
2.0	东西方的文化差异	46
2.1	Werte	48
2.2	Beziehungen	65
2.3	Höflichkeit	93

3. Kapitel	**Interkulturelle Trainings**	101
3.0	外派人员文化适应阶段和跨文化的企业培训	102
3.1	Akkulturation und „Kulturschock"	105
3.2	Warum interkulturelles Training – Bedarf und Ziele	112
3.3	Formen interkultureller Trainings	124
3.4	Der Culture Assimilator	138

4. Kapitel	**Delegationen, Dolmetschen und Übersetzen, Empfänge, Verhandlungen**	143
4.0	跨文化的谈判	144
4.1	Delegationen	146
4.2	Dolmetschen und Übersetzen	155
4.3	Empfänge	163
4.4	Verhandlungen	169

5. Kapitel	**Interkulturelles Management**	177
5.0	跨文化的领导和人事管理	178
5.1	Interkulturelles Management	180
5.2	Führung im interkulturellen Kontext	186
5.3	Interkulturelles Personalmanagement	195

6. Kapitel	**Internationales Marketing**	201
6.0	跨文化与国际市场营销	202
6.1	Grundbedingungen des internationalen Marketings	204
6.2	Internationales Marketing	214

Abbildungsverzeichnis	221
Tabellenverzeichnis	222
Fachbegriffe, neue Wörter, Namen der Wissenschaftler	223
Mehr Informationen zu den für das Buch relevanten Wissenschaftlern	236
Verwendete sowie weiterführende Literatur	240
Lösungen	249

1. Kultur, Kommunikation, Interkultur

1.0 文化、交际与跨文化交际
1.1 Was ist Kultur?
1.2 Kommunikation
1.3 Interkultur

1.0 文化、交际与跨文化交际

❏ 简介：

有关文化和交际的问题是学习跨文化的企业管理的理论基础。编者将遵循由浅入深的原则，首先介绍什么是文化，什么是交际，进而过渡到什么是跨文化的交际。本章着重阐述文化与交际的概念及其相关理论，对跨文化交际进行概括性的介绍，为第二章的学习打下基础。

本章共分三小节。第一小节介绍什么是文化。很多学者曾尝试给"文化"一词下定义，但"文化"至今仍没有统一的概念。本书采用的是一个比较简单、实用的概念：文化是某个群体共有的价值和标准体系。价值影响我们的思维、感知和行为，标准则是针对某个重复出现的情况的一般行为准则，它以价值为基础。文化可以帮助人们在其生存的环境中获得认同感并且顺利地和他人交往。但文化存在界限，这导致了人们对其他文化的认知是极为有限的。通常把异文化比喻成一座冰山，人们能看到的只是冰山露出水面的有限部分，而对理解异文化更为重要的价值和标准则是冰山隐藏在水中的不可见的大部分。

荷兰社会学家霍夫斯泰德提出了跨文化交际中以实际应用为目的的文化概念。他把文化看作"心灵软件"，他认为每个人都拥有自己的思维、感觉以及潜在行为模式，这些是人们在其出生、成长的社会环境中学习到的。他把这些模式比喻成计算机的软件，这些模式一旦被固定下来就很难再改变。霍夫斯泰德还把文化分为第一文化和第二文化两个层次，第一文化指文明，而第二文化包括那些更基本、更日常的事物，也正是第二文化把来自不同文化的人们区别开来。

美国人类学家爱德华·豪尔把文化分为强语境文化和弱语境文化。人们在弱语境文化中直接说明意思，而在强语境文化中则需要理解"字里行间"的意思。正是由于弱语境文化和强语境文化中人们的交际方式不同，来自两种不同语境文化的人们在交际时很容易产生误会，比如在贸易谈判中，来自弱语境文化的人们希望首先签订合同，然后在此基础上建立一个良好的、长期的关系，而强语境文化的人们则希望首先确立良好的关系、获得信任，而后才能谈及合同。

本章的第二节阐述什么是交际。和"文化"一样，"交际"也没有统一的概念。人们经常用"发送者—接收者"这种简化的模型来描述交际。为了更全面地描述交际，德国的心理学教授舒尔茨·封·图恩指出交际信息包含四个方面的内容，即事实、关系、自白和命令。为了实现恰当的交际，在交际时人们要针对信息的这四个方面分别采用四个"耳朵"聆听。

本节还讲述了文化和交际的关系。文化是用于储存和传递已有知识的体系，文化被储存和传递就是一种交际。

在本节中还介绍了一些和交际有关的语言学知识，包括语言的表达功能、语言和交际的关系、周围环境对交际的影响、语言和上下文的关系等内容。需要强调的是，交际是一种有意识、有目的性的行为，共同的语言是交际的前提，人们通过语言渠道、副语言渠道和非语言渠道进行交际。

第三节扼要介绍跨文化的有关内容，首先介绍跨文化交际的概念，然后分析跨文化交际中产生误解的原因。为此，编者以实例来介绍语言层面、副语言层面和非语言层面上的文化差异。由于没有共同的文化背景、没有共同的价值认同和评判标准，人们在跨文化交际中容易产生误解，甚至发生冲突。研究文化间的差异和跨文化交际中的问题有助于我们更好地理解不同文化之间的交际过程，从而有效地指导我们解决企业管理中的跨文化交际问题。

读者在本章应主要掌握以下内容：
1. 文化是什么？如何理解文化是"心灵软件"？
2. 第一文化和第二文化分别包括哪些内容？
3. 弱语境文化和强语境文化有什么区别？
4. 什么是交际？舒尔茨·封·图恩提出的交际的四个方面分别是什么？根据这四个方面人们在交际中应该注意什么？
5. 文化和交际有什么关系？
6. 如何理解交际的三个渠道？
7. 什么是跨文化交际？在跨文化交际时人们为什么容易产生误解？

读者在本章应掌握以下主要概念：

- 文化（Kultur）、交际（Kommunikation）、跨文化交际（interkulturelle Kommunikation）
- 文化是"心灵软件"（Mentale Programmierung）
- 弱语境文化（Low-Context-Kulturen）、强语境文化（High-Context-Kulturen）
- 交际信息的四个方面：事实、关系、自白和命令（Sachinhalt, Beziehung, Selbstoffenbarung, Appell）
- 交际的三个渠道：语言渠道、副语言渠道和非语言渠道（verbale, para- und nonverbale Kommunikation）

1.1 Was ist Kultur?

Ein selbstverständlicher und doch problematischer Begriff

Es ist nie zu spät, Vorurteile abzulegen.

Henry David Thoreau (1817–1862),
US-amerikanischer Philosoph, Naturalist, Schriftsteller und Mystiker

❑ Definition von Kultur

Was ist Kultur? Die Antwort auf diese Frage scheint auf der Hand zu liegen. Doch bei genauerem Hinsehen fällt auf, wie vielschichtig und komplex diese Frage in Wirklichkeit ist. So hat es bereits zahlreiche Versuche gegeben, den Begriff *Kultur* zu definieren. Heute geht das Spektrum der Definitionen von anthropologischen, über betriebswirtschaftliche Versuche bis hin zu geschichtsphilosophischen Ansätzen. Ursprünglich ist der Kulturbegriff in den westlichen Sprachen vom lateinischen Wort *cultura* abgeleitet. *Cultura* bedeutet Landbau, also das Bestellen des Bodens, um landwirtschaftliche Produkte zu erzeugen.

„Kultur" leitet sich von „cultura" (lateinisch für Landbau) ab

Der Begriff wurde seit dem 18. Jahrhundert vor allem von Gelehrten und Philosophen (z. B. von Kant in der „Kritik der Urteilskraft") gebraucht. Häufig wurde Kultur im 18. und 19. Jahrhundert mit Zivilisation gleichgesetzt und im Gegensatz zur Natur gesehen. Im 19. Jahrhundert wurde der Begriff in der Anthropologie breiter definiert. Kultur basierte nach dieser Auffassung auf der Fähigkeit des Menschen, Versuche systematisch auszuwerten und die Ergebnisse schriftlich und mündlich weiterzugeben. Die moderne Anthropologie fordert in letzter Zeit sogar, bestimmte Fähigkeiten von Primaten (so etwa von Orang – Utans) als kulturelle Leistungen zu betrachten. Forschungen haben gezeigt, dass diese Tiere erlernte Fertigkeiten – wie den Gebrauch einfacher Werkzeuge – in kleinen Gruppen weitergeben.

Diese Beispiele spiegeln allerdings nur einen kleinen Teil der Theorien der

Mehr als 150 Definitionen von „Kultur"

Bewertung und des Verständnisses menschlichen Daseins wider. Es gibt zahllose Definitionen von Kultur. In der Ausgabe ihres Buches *Culture: A Critical Review of Concepts and Definitions* haben die Anthropologen Kroeber und Kluckhohn bis zum Jahr 1963 eine Liste mit über 150 verschiedenen Definitionen des Begriffs Kultur zusammengetragen.

Kultur ist ein System kollektiver Werte und Normen in einer bestimmten Gruppe

Für unsere Darstellung wollen wir uns allerdings mit einer einfacheren, für die Praxis brauchbaren Definition begnügen. Unter Kultur verstehen wir ein System kollektiver Werte und Normen, die für eine bestimmte Gruppe wie z. B. ein Volk oder eine soziale Gruppe gelten, die aber auch das Verhalten der einzelnen beeinflussen. Die Normen und Werte werden während der Sozialisation von den Mitgliedern einer sozialen Gruppe bewusst oder auch unbewusst erlernt und verinnerlicht.

Werte können wir als Auffassungen davon betrachten, was als wünschenswert anzusehen ist: Sie beeinflussen unser Denken, Fühlen und Handeln. Normen basieren auf Werten und sind verallgemeinerte Verhaltensmuster für bestimmte, meistens wiederkehrende Situationen. Kultur hilft den Menschen also, sich in ihrer Umwelt zurechtzufinden, und sorgt für eine problemlose Kommunikation und Interaktion. Sie erlaubt es, das Verhalten der anderen Mitglieder der eigenen Gruppe bis zu einem gewissen Punkt vorherzusehen.

Kultur hilft den Menschen, sich in ihrer Umwelt zurechtzufinden

Man kann andere Kulturen immer nur sehr begrenzt wahrnehmen

Kultur setzt Grenzen, grenzt von anderen Gruppen ab und schafft zugleich Identität. Die Wahrnehmung anderer Kulturen kann man mit einem Eisberg vergleichen. Meist wird nur ein kleiner Teil der anderen Kultur für „den Fremden" sichtbar. Zum Beispiel lassen sich typische Verhaltensweisen oder die Architektur leicht wahrnehmen und beschreiben. Unsichtbar sind dagegen die Normen und Werte der anderen Kultur. Dennoch sind sie für das Verstehen anderer Kulturen noch viel wichtiger als die beobachtbaren Äußerlichkeiten.

1.1 Was ist Kultur?

Aufgaben zum Abschnitt *Definition von Kultur*:

1. Vergleichen Sie die Herkunft des westlichen Begriffes „*Kultur*" mit der Herkunft des chinesischen Begriffs „*wenhua*" 文化! Was für Unterschiede finden Sie?
2. Sammeln Sie Beispiele für *Werte* in Ihrer oder der deutschen Kultur!
3. Finden Sie kulturelle Eigenheiten Chinas und vergleichen Sie diese mit der deutschen Kultur!

❑ **Kultur als „mentale Programmierung"**

Eine auf die praktische Anwendung des Kulturbegriffs in der Interkulturellen Kommunikation zielende Definition stammt von dem Sozialwissenschaftler Geert Hofstede. Er bezeichnet die Kultur als eine „mentale Programmierung". Laut Hofstede trägt jeder Mensch Muster des Denkens, Fühlens und potenziellen Handelns in sich, die er im Laufe seines Lebens erlernt hat. Die meisten dieser Muster erwirbt der Mensch in seiner Kindheit, denn in der Kindheit ist der Mensch am lernfähigsten und am formbarsten. Hofstede vergleicht diese Muster mit der Programmierung eines Computers. Demnach ist die Kultur die mentale Software des Menschen, die es ihm erlaubt, sich in seiner Umwelt zurechtzufinden. Die „mentalen Programme" stammen aus dem sozialen Umfeld, in das jeder Mensch hineingeboren wird und in dem er aufwächst. Die „Programmierung" beginnt in der Familie, um sich dann in der Nachbarschaft, in Freundescliquen, in der Schule, in Vereinen, auf der Arbeit – im Grunde überall – fortzusetzen.

Hofstede: Kultur als mentale Programmierung – Kultur ist „mentale Software"

Haben sich diese Denk-, Handlungs- und Fühlmuster erst einmal gefestigt, so wird es für den Menschen unter Umständen schwierig, diese wieder abzulegen und etwas anderes zu lernen. Ein einfaches Beispiel: Essgewohnheiten. Ein Mensch, der in China aufwächst, ist an das Essen mit chinesischen Essstäbchen

Einmal gefestigte kulturelle Muster sind schwer abzulegen

sowie an die chinesischen Speisen gewöhnt. Es wird ihm beim ersten Kontakt mit westlichem Essen unter Umständen schwer fallen, sich an die Zusammensetzung der Speisen, die Rituale beim Essen und das ungewohnte Essbesteck zu gewöhnen. Er ist mental auf „chinesisches Essen" programmiert.

„Mentale Software" ist bloß eine Metapher – der Mensch kann von ihnen abweichen

Der Begriff der mentalen Software bedeutet natürlich nicht, dass der Mensch wie ein Computer funktioniert. Man sollte immer im Gedächtnis behalten, dass es sich bei diesem Begriff um eine Metapher und nicht um ein reales Phänomen handelt. Sein Verhalten ist nur zum Teil durch jene „mentalen Programme" bestimmt, und er kann von seinen „Programmierungen" abweichen. Die Metapher beschreibt nur die Wahrscheinlichkeit, dass ein Mensch auf Grund seiner persönlichen Vergangenheit in einer bestimmten Weise handeln und reagieren wird.

❑ Ebenen von Kultur

Unterscheidung: Kultur I (Kunst) und Kultur II (Alltagsleben)

Kultur ist, wie wir bereits wissen, ein Begriff, der sich nur schwer definieren lässt. Ja, eigentlich ist er selbst kulturabhängig und kann daher auf sehr verschiedene Weisen erklärt werden. Diese Verschiedenheit findet sich nicht nur, wenn man abendländisch-westliche Kulturen und orientalisch-östliche Kulturen vergleicht. Auch „innerhalb" einer Kultur bestehen Meinungsverschiedenheiten, was der Begriff *Kultur* eigentlich bedeutet. In den meisten westlichen Sprachen versteht man unter Kultur Zivilisation sowie geistige Verfeinerung und meint damit die Produkte dieser Verfeinerung wie zum Beispiel Bildung, Kunst und Literatur. Dieser Begriff von Kultur ist sehr eng gefasst, und wird von Hofstede als „Kultur Eins" bezeichnet. Sein Kulturverständnis umfasst jedoch weitaus mehr Phänomene des täglichen Lebens, deren Gesamtheit er als „Kultur Zwei" bezeichnet. Dazu gehören nicht nur Kunst und Bildung sondern auch viel grundlegendere, gewöhnlichere Dinge: z. B. Essen, Gefühlsausdruck, Körperpflege, soziale Rituale wie das Grüßen und vieles andere mehr. Die Gesamtheit dieser Phänomene, die Hofstede „Kultur Zwei" nennt, bildet den Hintergrund, vor dem sich eine Gruppe kulturell von einer anderen unterscheidet. Mit seinen Worten gesagt: „Sie ist *die kollektive Programmierung des Geistes, die die Mitglieder einer Gruppe oder Kategorie von Menschen von einer anderen unterscheidet.*" (Hofstede 1993, 19, Kursivdruck im Original)

Dieser Begriff von Kultur ähnelt den Ideen des französischen Soziologen Pierre Bourdieu, der das Konzept des *Habitus* entwickelte. Bourdieu ist der Ansicht, bestimmte soziale Zugehörigkeiten erzeugten einen Habitus. Das Wort Habitus ist aus dem Lateinischen entlehnt und bedeutet Verhalten und Erscheinungsform eines Lebewesens. Der Habitus ist laut Bourdieu die Basis für Handlungen und Vorstellungen. In ihm zeigen sich Wahrnehmungsschemata, die Prinzipien des Urteilens und Bewertens begründen. Nach Bourdieus Ansicht manifestiert sich der Habitus deutlich sichtbar im Körper. So lassen sich zum Beispiel die Mitglieder bestimmter sozialer Gruppen oder Schichten am Habitus erkennen.

> Bourdieu: Konzept des „Habitus", der durch bestimmte soziale Zugehörigkeiten erzeugt wird

Aufgaben zu den Abschnitten *Kultur als „mentale Programmierung" und Ebenen von Kultur*:

1. Was für Beispiele kennen Sie für *Kultur I, Kultur II*?
2. Woran erkennt man den *Habitus* eines Menschen? Finden Sie Beispiele!

❏ Probleme bei der Abgrenzung des Begriffs – eine Vielzahl von „Kulturen"

Seit Beginn des 20. Jahrhunderts wird der Begriff Kultur immer häufiger auch in anderen Kontexten als im überlieferten Verständnis von Hochkultur verwendet. Kultur bedeutet, wie erwähnt, nicht mehr nur geistige Verfeinerung, sondern wird auf viele andere Dinge und Sachverhalte angewendet.

Eine große Zahl von Begriffen beinhaltet mittlerweile das Wort Kultur und die Zahl der Neubildungen wächst stetig. So gibt es nicht nur eine „Mahnmalkultur" sondern auch eine „Biergartenkultur", nicht nur eine „Gesprächskultur", sondern auch eine „Misstrauenskultur" und sogar eine „Einkaufskultur". Vor allem

> Es existiert heute eine Vielzahl von „Kulturen" – viele Begriffe beinhalten das Wort Kultur

letztere hat ihren Ursprung hauptsächlich in der ökonomischen Entwicklung. Bereiche des täglichen Lebens, die zwar auch früher kulturell bestimmt waren, in denen es aber auf Grund wirtschaftlicher Beschränkungen für die Menschen keine Wahlmöglichkeiten gab, bieten nun die Gelegenheit, unterschiedliche Entscheidungen zu treffen. Beispielsweise entwickeln sich in China seit Beginn der Öffnungs- und Reformpolitik Einkaufsmöglichkeiten, die zuvor nicht denkbar waren. Es entsteht eine neue „Einkaufskultur".

Die vielen neuen Wortbildungen zeigen auch, dass Kultur nicht nur als ein nationales Phänomen anzusehen ist. Vielmehr haben sich „quer" zu den Nationalkulturen kulturelle Einheiten ausgebildet, die auf den besonderen Lebensweisen bestimmter Gruppen basieren (zum Thema *Globalisierung* vgl. 6.1 *Die Globalisierung von Märkten*, S. 205f). Es gibt eine „Jugendkultur", eine „Seniorenkultur", eine „Arbeiterkultur", aber auch eine „Unternehmenskultur", eine „Wissenschaftskultur", eine „Freizeitkultur", eine „Medienkultur" und vieles andere mehr. Diese Ausdifferenzierung macht deutlich, dass viele Tätigkeiten für die Gesellschaft wichtiger geworden sind und einen eigenen Platz im gesellschaftlichen Leben verlangen. Diese Entwicklung, die in der zunehmenden Industrialisierung ihre Ursache hat, hat jedoch auch übertriebene Folgen. So differenziert sich beispielsweise die „Sportkultur" in eine „Fußballkultur", eine „Joggingkultur", eine „Marathonkultur" und viele andere mehr. Hier ist sicher die Frage erlaubt, wie viel Platz diese Vielzahl von „Kulturen" im öffentlichen Leben noch für „Kultur" lassen.

Aufgabe zum Abschnitt *Probleme bei der Abgrenzung des Begriffs – eine Vielzahl von „Kulturen":*

1. Was für internationale Subkulturen kennen Sie? Finden Sie Beispiele für kulturelle Internationalismen aus dem Bereich der Pop-Musik, bei Modetrends oder bei der Freizeitgestaltung (Tipp: Informieren Sie sich im Internet-Jugendmagazin yaez über neuste Trends - www.yaez.de)

1.1 Was ist Kultur?

❏ High-Context- und Low-Context-Kulturen

Wie wir gesehen haben, ist es sehr schwierig den Begriff der Kultur für die praktische Forschung nutzbar zu machen. Die Vielfalt der Begriffe macht es fast unmöglich, klare Definitionen zu geben und Kulturen vergleichbar zu machen. Daher wurde der Versuch gemacht, Kulturen in einzelne „Dimensionen" zu unterteilen, anhand derer man sie unterscheiden kann. Eine frühe, aber bis heute weit beachtete Unterscheidung stammt von dem Kulturanthropologen Edward T. Hall. Er unterscheidet zwischen Low- und High-Context-Kulturen. In einer High-Context-Kultur müssen die kommunizierenden Menschen viele Informationen aus dem Kontext ableiten, da die Sachverhalte oft nicht direkt ausgesprochen werden. In jedem Fall wird vom Gesprächspartner erwartet, dass dieser über den Hintergrund der Äußerungen und die Absichten des anderen nachdenkt. Man muss „zwischen den Zeilen lesen". Um den anderen zu verstehen, ist es daher nötig, viel über die Situation und den Gesprächspartner zu wissen. Fehlt dieses Wissen, z. B. weil einer der Gesprächspartner aus einer anderen Kultur stammt, funktioniert die Kommunikation oft nicht richtig.

Edward Hall: High-Context-Kultur und Low-Context-Kultur

In einer Low-Context-Kultur wird der Sprecher dagegen von seinem Gesprächspartner nur wenig gemeinsames Vorwissen erwarten und die Dinge, die er erreichen will oder auf die er sich bezieht, genau beim Namen nennen. Um diese theoretischen Ausführungen zu erläutern, schauen wir uns einmal ein kleines Beispiel an. Dabei sollten wir jedoch nicht vergessen, dass es sich hierbei um eine Stereotypisierung, also um eine starke Vereinfachung handelt. In der Wirklichkeit verhalten sich viele Amerikaner vielleicht wie Deutsche und viele Deutsche wie Japaner:

In einer Low-Context-Kultur werden „die Dinge beim Namen genannt"

> Ein Japaner, ein US-Amerikaner und ein Deutscher suchen jeder für sich dasselbe Hamburger-Restaurant auf. Alle drei bestellen einen Hamburger. Der Koch in der Küche ist aus irgendwelchen Gründen abgelenkt, lässt das Fleisch zu lange anbraten, serviert es aber dennoch mit Brötchen, Salat und Zwiebel. Natürlich merken alle drei Gäste, dass das Fleisch verbrannt ist. Wie reagieren der Deutsche, der US-Amerikaner, der Japaner? Der Deutsche würde wahrscheinlich das Fleisch kritisieren. Über den Rest würde er kein Wort verlieren, zumindest kein nettes. Der US-Amerikaner würde auch das Fleisch kritisieren, aber wahrscheinlich

gleichzeitig den knackigen Salat oder das Brötchen loben. Er würde seine Kritik also abschwächen, sogenannte „softeners" benutzen. Der Japaner wiederum würde, wenn ihn die Kellnerin fragt, ob es ihm geschmeckt hat, den Salat, die Zwiebel, das Brötchen loben, aber kein Wort über das Fleisch verlieren.

Im innerjapanischen Dialog wäre nun ganz klar, dass mit dem Fleisch etwas nicht in Ordnung war. Der Deutsche im Dialog mit dem Japaner würde wahrscheinlich denken, dass der Japaner hoch zufrieden war. Schließlich hat er nur gelobt (aber eben nicht alles!).[1]

Wäre nun der Koch ein Deutscher, so würde er unter Umständen gar nicht merken, dass sein japanischer Gast sein Essen kritisiert hat, da er ja lobende Worte geäußert hat. Der deutsche Koch ist in diesem Fall vielleicht nicht in der Lage, „zwischen den Zeilen zu lesen". Die Reaktion eines japanischen Kochs auf die Kritik des Deutschen lässt sich nur schwer vorhersehen. Aber vermutlich würde er sich persönlich stark beleidigt fühlen.

> In einer High-Context-Kultur muss man „zwischen den Zeilen lesen"

Zusammenfassend wollen wir sagen, dass die Bedeutung einer Äußerung in High-Context-Kulturen sehr von dem durch die soziale Gruppe definierten Kontext abhängt. Die Mitglieder der Gruppe richten sich dabei nach für alle geltenden Regeln, von denen nicht abgewichen werden sollte. Dies kann man als Einengung der persönlichen Freiheit zu Gunsten der Gruppenregeln beschreiben. Im Gegensatz dazu hat der Mensch in Low-Context-Kulturen mehr individuelle Freiheiten, da die Rahmenbedingungen weniger eng definiert sind. Will man mit einem Mitglied einer High-Context-Kultur kommunizieren, so setzt dies voraus, dass man auch nonverbale und paraverbale kommunikative Mittel verstehen und beurteilen kann. Im Vergleich zur Kommunikation in High-Context-Kulturen bleibt in der Kommunikation in Low-Context-Kulturen wenig Spielraum für Interpretationen.

Wenn wir diese Erkenntnisse beispielsweise auf Geschäftsverhandlungen anwenden, können wir folgendes feststellen: In Low-Context-Kulturen werden sich die Kommunikationspartner zuerst auf ein Ziel, einen konkreten Vertrag

---

[1] Quelle: http://www.hueber.de/downloads/lehrer/daf/interkultur2.pdf aufgerufen am 9.3.2004. Es handelt sich um einen Abschnitt aus einem auszugsweise ins Internet gestellten Skript von Eva M. Nertinger.

oder eine konkrete Abmachung einigen, erst danach kommt es zum Aufbau von guten und dauerhaften Beziehungen. In High-Context-Kulturen ist es genau umgekehrt. Erst nachdem die Kommunikationspartner eine gute Beziehung aufgebaut haben, werden sie über konkrete Ziele oder gar Verträge reden. In einer Low-Context-Kultur stehen im Geschäftsleben daher am Anfang der Beziehung genaue vertragliche Festlegungen, die auch später von großer Bedeutung bleiben. In High-Context-Kulturen steht am Anfang der Beziehung das Kennenlernen, die Bildung von Vertrauen. Die Geschäftsbeziehung basiert dann auf dem persönlichen Vertrauen in die Kommunikationspartner. Wechselt diese oder kommt es aus irgendeinem Grunde zum Verlust dieses Vertrauens, so fühlen sich Mitglieder einer High-Context-Kultur nicht mehr an die bereits getroffenen Abmachungen und Verträge gebunden. Im Gegensatz dazu wird man sich in einer Low-Context-Kultur gerade in dem Fall von persönlichem Vertrauensverlust besonders genau an die zuvor gemachten Abmachungen oder Verträge halten (vgl. 2.2 *Beziehungen*, S. 65ff).

Low-Context-Kultur: Erst der Vertrag, dann die gute Beziehung

High-Context-Kultur: Erst die gute Beziehung, dann der Vertrag

Aufgaben zum Abschnitt *High-Context- und Low-Context-Kulturen: von „Kulturen":*

1. Rollenspiel: Spielen Sie die Szene aus dem Hamburger-Restaurant nach. Einmal als japanischer, als US-amerikanischer und als deutscher Kunde. Erfinden Sie dabei eigene Dialoge. Wie würde sich eine solche Szene in China abspielen?
2. Die unten stehenden Grafiken veranschaulichen den Unterschied beim Aufbau einer Geschäftsbeziehung in einer High-Context-Kultur (linke Grafik) und einer Low-Context-Kultur (rechte Grafik). Beschreiben Sie die Grafiken! Welche Gemeinsamkeiten und welche Unterschiede finden Sie? Geben Sie ein Beispiel für das Verhalten in einer High-Kontext-Kultur und ein Beispiel für das Verhalten in einer Low-Context-Kultur!

3. Diskutieren Sie in der Gruppe: Wo würden Sie sich selbst einordnen? Was finden Sie besser?
4. Halten Sie ein kurzes Referat zum Thema: Welche Probleme können beim Aufbau einer Geschäftsbeziehung zwischen Vertretern einer High-Context-Kultur und Vertretern einer Low-Context-Kultur entstehen? Beachten Sie die Vorgaben aus dem unten stehenden Kasten „*10 Tipps für ein gelungenes Referat*"!

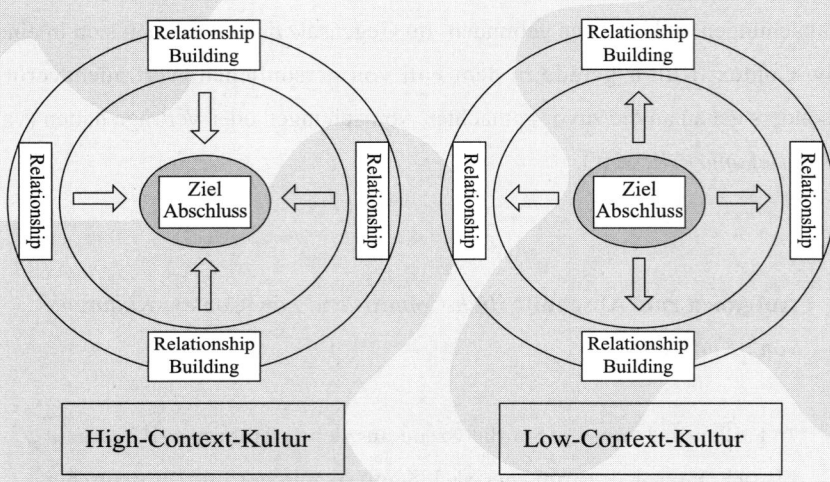

Grafik 1: Relationship Building　　　Quelle: nach Blom 2002, S. 64

10 Tipps für ein gelungenes Referat

1. Das Referat soll nicht kürzer als fünf und nicht länger als zehn Minuten dauern!

2. Machen Sie es nicht zu kompliziert: Das Grundprinzip heißt KISS: *Keep it short and simple!*

3. Erklären Sie am Anfang die Begriffe, die Sie benutzen mit eigenen und einfachen Worten! Schreiben Sie die Definitionen an die Tafel!

4. Versuchen Sie das Interesse der Zuhörer mit einigen einleitenden Fragen zu wecken!

5. Geben Sie den Zuhörern einen Zettel mit Fragen zu Ihrem Referat, die diese anhand Ihres Referates beantworten sollen. Kündigen Sie ein kurzes Quiz nach dem Referat an, für das man die Antworten auf dem Zettel benötigt. Der Gewinner kriegt einen kleinen Preis! Das motiviert zum Zuhören.

6. Lassen Sie Ihre Zuhörer ihre Meinungen zum Thema äußern – z. B.: „Zu wie viel Prozent halten Sie diese Ansicht für richtig?" „Begründen Sie bitte Ihre Ansicht!"

7. Begründen Sie Ihre Aussagen mit Zitaten oder Beispielen und fragen Sie nach, ob Ihre Aussagen verstanden werden, indem Sie eine inhaltliche Frage stellen.

8. Benutzen Sie Medien wie Overhead-Projektor oder PowerPoint, aber verlassen Sie sich nicht allzu sehr auf diese. Ein paar bunte Bilder ersetzen weder eine gute Gliederung noch einen lebhaften Vortrag!

9. Üben Sie Ihr Referat frei und laut sprechend, am besten mit einer Stoppuhr. Sie werden merken, Sie brauchen viel mehr Zeit, als Sie glauben.

10. Seien Sie gut gelaunt, das strahlt auf die Zuhörer aus!

Wiederholungstest

Verbinden Sie die bereits bekannten Schlüsselbegriffe in der linken Spalte mit den passenden Paraphrasen in der rechten Spalte! Welche Aussage auf der linken Seite stimmt mit welcher Aussage auf der rechten Seite überein?

Erster Abschnitt

„Kultur" leitet sich von „cultura" (lateinisch für Landbau) ab	Kultur ist ein Orientierungssystem
164 Definitionen von „Kultur"	Die meisten Bereiche einer anderen, „fremden" Kultur sind von „außen" nicht sichtbar
Kultur ist ein System kollektiver Werte und Normen in einer bestimmten Gruppe	Ursprünglich bedeutete das Wort „Kultur" so viel wie „Landwirtschaft"
Kultur hilft den Menschen, sich in ihrer Umwelt zurechtzufinden	Es gibt viele verschiedene Auffassungen davon, was Kultur eigentlich ist
Man kann andere Kulturen immer nur sehr begrenzt wahrnehmen	Die Werte und Normen, die von den Menschen einer bestimmten Einheit anerkannt werden, bilden die kulturelle Grundlage für das Leben dieser Menschen

1.1 Was ist Kultur?

Zweiter und dritter Abschnitt

Hofstede: Kultur als mentale Programmierung – Kultur ist „mentale Software"	Kulturelle Prägungen sind, nachdem sie erst einmal entstanden sind, nur schwer zu verändern
Einmal gefestigte kulturelle Muster sind schwer abzulegen	Der Mensch und seine kulturelle Prägung werden von einem Kulturwissenschaftler mit einem Computer und den darauf laufenden Programmen verglichen
„Mentale Programmierung" ist bloß eine Metapher – der Mensch kann von ihr abweichen	Der Kulturbegriff wird heute in einem weiteren Sinn verwendet als früher. Heute zählen dazu nicht nur Dichtung, Literatur und bildende Kunst, sondern auch viele Dinge des Alltagslebens
Unterscheidung: Kultur I und Kultur II	Ein französischer Sozialwissenschaftler hat festgestellt, dass die äußere Erscheinung der Menschen durch ihre soziale Stellung beeinflusst wird
Bourdieu: Konzept des „Habitus", der durch bestimmte soziale Positionen erzeugt wird	Der Vergleich des Menschen mit dem Computer ist bloß ein Sprachbild. Im Gegensatz zum Computer kann der Mensch sich entscheiden, ob er sein kulturelles Programm laufen lässt oder nicht

Vierter und fünfter Abschnitt

Es existiert heute eine Vielzahl von „Kulturen" – viele Begriffe beinhalten das Wort Kultur

Edward Hall: High-Context-Kultur und Low-Context-Kultur

In einer Low-Context-Kultur werden „die Dinge beim Namen genannt"

In einer High-Context-Kultur muss man „zwischen den Zeilen lesen"

Low-Context-Kultur: Erst der Vertrag, dann die gute Beziehung
High-Context-Kultur: Erst die gute Beziehung, dann der Vertrag

Kultur ist heute ein in vielen Zusammenhängen benutztes Wort

In den asiatischen Kulturen wird häufig erwartet, dass man errät, was der Gesprächspartner einem durch Andeutungen zu verstehen geben will

Erst eine gute Zusammenarbeit erzeugt in manchen Kulturen ein gutes Verhältnis, in anderen Kulturen erzeugt erst ein gutes Verhältnis eine gute Zusammenarbeit

In den westlich geprägten Kulturen wird häufig erwartet, dass man klar und deutlich sagt, was man meint oder will

Ein US-Anthropologe unterscheidet Kulturen nach dem Ausmaß, in dem sie Wert auf den Kontext einer Äußerung oder einer Handlung legen

1.2 Kommunikation

Vorentlastung – Assoziogramm: Schreiben Sie das Wort „Kommunikation" an die Tafel und umranden es mit einem Oval. Was fällt der Gruppe spontan dazu ein? Schreiben Sie die geäußerten Einfälle rund um das Oval und verbinden Sie diese und das Oval mit Strichen! Hinterher können Sie die Begriffe in Gruppen zusammenfassen oder einen wichtigen Aspekt als Ausgangspunkt für eine weitere Diskussion des Themas „Kommunikation" verwenden.

❑ Eine Vielzahl von Kommunikationsbegriffen

Wie die Kultur wurde und wird auch die Kommunikation von vielen verschiedenen Wissenschaften untersucht. Dabei geht die Bandbreite von der Medienforschung über die Kybernetik bis hin zur Philosophie, Psychologie und Linguistik. Daher gibt es wie für den Kulturbegriff auch für den Begriff der Kommunikation eine Vielzahl von Definitionen. Ursprünglich stammt das Wort aus dem Lateinischen: *communicatio* bedeutet *Mitteilung* und wurde aus *con*, was so viel wie *mit* oder *gemeinsam* bedeutet, und *munus*, was so viel wie *Aufgabe, Leistung* bedeutet, gebildet. Man kann daraus ableiten, dass Kommunikation etwas mit Interaktion, mit gemeinsamem Handeln zu tun hat.

Kommunikation leitet sich von „con" und „munus" (lateinisch für „gemeinsame Aufgabe oder Leistung") ab

Kommunikation wird häufig in einem Sender-Empfänger-Modell dargestellt, in dem eine Botschaft von einem Sender über einen oder mehrere Kanäle zum Empfänger transportiert wird. Dieser Übertragungsprozess kann durch Störungen beeinträchtigt werden. Dieses Modell, das für den Prozess der technischen Übertragung von Nachrichten unmittelbar einleuchtet, wurde auf die menschliche Verständigung insgesamt übertragen und häufig als Grundmodell eingesetzt.

Kommunikation wird oft mittels Sender-Empfänger-Modellen dargestellt – dies ist jedoch eine starke Vereinfachung der Realität

Eines der einflussreichsten Kommunikationsmodelle stammt von Roman Jakobson, der sich bei seinem Kommunikationsmodell auf das *Organonmodell* von Karl Bühler (1879–1963) stützte. Bühler hatte schon sehr früh „Sender-Empfänger"-Metaphorik zur Erklärung der menschlichen Kommunikation eingesetzt. Allerdings wurden und werden bei diesen Kommunikationsmodellen kaum die Vereinfachungen bei der Darstellung menschlicher Verständigung beachtet, die aus der nachrichtentechnischen Metaphorik resultieren. Sogar Bühler selbst warnte davor, die Modelle mit der Realität zu verwechseln. Ein Modell sollte man nie mit der Realität gleichsetzen, die es darstellen soll. Dieser Grundsatz gilt natürlich für alle Modelle, die in diesem Buch vorgestellt werden. Da es in diesem Buch primär um die praktische Anwendung von Wissen in interkulturellen Kontexten gehen soll, wollen wir diese metaphorischen Kommunikationsmodelle beiseite lassen. Wir konzentrieren uns vielmehr auf das therapeutisch-praktisch orientierte Kommunikationsmodell von Friedemann Schulz von Thun, das im nächsten Abschnitt vorgestellt wird. An dieser Stelle soll nochmals klargestellt werden, dass es sich nur um ein Modell der Kommunikation handelt, das einige Aspekte erklärt. Ein Modell entspricht der Realität, darf aber nie mit ihr verwechselt werden. Daher ist es durchaus von Vorteil, ein auf den ersten Blick und offenkundig „unrealistisches" Modell zu verwenden.

Aufgaben zum Abschnitt *Kommunikation*:

1. Vergleichen Sie den lateinischen Begriff „communicatio" mit dem chinesischen „jiaoliu" 交流！ Welche Ähnlichkeiten und welche Unterschiede finden Sie?

2. Informieren Sie sich in einer Einführung in die Linguistik über Karl Bühler (Organonmodell der Sprache) und Roman Jakobson. Halten Sie ein kurzes Referat über die Kommunikationsmodelle, die von diesen entworfen wurden, und vergleichen Sie die beiden Modelle. Beachten Sie dabei die „10 Tipps für ein gelungenes Referat" am Ende von Abschnitt 1.1!

3. Warum ist das nachrichtentechnische Modell der menschlichen Kommunikation eine Vereinfachung? Warum kann es nicht alle Facetten der Kommunikation abbilden?

1.2 Kommunikation

❏ Schulz von Thuns vier Seiten der Kommunikation

Um die menschliche Kommunikation in ihrer ganzen Komplexität beschreiben zu können, hat der Hamburger Psychologie-Professor Friedemann Schulz von Thun ein Buch mit dem Titel *„Miteinander reden"* verfasst, in dem er die Auffassung vertritt, dass in der menschlichen Kommunikation eine Nachricht „vier Seiten" habe. Sein Modell ist in der folgenden Grafik veranschaulicht:

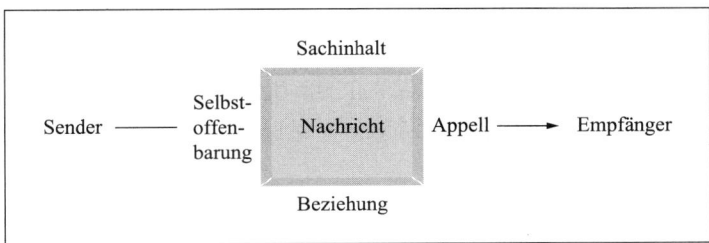

Grafik 2: Die vier Seiten einer Nachricht   Quelle: Schulz von Thun 1981, 30

Laut Schulz von Thun enthält eine Nachricht stets mehr als nur die Sachinformation, welche die erste Seite einer Nachricht darstellt. Der Sender vermittelt neben den Sachinhalten immer Informationen über sein eigenes Befinden. Dies nennt er die Offenbarungsseite der Nachricht (in der Grafik *Selbstoffenbarung*). Diese Offenbarung kann gewollt, aber auch ungewollt sein, möglicherweise verrät der Sender in seiner Nachricht etwas über sich, was er gar nicht mitteilen wollte. Eine Nachricht enthält auf der dritten Seite Informationen über die Beziehung, in der man zum Empfänger der Nachricht steht oder mit anderen Worten: *Was ich von dir halte und wie wir zueinander stehen*. Die vierte und letzte Seite ist der Appell (oder mit anderen Worten: *Wozu ich dich veranlassen möchte*). Denn im Grunde gibt es keine Äußerung, die einfach so, ohne Absicht gesagt wird (vgl. Searles Sprechakttheorie im Abschnitt *Kommunikation und Beeinflussung von Umwelt*, S. 29f).

Schulz von Thun: Eine Nachricht hat „vier Seiten"

Sach-Aspekt, Beziehungs-Aspekt, Selbstoffenbarungs-Aspekt, Appell-Aspekt

Um dieses theoretische Modell besser verständlich zu machen, gibt Schulz von Thun ein Beispiel aus dem Alltag (Schulz von Thun 1981, 26)

Mann und Frau sitzen im Auto, sie am Steuer, er der Beifahrer. Der Mann sagt zu seiner Frau (Fahrerin): „Du, da vorn ist grün!" Sie antwortet: „Fährst du oder fahre ich?"

Was der Sender dieser Nachricht über den Sachinhalt der Nachricht vermittelt, ist klar: „Die Ampel ist grün".

Doch was vermittelt er auf der Selbstoffenbarungsseite seiner Botschaft? In erster Linie macht er deutlich, dass er farbtüchtig und wach ist, er ist innerlich auf das Autofahren konzentriert. Betrachtet man diesen Satz jedoch genauer, könnte man aus seiner Botschaft heraus hören, dass er es vermutlich eilig hat.

Sieht man sich den Beziehungsaspekt dieser Nachricht an, so gibt der Mann durch seinen Hinweis zu erkennen, dass er es seiner Frau nicht zutraut, ohne seine Hilfe das Auto optimal zu steuern.

Der Appell an sie lautet in diesem Fall „Gib Gas, denn ich habe es eilig" oder „Gib ein bisschen Gas, dann schaffen wir es noch bei grün über die Ampel".

Den vier Aspekten der Kommunikation entsprechen „vier Ohren"

Analog zu den vier Aspekten beim Senden einer Nachricht beschreibt Schulz von Thun auch noch die Möglichkeit, eine Nachricht auf vier verschiedene Weisen zu hören. Er veranschaulicht diese Idee mit der Metapher von den vier verschiedenen Ohren: einem für die *Selbstoffenbarungen*, einem für die *Sachinhalte*, einem für die *Beziehungen* und einem für die *Appelle*. Die „vier Ohren" sind in der folgenden Grafik dargestellt:

Selbstoffenbarung:
Was ist das für einer?
Was ist mit ihm?

Sachinhalt:
Wie ist der Sachverhalt zu verstehen?

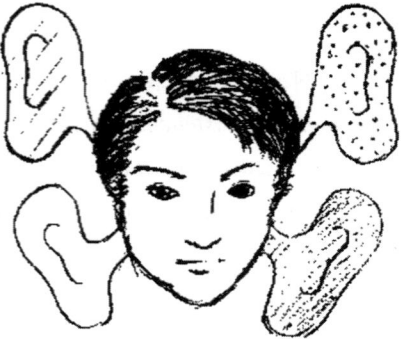

Beziehung:
Wie redet der eigentlich mit mir?
Wen glaubt er vor sich zu haben?

Appell:
Was soll ich tun, denken, fühlen auf Grund seiner Mitteilung?

Grafik 3: Die „vier Ohren"   Quelle: nach Schulz von Thun 1981, 45

1.2 Kommunikation

Prinzipiell hat der Empfänger einer Nachricht die Möglichkeit, die Nachricht auf jedem der vier Ohren zu empfangen. Zuweilen kommt es jedoch zu Problemen und die Botschaften eines Ohres werden übermäßig betont. Umgekehrt können auch die Botschaften eines Ohres ignoriert werden. Daraus resultieren dann Kommunikationsstörungen. Konzentriert sich der Empfänger nur auf den Sachinhalt einer Botschaft, kann dies zur Kommunikationsstörung werden, wenn das eigentliche Problem nicht so sehr in einer sachlichen Differenz besteht, sondern auf der zwischenmenschlichen Ebene liegt. Um interkulturelle Kommunikation besser verstehen zu lernen, ist es wichtig zu wissen, dass diese „Ohren" in unterschiedlichen Kulturen unterschiedlich ausgeprägt sein können. Das heißt nicht, dass alle Menschen in einer High-Context-Kultur besonders große „Beziehungsohren" und alle Menschen in einer Low-Context-Kultur besonders große „Sachohren" hätten. Das wäre eine Vereinfachung. Allerdings lassen sich Tendenzen erkennen.

Prinzipiell kann man mit jedem der vier Ohren „hören" – häufig werden die vier Ohren nicht gleich viel „benutzt"

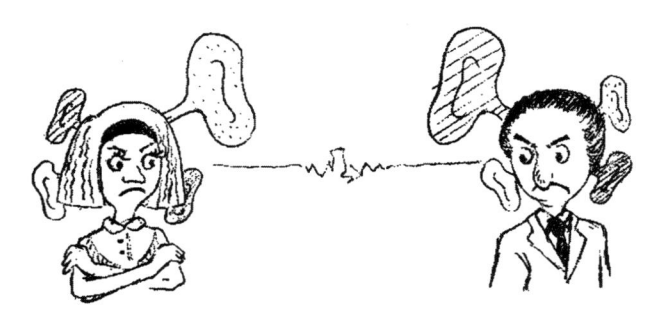

Grafik 4: Ein unpassendes (Ohren)paar   Quelle: eigene Abbildung

Aber zurück zu den Ohren. Eine Person wird unter Umständen ihr „Beziehungsohr" besonders viel gebrauchen. Auch dieses Verhalten kann erhebliche Kommunikationsstörungen mit sich bringen. Der Empfänger sieht in vielen beziehungsneutralen Nachrichten und Handlungen eine Stellungnahme zu seiner Person. Er bezieht alles auf sich, nimmt alles persönlich, ist leicht angreifbar und leicht beleidigt. Hört man auf dem Selbstoffenbarungsohr besser als auf dem Beziehungsohr, verliert man dadurch oft den Sinn für das Eigentliche. Man versucht aus jeder Botschaft zu ermitteln, was diese Aussage über den Gesprächspartner aussagt, ohne sich um die möglicherweise wichtigeren Sachinhalte zu kümmern.

Ist der Empfänger vor allem auf dem Appellohr empfänglich, so ist dies für ihn vielleicht auch ungünstig. In diesem Falle ist er stets darauf aus, seinem Gegenüber alle Wünsche und Appelle zu erfüllen. Er achtet nicht auf seine eigenen Bedürfnisse und Wünsche, er hat keine „Antenne" für das, was er selbst fühlt. Aber was hat nun Kommunikation mit Kultur zu tun? Mit dieser Frage wollen wir uns im nächsten Abschnitt näher auseinandersetzen.

Aufgaben zum Abschnitt *Schulz von Thuns vier Seiten der Kommunikation*:

1. Spielen Sie den Dialog zwischen Mann und Frau im Auto nach! Diskutieren Sie: Wäre eine solche Situation in China möglich? Was wäre anders?
2. Wenden Sie das Vier-Seiten-Modell der Nachricht auf den oben stehenden Dialog an!
3. Vermuten Sie! Welche „Ohren" sind bei Deutschen, welche bei Chinesen am stärksten ausgeprägt?

❏ Kultur und Kommunikation

„Der Mensch ist ein Gesellschaftswesen"

Der Mensch ist ein Gesellschaftswesen. Warum aber bilden Lebewesen Gesellschaften? Im Tierreich bedeuten Gesellschaften die Erfüllung eines gemeinsamen Zwecks und für deren Angehörige oft einen Überlebensvorteil, sei es bei der Nahrungssuche, Schutz vor Fressfeinden, bei der Fortpflanzung, Aufzucht des Nachwuchses, etc. Beim Menschen kommt jedoch zur reinen Vergesellschaftung der Lebensweise aber auch noch die Kultur hinzu. Nicht alles, was durch Kultur hervorgebracht wird, erfüllt wie beim Tier rein biologische Zwecke. Insofern heben sich menschliche von tierischen Gesellschaften ab.

Auch höhere Tiere kommunizieren

Auch manche höhere Tierarten vermögen untereinander zu kommunizieren. So kann durch gegenseitige Absprache individuelles Verhalten im Sinne der

1.2 Kommunikation

Gruppe koordiniert werden, z. B. beim Jagen im Rudel bei Orca-Walen. Diese Tiere sind in der Lage, Artgenossen individuell an ihrem Gesang zu erkennen, und auch mit einzelnen Individuen zu kommunizieren. Beim Jagen im Rudel treiben sie Fischschwärme zusammen, um sie dann leichter fressen zu können. Diese Verhaltensweise mag instinktiv verankert sein, die Kommunikation, die dabei stattfindet, geschieht aber bewusst. Dennoch kann man dies *nicht als Kulturleistung betrachten*. Das bedeutet, obwohl die Orcas bei der Jagd individuell miteinander kommunizieren, entwickeln sie doch keine „Jagdkultur". Denn gesellschaftliches Zusammenleben und interindividuelle Kommunikation allein *bedeutet noch nicht automatisch Entstehen von Kultur* (siehe obiges Beispiel).

Erst wenn eine Gesellschaft ein dauerhaftes, *von den einzelnen Mitgliedern unabhängiges System* zur Speicherung und Weitergabe von gemeinsamem (kollektivem) Wissen entwickelt hat, besitzt sie auch eine Kultur. Diese Weitergabe bzw. Übertragung von Wissen über die Lebensspanne von Individuen hinaus, also über Generationen hinweg, nennt man *Tradierung* oder auch Überlieferung. Durch Überlieferungen von z. B. Liedern, Geschichten, Legenden, Regeln, Anleitungen zur Herstellung bestimmter Gegenstände wie Kleidung usw. wird Wissen aus vergangenen Generationen zugänglich. Gleichzeitig werden dabei auch Bedeutungen transportiert, die das Verhalten von Menschen beeinflussen; Kultur fungiert somit als ein System, auf welches deren Angehörige bei der *Interaktion* (d. h. im Umgang) mit anderen zurückgreifen. Ein gutes Beispiel hierfür ist die „Tradition". Sie ist althergebracht und man richtet sich im Umgang mit anderen Menschen mehr oder weniger danach. In gewisser Hinsicht wird also mittels Kultur kommuniziert, man könnte sogar sagen: Kultur ist eine Form der Kommunikation.

Kultur – ein System zur Speicherung und Weitergabe von erworbenem Wissen

Kultur wird überliefert – tradiert

Kultur ist eine Form der Kommunikation

Fassen wir zusammen: Kommuniziert werden kann also auf zweierlei Ebenen. Einerseits auf der interindividuellen Ebene (interaktiv), andererseits auf einer höheren kulturellen Ebene. Für unseren Gebrauch soll Kommunikation definiert werden als Aktion zwischen Personen, die mit Hilfe von im weiteren Sinne sprachlichen Elementen vollzogen wird. Diese Elemente sind zu komplexen

Kommunikation findet auf der interindividuellen und der überindividuellen (kulturellen) Ebene statt

Handlungsmustern zusammengefügt. Einigen wichtigen Aspekten der Sprache wollen wir uns im nächsten Abschnitt nähern.

> **Aufgaben zum Abschnitt** *Kultur und Kommunikation*:
>
> 1. Was bedeutet die Aussage: „Kultur ist Kommunikation?"
> 2. Finden Sie Beispiele für das, was mittels Kultur kommuniziert wird (z. B. aus dem Bereich der Musik, der Literatur oder der Essenskultur)!

❏ Die Darstellungsfunktion der Sprache

Der Mensch sendet bewusste Signale

Überall wo Menschen zusammenleben, interagieren sie miteinander. *Interaktion* bedeutet wechselseitige Beeinflussung von Verhalten im Kontakt miteinander. Aber sinnvolle, zielgerichtete Interaktion von Individuen wird erst durch Kommunikation möglich (vgl. das Beispiel der Orcas auf Seite 24f). Dies wiederum setzt ein gemeinsam geteiltes System zur Übermittlung von Information – kurz gesagt: eine gemeinsame *Sprache* – voraus. Im Gegensatz zu den meisten Tieren hat der Mensch die Fähigkeit, *bewusst Informationen* an andere zu senden und auch von anderen zu empfangen. Dies geht weit über die Übermittlung von Instinktsignalen beim Tier hinaus.

Kommunikation ist intentional und zweckgebunden

Sprache hat zumeist einen Bezug zur Wirklichkeit – sie referiert auf reale Dinge

Menschliche Kommunikation hat immer auch einen *bewussten (intentionalen) Charakter*, geschieht aus einem bestimmten Grund, *erfüllt immer einen bestimmten Zweck*. Da Kultur und Kommunikation immer Hand in Hand gehen (siehe vorherigen Abschnitt), setzt Kommunikation eine gemeinsame Sprache und somit Informationsübermittlung voraus. Bei dieser Übermittlung von Informationen nimmt man häufig, aber nicht immer, Bezug auf die Wirklichkeit. Eine Eigenschaft dieser Bezugnahme auf „die Welt und die Dinge" ist die so genannte Arbitrarität oder Beliebigkeit der Sprache, die möglicherweise auch erklärt, warum man „das Gleiche" auf so viele verschiedene Weisen sagen kann:

1.2 Kommunikation

Warum heißt ein Baum im Deutschen „Baum" und nicht etwa „Haus"? Man könnte über die Sprache behaupten, dass sie einen Bezug zur Wirklichkeit hat, d.h. mit dem Wort „Baum" verbinden wir in der Regel den Gegenstand Baum und mit dem Wort „Haus" verbinden wir zumeist den Gegenstand Haus. Wichtig in diesem Zusammenhang ist aber, dass der Bezug einer Wortform (Baum) zu ihrem Bedeutungsgehalt (nämlich: Baum als eine hoch wachsende Pflanze mit einem holzigen Stamm und Blättern) relativ willkürlich ist. **Rein theoretisch** könnte der Baum auch „Haus" und das Haus „Baum" genannt werden. Das geschieht allerdings normalerweise nicht, da dies zu großen Verständigungsproblemen führen würde. Noch deutlicher wird dies, wenn man verschiedene Sprachen miteinander vergleicht. Auf Englisch heißt ein Baum zwar „tree" und auf Chinesisch 树 „shu". Gemeint ist zwar in allen drei Sprachen etwas Ähnliches (es gibt jedoch kulturelle und materielle Unterschiede). Man darf hierbei jedoch nicht vergessen, dass es zum einen innerhalb einer Sprache große Meinungsunterschiede darüber geben kann, was ein Wort eigentlich bedeutet. Was innerhalb einer Sprache mit „Baum", „tree" oder 树 „shu" gemeint ist, kann durchaus verschieden sein. Zum anderen ist der Gebrauch eines Wortes und seine Einbindung in die Sprache von Sprache zu Sprache sehr unterschiedlich. Das zeigt sich, wenn man die Kollokationen, die Verwendung und die typischen Assoziationen von sich auf scheinbar gleiche Dinge beziehenden Wörtern vergleicht. In der chinesischen Kultur ist 树 „shu" eben doch etwas anderes als der deutsche „Baum".

Das hier gewählte Beispiel (das sich an den Lehren des Schweizer Linguisten Ferdinand de Saussure orientiert) deckt keineswegs alle Facetten von Sprache ab. Es zeigt aber anschaulich die Beliebigkeit (Arbitrarität) von Sprache. Sprache ist immer das Ergebnis einer Aushandlung in einer Gruppe, die normalerweise nicht bewusst abläuft.

Saussure: Die Form der Wörter ist „arbiträr" – „beliebig" – sie hängt nicht von den Dingen ab

Um das am oben gewählten Beispiel nochmals zusammenzufassen: Der Gegenstand auf den referiert wird (Baum), ist in allen drei Fällen bis zu einem gewissen Grad gleich, die sprachliche Umsetzung als Wortform jedoch verschieden (drei verschiedene Sprachen – drei verschiedene Wörter).

Aufgabe zum Abschnitt *Die Darstellungsfunktion der Sprache*:

1. Halten Sie ein kurzes Referat zum Thema: „Die Bedeutung von Wörtern ist ‚arbiträr'"? Beziehen sie sich dabei auf den Linguisten de Saussure. Beachten Sie für Ihr Referat die „10 Tipps für ein gelungenes Referat" am Ende von Abschnitt 1.1!

❑ Sprache und Interaktion

Kommunikation ist ein Zusammenwirken von verbalen, paraverbalen und nonverbalen Elementen

Die zweifellos häufigste Form der menschlichen Interaktion ist die mündliche Kommunikation, also die gesprochene Sprache. Andere Formen, wie die Schrift oder Gebärdensprache sind auch ein Teil von Sprache. Unser Augenmerk soll aber auf die mündliche Kommunikation gerichtet bleiben.

Verbale, para- und nonverbale Kommunikations-Kanäle

Daher bedarf der letzte Punkt unserer Definition von Kommunikation, „komplexe Handlungsmuster", noch der näheren Erläuterung: Direkte Kommunikation vollzieht sich nämlich auf drei Ebenen: *verbal*, *paraverbal* und *nonverbal*. Man spricht hierbei auch von sogenannten *Kanälen*. Unter *verbale* Kommunikation fallen alle lautlichen Äußerungen, also Worte, wie der Satz: „Machst du bitte die Tür zu?" Jede verbale Kommunikation hat auch eine *paraverbale* Dimension, dazu gehören Lautstärke, Sprechtempo, Pausen, Betonungen, Tonhöhenmodulation, etc. Es kommt also beim Sprechen nicht nur darauf an, was man sagt, sondern auch wie man es sagt. Wenn man wütend ist, kann man möglicherweise **auch** sagen: „Machst du bitte die Tür zu!!" Der Unterschied liegt dann vielleicht in der Lautstärke, der Betonung, Geschwindigkeit usw. Zuletzt kommt noch der *nonverbale* Kanal: Wenn man wütend ist, macht man vielleicht noch „ein böses Gesicht", packt den anderen „am Kragen". Unter den Begriff des Nonverbalen fallen Mimik, Gesten, Blickverhalten (Augenkontakt), u. a. Unterschiedliches Blickverhalten lässt sich beobachten, wenn man sich schämt. Man ist „geknickt", schaut auf den Boden; kann dem Gegenüber nicht mehr „gerade ins Auge blicken". Ist man dankbar, weil ein Freund einem ein Geschenk gemacht hat, so sieht man ihn vielleicht "mit leuchtenden Augen" an, und das Gegenüber merkt gleich, dass man sich freut. Unentwegtes Anstarren hingegen kann eine aggressive Bedeutung, etwas Herausforderndes haben („böser Blick").

Direkte Kommunikation geschieht immer auf allen drei Kanälen gleichzeitig. Sie ist also eine sehr komplexe Konfiguration, ein Zusammenwirken von verbalen, paraverbalen und nonverbalen Einzelhandlungen. Diese „komplexen Handlungsmuster" begegnen uns in der mündlichen, direkten Interaktion mit anderen Menschen. Ein anderes Wort für mündliche direkte Interaktion, das wir hier auch benutzen wollen, ist *face-to-face Kommunikation*.

Face-to-face Kommunikation ist die direkte Kommunikation zwischen Menschen

Kommunikation als Ganzes geschieht immer bewusst, das wissen wir bereits. Auf dem paraverbalen und nonverbalen Kanal werden Signale jedoch nicht immer nur bewusst gesendet; viel paraverbales und nonverbales Verhalten vollzieht sich automatisch. Damit entzieht es sich der bewussten Kontrolle der eigenen Wahrnehmung. Warum dies so ist und was dies für interkulturelle Kommunikation bedeutet, das werden wir im nächsten Abschnitt sehen (vgl. 1.3 *Interkulturelle Kommunikation*, S. 32ff). Gerade die Beschäftigung mit non- und paraverbalen Sprachphänomenen ist ein wichtiger Bereich der interkulturellen Forschung.

Para- und nonverbale Signale sind Sendern und Empfängern oft nicht bewusst

❑ Kommunikation und Beeinflussung von Umwelt

Ein weiterer Begriff, der für eine tiefer gehende Beschäftigung mit Kommunikation wichtig ist, ist der des *Sprechaktes*. Dieser Begriff wurde von den US-amerikanischen Wissenschaftlern Austin (1962) und Searle (1969) geprägt. Jede sprachliche Äußerung lässt sich mittels Begriffen wie Feststellung, Aufforderung, Versprechen, Angebot, Frage, Antwort, Lob, Kritik usw. beschreiben. So ist der Satz „Machst du die Tür zu?" eine Frage, kann aber ebenso eine Aufforderung sein. Eine objektive Einteilung ist hierbei jedoch nicht möglich. Was eine Person für eine Frage hält, ist für eine andere Person unter Umständen ein Befehl. Wichtig für uns ist: Indem wir sprechen, handeln wir auch, und zwar immer zu einem bestimmten Zweck. Angenommen, wir möchten, dass die andere Person die Tür schließt. Dann können wir dies auf verschiedene Weisen mittels einer

Austin/Searle: Sprachäußerungen lassen sich in Sprechakte einteilen

Sprechen ist Handeln!

Sprechhandlung zu realisieren versuchen, z. B.:

„Mach die Tür zu!" – *Befehl*
„Würdest du die Tür zumachen?" – *Aufforderung*
„Machst du bitte die Tür zu?" – *Bitte*
„Es zieht hier drinnen, mir ist kalt." – *Feststellung*

In der Sprache gibt es verschiedenste Möglichkeiten auf die Umwelt einzuwirken

Innerhalb einer einzigen Sprache existieren also schon verschiedene Möglichkeiten, mittels einer Sprechhandlung sprachlich auf die Umwelt einzuwirken. So kann es bereits zwischen Angehörigen einer Sprachgemeinschaft zu Missverständnissen bezüglich dessen kommen, was für eine Sprechhandlung (Feststellung, Befehl, Frage etc.) „gemeint" ist. Noch extremer gilt dies für die Kommunikation zwischen Angehörigen verschiedener Sprachgemeinschaften (z.B. für Chinesen und Deutsche). Auf Beispiele für kulturelle Unterschiede bei der Realisierung von Sprechhandlungen werden wir im nächsten Kapitel noch eingehen.

Aufgabe zum Abschnitt *Kommunikation und Beeinflussung von Umwelt*:

1. Finden Sie Beispiele für Sprechhandlungen in denen eine Feststellung, eine Aufforderung, ein Versprechen, ein Angebot, ein Lob, eine Kritik geäußert wird! Verwenden Sie für jeweils **eine** Sprechhandlung **unterschiedliche Satztypen**!

❑ Sprache und Kontext

Bedeutungen sind immer kontextabhängig

Bei der face-to-face Kommunikation ist weiterhin der *Sprachkontext* wichtig. Sprachkontext soll hier allgemein bedeuten, dass in der Kommunikation neben der rein verbalen Ebene auch noch andere Faktoren eine Rolle spielen, die unser kommunikatives Verhalten bestimmen.

Wie wir bereits gesehen haben, gibt es neben verbaler Kommunikation auch

1.2 Kommunikation

noch die paraverbale und nonverbale Ebene. Wenn wir mit anderen Menschen kommunizieren, senden und empfangen wir neben der gesprochenen Sprache auch ständig andere Informationen von unserem Gegenüber, z. B. ein Lächeln oder Kopfschütteln. Wenn man verlegen ist, spricht man vielleicht etwas schneller und leiser, wenn man sich sehr freut oder sehr wütend ist, spricht man vielleicht sehr laut und sehr schnell, etc.

Beim Kommunizieren erschließen wir uns Informationen aus der Umwelt und der Kommunikationssituation selbst. Das heißt neben dem, was verbal kommuniziert wird, konstruiert, interpretiert und ergänzt man Bedeutungen. Lächelt mein Gegenüber, weil er mich mag oder weil er etwas lustig findet? Diese Interpretationsleistung nennt man *Kontextualisierung*. Dies geschieht aufgrund von *Kontextualisierungshinweisen* (z. B. des Lächelns). Sie helfen uns dabei, uns in einer Gesprächssituation zurechtzufinden und angemessen auf unser Gegenüber zu reagieren. Dies geschieht nach dem Prinzip von Reaktion und Gegenreaktion, das heißt, die Gesprächssituation selbst verändert sich während des Gesprächsverlaufs. Kontext in einer Gesprächssituation ist also abhängig von den oben bereits erwähnten (S. 25) „komplexen Handlungsmustern".

Kontextualisierung geschieht durch die Interpretation zahlreicher zusätzlicher Informationen gebildet

Für den Kontext einer Interaktion spielen auch andere, situationsunabhängige Faktoren eine Rolle, so etwa das Geschlecht, das Alter und das Aussehen. Auch soziale Machtunterschiede sind für die Interaktion wichtig, so sind etwa das Chef-Mitarbeiter-Verhältnis, das Vater-Sohn-Verhältnis und das Student-Professor-Verhältnis nicht gleich und man verhält sich entsprechend dessen, was dem jeweiligen Verhältnis angemessen ist. Bei der Interpretation von Kontextualisierungshinweisen besteht immer auch die Gefahr einer Fehlinterpretation durch einen selbst bzw. durch das Gegenüber. Was dies für interkulturelle Kommunikation bedeutet, dazu mehr im nächsten Kapitel.

Kontextualisierung ist anfällig für Fehlinterpretationen

Sonderfall Mediale Kommunikation

Kommunikation, die nicht direkt, also von Angesicht zu Angesicht abläuft, wird über Medien abgewickelt. Man spricht von *Kommunikations-Medien*.

Bei medialer Kommunikation ist die Anzahl der Kommunikations-Kanäle reduziert

Bei der medialen Kommunikation ist im Vergleich zur „face-to-face"Kommunikation unter Umständen die Anzahl der Kanäle, auf denen kommuniziert wird, reduziert. Am Telefon oder im Radio existieren nur der verbale und der paraverbale Kanal. Wenn man aus größerer Entfernung mit jemandem kommuniziert, hat man nur Gesten zur Verfügung (nonverbal). Per Computer und Handy ist mittlerweile auch Kommunikation auf verbaler, paraverbaler und auch nonverbaler Ebene möglich, jedoch entfällt hier die direkte, persönliche Interaktion face-to-face.

In der schriftlichen Kommunikation, sei es per Brief, E-Mail, SMS, etc., findet keine Interaktion „face-to-face" statt. Informationen fließen nicht gleichzeitig in beide Richtungen, sondern immer nur in eine. Außerdem ist die Schrift nur ein Hilfsmittel zur Abbildung verbaler Information. Dies macht es unter Umständen schwerer, das „Gesagte" richtig zu deuten, und erhöht die Gefahr von Missverständnissen. Im Alltag begegnen uns häufig auch einseitig gerichtete Formen von medialer Kommunikation, so in der Werbung auf Plakaten. Vom Empfänger bzw. Leser wird dabei keine direkte kommunikative Reaktion erwartet.

Aufgabe zum Abschnitt *Sprache und Kontext*:

1. Diskutieren Sie über die Bedeutung des Satzes: „Die Sonne scheint!" Welche Bedeutung hat dieser Satz in den folgenden Situationen? Ist der Satz in jeder Situation eindeutig oder gibt es möglicherweise mehrere Interpretationsmöglichkeiten? Stellen Sie die Fragen anhand eines Rollenspiels vor.

    a) Für eine Familie, die einen Urlaubstag am Meer verbringen will;

    b) Für einen Verdurstenden in der Wüste;

    c) Für einen Büroangestellten, der gerade mit der Arbeit angefangen hat.

Wiederholungstest

Richtig oder falsch? Kreuzen Sie an und begründen Sie Ihre Entscheidung! Diskutieren Sie ihre Begründungen in der Gruppe!

1. Das Wort „kommunizieren" stammt aus dem Latein und bedeutet wörtlich soviel wie „gemeinsam etwas leisten".

☐ richtig ☐ falsch

2. Kommunikation wird oft mittels Sender-Empfänger-Modellen dargestellt, dies entspricht der Realität.

☐ richtig ☐ falsch

3. Schulz von Thun behauptet in seinem Kommunikationsmodell, man könne jede Nachricht zwischen zwei Menschen von vier Seiten aus betrachten.

☐ richtig ☐ falsch

4. Der Sach-Aspekt hängt ganz eng mit dem Selbstoffenbarungs-Aspekt und der Beziehungs-Aspekt mit dem Appell-Aspekt einer Nachricht zusammen.

☐ richtig ☐ falsch

5. Für jeden Kommunikationsaspekt, also für jede „Seite" einer Nachricht haben wir ein „Ohr".

☐ richtig ☐ falsch

6. Nicht alle der „vier Ohren" werden gleich viel „benutzt".

☐ richtig ☐ falsch

7. „Der Mensch ist kein Gesellschaftswesen".

☐ richtig ☐ falsch

8. Auch höhere Tiere kommunizieren. Deshalb entwickeln sie notwendigerweise einfache Kulturen.

☐ richtig ☐ falsch

9. Kultur ist ein komplexes System zur Speicherung und Weitergabe von angeborenem Wissen.

☐ richtig ☐ falsch

10. Die Basis der Kultur ist die Überlieferung von kumuliertem Wissen über einen längeren Zeitraum.

☐ richtig ☐ falsch

11. In einem weiteren Sinne kann man die Kultur als eine Art von Kommunikation bezeichnen.

☐ richtig ☐ falsch

12. Kommunikation findet stets auf der interindividuellen Ebene statt.

☐ richtig ☐ falsch

13. Der Mensch sendet ausschließlich bewusste Signale.

☐ richtig ☐ falsch

14. „Kommunikation ist intentional und zweckgebunden" bedeutet, dass viele unbewusste Elemente in die Kommunikation einfließen.

☐ richtig ☐ falsch

15. Sprache bezieht sich häufig auf die Realität. Sie referiert auf reale Dinge (abstrakte und konkrete).

☐ richtig ☐ falsch

16. Saussure machte die Aussage: Die Bedeutung der Wörter hat ihre Ursache in den Dingen. Diese haben großen Einfluss auf die Entwicklung der Wörter.

☐ richtig ☐ falsch

1.2 Kommunikation

17. Es gibt in der Kommunikation verbale, para- und nonverbale Übertragungswege für Informationen.

☐ richtig   ☐ falsch

18. Die unmittelbare Kommunikation zwischen Menschen nennt man auch face-to-face Kommunikation.

☐ richtig   ☐ falsch

19. Para- und nonverbale Signale werden von den kommunizierenden Personen oft bewusst eingesetzt.

☐ richtig   ☐ falsch

20. Mittels des Konzepts der Sprechakte haben Austin und Searle die sprachlichen Äußerungen nach deren zu Grunde liegenden Absichten eingeteilt.

☐ richtig   ☐ falsch

21. Die Bedeutung eines Wortes kann sich je nach den äußeren Umständen, in denen das Wort geäußert wird, sehr verändern.

☐ richtig   ☐ falsch

22. Kontextualisierung ist ein Prozess, bei dem zahlreiche zusätzlich zu den vom Gesprächspartner gegebenen Informationen ausgewertet werden.

☐ richtig   ☐ falsch

23. Kontexte werden ausschließlich durch Situationen gebildet.

☐ richtig   ☐ falsch

24. Bei der Interpretation von Kontext kommt es nur selten zu Fehlinterpretationen.

☐ richtig   ☐ falsch

25. Bei der medialen Kommunikation fehlen einige wichtige Informations-Kanäle, die für die Kontextualisierung wichtig sein können.

☐ richtig   ☐ falsch

1.3 Interkultur

❑ **Interkulturelle Begegnung - ein großes Potenzial für Missverständnisse**

Mitglieder einer Kultur haben ähnliche Vorstellungen von dem, was „normal" ist

Wenn Mitglieder einer Kultur untereinander kommunizieren, dann greifen sie auf den so genannten „common ground" ihrer jeweiligen Kultur zurück. Sie teilen in Hinblick auf die verbale, die paraverbale und nonverbale Ebenen (vgl. 1.2 *Kommunikation*, S. 19ff) relativ gleiche Kommunikationsgewohnheiten und Weltwissen. Die Kommunizierenden „wissen" einfach, wie sie ein bestimmtes kommunikatives Verhalten interpretieren müssen, und sie sind auch in der Lage, für ihr Gegenüber unmissverständliche Signale zu senden. Was in einer Situation als angemessen bzw. unangemessen empfunden wird, hängt von der kulturell bedingten „Normalitätserwartung" ab. Diese Normalitätserwartung ist allerdings von Kultur zu Kultur unterschiedlich. Verstöße gegen die Normalitätserwartung können in der interkulturellen Kommunikation zu Missverständnissen und damit zu Konflikten führen.

Kulturelle und sprachliche Unterschiede führen zu Missverständnissen

„Freund" ist nicht gleich „Freund"

Ein einfaches Beispiel für Unterschiede, die auf der verbalen Ebene interkulturelle Missverständnisse erzeugen können ist das Wortpaar „Freund" und „friend". Der Unterschied im Wortschatz stammt von kulturell verschiedenen Bedeutungen und damit auch Anwendungszusammenhängen in der jeweiligen Kultur. „Friend" bedeutet im US-amerikanischen Englisch eine Person, die man eher oberflächlich kennt, während ein deutscher „Freund" jemand ist, zu dem man bereits eine engere Beziehung aufgebaut hat. Das deutsche Wort „Freund" müsste man im US-Amerikanischen mit „good friend" oder „close friend" wiedergeben. Der US-amerikanische „friend" wäre im Deutschen eher ein bloßer „Bekannter", höchstens ein „guter Bekannter".

Missverständnisse auf der nichtsprachlichen Ebene sind oft unbewusst

Viel problematischer als diese rein sprachlichen Missverständnisse sind Verstöße, die sich in Kommunikationsbereichen abspielen, die den Kommunikationspartnern nur wenig oder gar nicht bewusst sind. Diese Bereiche sind daher der eigenen Kontrolle entzogen. Dennoch können sie ebenso „arbiträr", also „willkürlich" sein wie die Bedeutungen von Worten (Vgl. 1.2 *Kommunikation*, S. 19ff). Unpassende Signale werden dann nicht auf Kommunikationsprobleme zurückgeführt, sondern werden „ungefiltert" interpretiert. Wenn nun das gleiche nichtsprachliche Signal in verschiedenen Sprachen eine unterschiedliche Bedeutung hat, dann kann dies zu schweren Missstimmungen führen. Im einzelnen handelt es sich dabei um die paraverbale und die nonverbale Ebene der Kommunikation. Einen Sonderfall stellt die Gestik dar, die als Bestandteil der nonverbalen Kommunikation angesehen werden kann, aber in der Regel bewusst ist – allerdings ist das Bewusstsein dafür, wie unterschiedlich die Bedeutung von Gesten sein kann, meistens nur sehr gering und beinhaltet daher ebenfalls ein großes Potenzial für Missverständnisse. Häufig transportieren die nichtsprachlichen Kommunikationsmittel Emotionen. Sie können somit auch sehr leicht Emotionen auslösen. Daher werden Verstöße gegen diese ungeschriebenen Kommunikations-Gesetze einer Kultur als viel ernster empfunden und führen viel leichter zu Missstimmungen, als der falsche Gebrauch einer Vokabel. Einige dieser Bereiche werden im folgenden Abschnitt vorgestellt.

Nichtsprachliche Signale wirken „ohne Filter" – also sehr direkt

Nichtsprachliche Signale „transportieren" Emotionen

Aufgaben zum Abschnitt *Interkulturelle Begegnung – ein großes Potenzial für Missverständnisse*:

1. In Deutschland ist ein „Freund" eine Person, mit der man häufigen und normalerweise sehr engen persönlichen Kontakt hat. Andere Menschen bezeichnet man als „Bekannte" oder „gute Bekannte". Vergleichen Sie das Wort „Freund" und das englische Wort „friend" mit dem chinesischen Wort „pengyou" 朋友. Welche Gemeinsamkeiten oder Unterschiede stellen Sie fest? Zu welchen Missverständnissen könnte die unterschiedliche Bedeutung von Freund zwischen einem Deutschen und einem Chinesen führen?
2. Im Text stehen die Sätze: „Häufig transportieren die nichtsprachlichen Kommunikationsmittel Emotionen. Sie können somit auch sehr leicht Emotionen auslösen." Finden Sie Beispiele dafür, wie nichtsprachliche Kommunikationsmittel in Ihrer Kultur Emotionen auslösen können!

❑ **Beispiele für potenzielle Ursachen von Missverständnissen**

Auf der paraverbalen Ebene gibt es viele Unterschiede zwischen verschiedenen Sprach- und Kulturräumen. Dazu gehören neben den Redepausen auch die Satzintonation sowie die Lautstärke. Diese sind wesentliche Elemente der Gesprächssteuerung, die für Verwirrung sorgen können: Beispielsweise bei der Dauer von Pausen zwischen Redebeiträgen. So machen die Finnen wesentlich längere Pausen, bevor sie auf einen Redebeitrag antworten als die Deutschen. Treffen ein Deutscher und ein Finne aufeinander, so kann es dazu kommen, dass der Deutsche den Finnen unabsichtlich ständig „unterbricht", obwohl er dies gar nicht beabsichtigt. Beim so genannten „Sprecherwechsel" spielen aber neben Pausen auch Intonation und Lautstärke eine große Rolle.

> Unterschiede auf der „paraverbalen Ebene" können sehr wichtig sein

Ein bekanntes Beispiel für die Bedeutung der Satzintonation, also der Betonung im Satz, stammt von dem Soziolinguisten John J. Gumperz, der in den 70er Jahren der Frage nachgegangen ist, warum das indische Personal einer Kantine von den britischen Gästen als unhöflich empfunden wurde. Die indischen Angestellten fragten wie alle anderen Angestellten beim Austeilen des Essens die Gäste, ob sie Soße (*gravy*) zu ihrem Essen haben wollten. Die indischen Angestellten hatten in der Regel einen starken Akzent und sprachen die Frage mit indischer Intonation aus. Das bedeutete, dass sie die Stimme am Ende des Satzes nicht anhoben, wie die Briten dies bei einer Frage tun, sondern die Stimme senkten. Dies wurde von den britischen Gästen dann jedoch nicht mehr als (freundlich gemeinte) Frage verstanden. Sie interpretierten das Senken der Stimme am Satzende vielmehr als eine Art Anweisung oder Unterstellung seitens der Inder und glaubten, diese wollten ihnen die Soße aufdrängen. So kam bei den Briten der falsche Eindruck (das Stereotyp) auf, die Inder seien insgesamt unhöflich.

> Paraverbale Signale: Falsche Satzbetonungen können Aggressionen auslösen

Ein anderes Beispiel ist, dass Chinesen generell lauter sprechen als die meisten Europäer. So ist es für Chinesen durchaus normal, sich in einem Restaurant sehr laut zu unterhalten, was in Europa unter Umständen als störend oder gar unmanierlich, im Restaurant jedenfalls als unpassend empfunden werden könnte. Lautstärke kann auch als paraverbales Signal – als Zeichen von Aggressivität –

1.3 Interkultur

missverstanden werden. Lautstärke dient zudem im deutschen Umfeld als Signal: „Achtung, das was ich jetzt sage, ist besonders wichtig!"

Die nonverbale Ebene ist diejenige, die sich am ehesten der bewussten Wahrnehmung entzieht. Die menschliche Mimik lässt sich für alle Menschen auf biologische Grundlagen zurückführen. Die Grundemotionen des Menschen, Freude, Wut, Angst, Überraschung und Ekel werden bei allen Menschen mimisch gleich ausgedrückt. Dennoch werden diese „automatische" Reaktionen (Affekte) oft kulturell überformt. Das berühmte „asiatische Lächeln" drückt unter Umständen nicht wie bei Europäern Freude und Sympathie aus, sondern dient der Wahrung des Gesichts beim Empfinden „negativer" Emotionen, wie Ärger, Verwirrung oder Überraschung. So kann es geschehen, dass eine Bedienung in einem asiatischen Restaurant, die einen Fehler gemacht hat, diesen mit einem Lächeln überspielt, was von dem europäischen Gast als Unverschämtheit oder gar Schadenfreude interpretiert werden könnte.

Ein asiatisches Lächeln bedeutet nicht immer das gleiche wie ein europäisches Lächeln

Auch bei der Gestik, die für die nonverbale Kommunikation ebenfalls sehr wichtig ist, kann es zu schwer wiegenden Missverständnissen kommen. Die US-amerikanische „OK"-Geste mit Daumen und Zeigefinger kann in Spanien zu sehr unangenehmen Reaktionen führen, da sie dort eine stark beleidigende Bedeutung hat, die nichts mit der angelsächsischen Bedeutung gemein hat. Daraus folgt, dass die Gestik wesentlich mehr durch die kulturellen Rahmenbedingungen bestimmt wird, weshalb man diesen in der interkulturellen Kommunikation große Beachtung schenken sollte.

Gleiche Geste – unterschiedliche Bedeutung

Andere Beispiele sind Raumaufteilung und Blickverhalten. Zur Raumaufteilung gehört die Körperdistanz beim Sprechen. Diese ist in China geringer als in Deutschland. So fühlt sich ein Deutscher unter Umständen im Gespräch mit einem Chinesen unwohl, weil dieser ihm „zu nahe auf die Pelle rückt". Die Faustformel für Körperdistanz zwischen zwei Menschen, die kein intimes Verhältnis haben, ist in Deutschland ca. eine Armeslänge. Gegenseitiges In-die-Augen-Sehen kann einerseits die Funktion eines Hörersignals haben. Das heißt, man zeigt dem Gegenüber, dass man zuhört und das Gesagte verstanden hat. Andererseits kann in manchen Kulturen direkter Blickkontakt eine aggressive

Körperlicher Abstand wird unterschiedlich interpretiert

Bedeutung haben.

Es gibt viele Anlässe für interkulturelle Missverständnisse

Zusammenfassend lässt sich bemerken, dass das Potenzial interkultureller Missverständnisse in Anbetracht der Komplexität der Kommunikation sehr groß ist (Vgl. 1.2 *Kontextualisierung*, S. 30f). Da die in diesem Buch verwendete Definition von interkultureller Kommunikation primär ergebnisorientiert ist, soll die Betrachtung interkultureller Unterschiede und Probleme praktische Analysehilfen und Hinweise liefern. Diese dienen dazu besser verstehen zu helfen, was in der interkulturellen Kommunikation und im interkulturellen Management geschieht. Die Studierenden sollen lernen, mit interkulturellen Unterschieden, vor allem im Bereich von Business und Management, effektiver umzugehen.

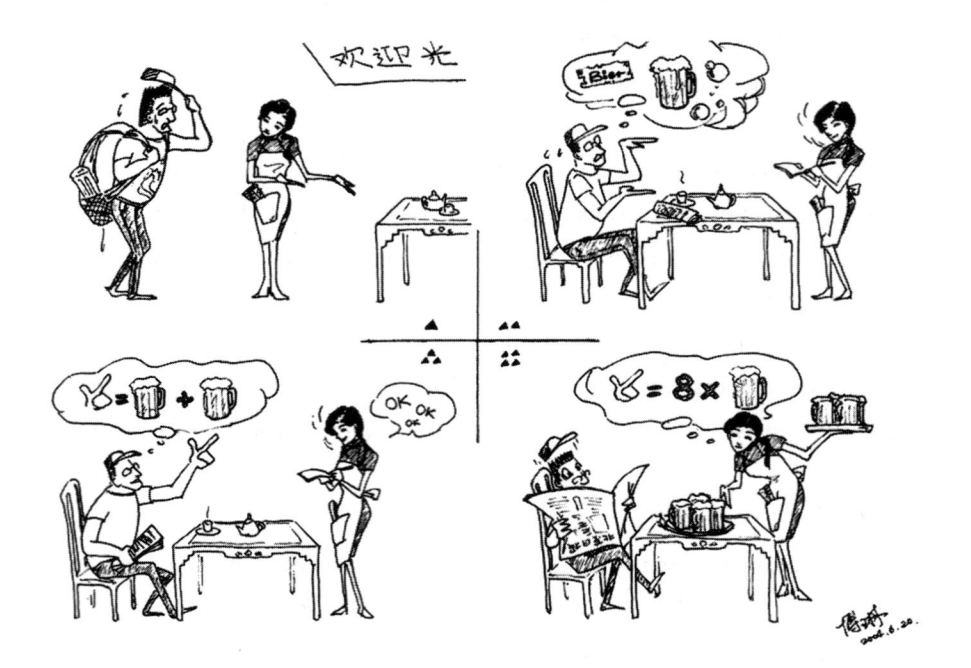

Grafik 5: „Zwei Bier bitte!" Quelle: eigene Abbildung

Aufgaben zum Abschnitt *Beispiele für potenzielle Ursachen von Missverständnissen*:

1. Wie drückt man in Deutschland beim Sprechen aus, dass etwas besonders wichtig ist und daher besonders beachtet werden sollte? Wie wird dies in China gemacht?
2. Was bedeutet der Satz: *Das Potenzial interkultureller Missverständnisse ist sehr groß?* Suchen Sie im Text die Bereiche von Kultur und Kommunikation, in denen Missverständnisse auftreten können, und finden Sie Beispiele dafür!
3. Beschreiben Sie die Grafik „Zwei Bier, bitte" und diskutieren Sie die Ihnen bekannten Unterschiede in der nonverbalen Kommunikation zwischen China und Deutschland!

Wiederholungstest

Füllen Sie die Lücken in den folgenden elf Aussagen mit den Wörtern aus dem unten stehenden Kasten!

Abstand, Aggressionen, Filter, gleiche, Gründe oder Anlässe, kulturelle, nichtsprachlichen, normal, Satzintonation, transportieren, Verlegenheit

1. Die meisten Mitglieder einer Kultur haben eine klare Vorstellung davon, was in ihrer Kultur als _____ betrachtet wird.

2. Missverständnisse können durch sprachliche und _____ Unterschiede entstehen. Ein Freund ist nicht in jedem Land ein Freund.

3. Missverständnisse, die aufgrund von Kommunikationsproblemen auf der _____ Ebene entstehen, sind den Beteiligten oft nicht bewusst.

4. Nichtsprachliche Signale werden von den Kommunikationspartnern oft unbewusst sehr direkt interpretiert. Sie wirken also ohne _____.

5. Nichtsprachliche Signale sind häufig der Ausdruck unserer Gefühle. Sie _____ Emotionen.

6. Auch auf der „paraverbalen Ebene" gibt es kulturelle Unterschiede. Diese sind in der Kommunikation sehr wichtig. Dabei handelt es sich beispielsweise um Unterschiede bei Redepausen, Lautstärke oder der _____.

7. Werden falsche Satzbetonungen gemacht, kann bei dem Gesprächspartner Verwirrung entstehen. Im Extremfall kann dies sogar _____ auslösen.

8. Das Lächeln eines Asiaten, der einen Fehler gemacht hat, kann möglicherweise Ausdruck von _____ sein. Ein Deutscher tendiert jedoch dazu,

dies unter Umständen als „Frechheit" zu interpretieren, da in seiner Kultur in dieser Situation eine ganz andere Mimik erwartet wird.

9. Ein wesentlicher Aspekt der nonverbalen Kommunikation ist auch die Gestik. In unterschiedlichen Kulturen kann die _____ Geste unterschiedliche Bedeutungen haben.

10. Wie nahe oder weit man voneinander entfernt steht, geht und sitzt ist kulturell bedingt. Körperlicher _____ wird in verschiedenen Kulturen unterschiedlich interpretiert.

11. Kulturelle Missverständnisse können aus zahlreichen ganz unterschiedlichen Gründen entstehen. Es gibt viele _____ für interkulturelle Missverständnisse.

2. Werte, Beziehungen, Höflichkeit

2.0 东西方的文化差异
2.1 Werte
2.2 Beziehungen
2.3 Höflichkeit

2.0 东西方的文化差异

❑ 简介：

在第一章的基础之上，本章进一步介绍荷兰社会学家霍夫斯泰德的跨文化交际理论以及中西交际中极为重要的两个内容："关系"和"礼貌"。读者需要在本章从理论的角度加深对跨文化交际的理解，提高自身对文化差异的敏感性。

第一节首先以洋葱模型为基础介绍霍夫斯泰德的文化深层层次理论。该文化模型由外向内依次由象征、英雄、礼俗和价值组成。位于最外层的象征最容易被观察到；英雄是人们所认同的形象，但不一定是正面形象；礼俗被认为是某个文化中必要的行为；而位于最里层的价值则深藏于人的无意识之中，是不可见的，只有在价值使用中才能观察到它。霍夫斯泰德还提出了价值的四个维度，它们分别是权力距离、个人主义和集体主义、男性化和女性化以及不确定性规避。价值维度反映了社会中的行为发展趋势，因此人们可以根据这四个维度来分析来自某个文化的人为何会有某些特定的行为。通过本节的学习，读者可以借助这四个维度简单地分析中德文化的异同。为了让读者更多地了解企业的实际情况，编者在讲解价值维度时指出了每种维度在工作领域的表现形式。

第二节主要以强语境文化和弱语境文化为基础，分析中西（德）方如何看待"关系"。本节首先通过发生在强语境与弱语境文化之间的贸易洽谈实例来介绍二者的区别：强语境文化需要先建立关系而后进行贸易，而弱语境文化是以合同为基础而不以人为基础。本节还介绍了在中德跨文化交际中人们如何建立关系、维持关系以及如何避免冲突。为了维护良好的关系，中国人十分重视"面子"，本节也分析了什么样的行为是给面子或丢面子。在本节结尾处编者还附加了一篇名为《关系——一种儒家现象？》的文章，目的在于引发读者思考并讨论中国人的思维与儒家思想之间的联系。

第三节介绍在中西方交际中起重要作用的"礼貌"问题。跨文化的礼貌研究认为礼貌以不同的价值体系为基础，不存在普遍意义的礼貌。本节采用四个中德交际实例来证明礼貌的相对性。为了和来自其他文化的人们礼貌地交往，人们需要提高对自己的行为和别人的行为的敏感性。

读者在本章应主要掌握以下内容：
1. 霍夫斯泰德提出的价值的深层层次分别是什么？分别有什么含义？如何用模型来表示？
2. 霍夫斯泰德的四个价值维度分别是什么？有什么含义？请试着用这四个维度分析中国文化和德国文化的异同。
3. 强语境文化和弱语境文化有何区别？在商业洽谈中有何体现？
4. 请用强语境和弱语境文化理论来解释"关系"一词在中国和德国的含义及其作用。
5. 在中国和德国人们是如何建立关系、保持关系、避免冲突的？
6. 礼貌研究的两个方向分别是什么？
7. 如何理解礼貌的相对性？
8. 在跨文化交际中人们如何做到礼貌交往？

读者在本章应掌握以下主要概念：
- 文化层次：象征（Symbole）、英雄（Helden）、礼俗（Rituale）、价值（Werte）
- 价值维度：权力距离（Machtdistanz）、个人主义和集体主义（Individualismus und Kollektivismus）、男性化和女性化（Maskulinität und Femininität）、不确定性规避（Unsicherheitsvermeidung）
- 面子（Gesicht）

2.1 Werte

> Weißes erkennt man besser, wenn man Schwarzes dagegen hält.
>
> *Martin Luther (1483–1546),*
> *deutscher Theologe und Reformator*

Hofstedes Studie zeigt „Tiefendimensionen" von Kulturen

Wie wir in Kapitel 1 festgestellt haben, ist Kultur schwer zu fassen. Wie wirkt sich Kultur aber im täglichen Leben aus? Hierzu hat der Sozialwissenschaftler Geert Hofstede 1968 und 1972 groß angelegte Untersuchungen durchgeführt. Bei 72 Tochtergesellschaften des IBM-Konzerns ermittelte er mit Hilfe von Fragebögen persönliche Werte in Bezug auf die Arbeitswelt und andere persönliche Einstellungen. In seiner Forschung ermittelte er statistisch vier „Wertedimensionen", die eine allgemeine, anschauliche Erklärung für die Grundlagen menschlichen Handelns bieten sollten. Dabei gelang es ihm – wie er meinte – universale, d.h. über Kulturgrenzen hinweg gültige Kategorien für Werte zu finden. Hofstede sprach dabei auch von verschiedenen *Tiefenebenen* von Kultur. Um Hofstedes Vorgehen und die Ergebnisse seiner Untersuchung besser nachvollziehen zu können, müssen zunächst die vier Begriffe *Symbole*, *Helden*, *Rituale* und *Werte* geklärt werden, in die er die Tiefenebenen der Kultur unterteilt hat.

Symbole, Helden, Rituale, Werte

Aufgabe zum Abschnitt *Werte*:

1. Was könnte der Ausspruch von Martin Luther am Kapitelanfang bedeuten? In welcher Beziehung steht er zum Thema „Werte und Normen"?
2. Kennen Sie den deutschen Ausdruck „Schwarzweiß-Malerei"? Was bedeutet dieser und ist er positiv oder negativ zu bewerten?

2.1 Werte

❑ Tiefenebenen von Kultur

Die genannten Tiefenebenen von Kultur hat Hofstede mittels eines „Zwiebeldiagramms" dargestellt. Wie in einer quer aufgeschnittenen Zwiebel gibt es in einer Kultur verschiedene Schichten vom Kern bis zur äußersten Schicht. Dies bedeutet, dass die Werte im Kern am schwersten zu erreichen und beobachtbar sind. Hofstede hat in seiner Untersuchung die Zwiebel der Kultur „aufgeschnitten" und die in der Mitte verborgenen Werte freigelegt. Diese tief in der Zwiebel steckenden Werte wirken sich durch die kulturellen Praktiken, die „Anwendung" der kulturellen Werte, auf die oberen drei Schichten aus (*Rituale, Helden, Symbole*) und geben diesen ihre äußere Gestalt.

Metapher „Kulturzwiebel"

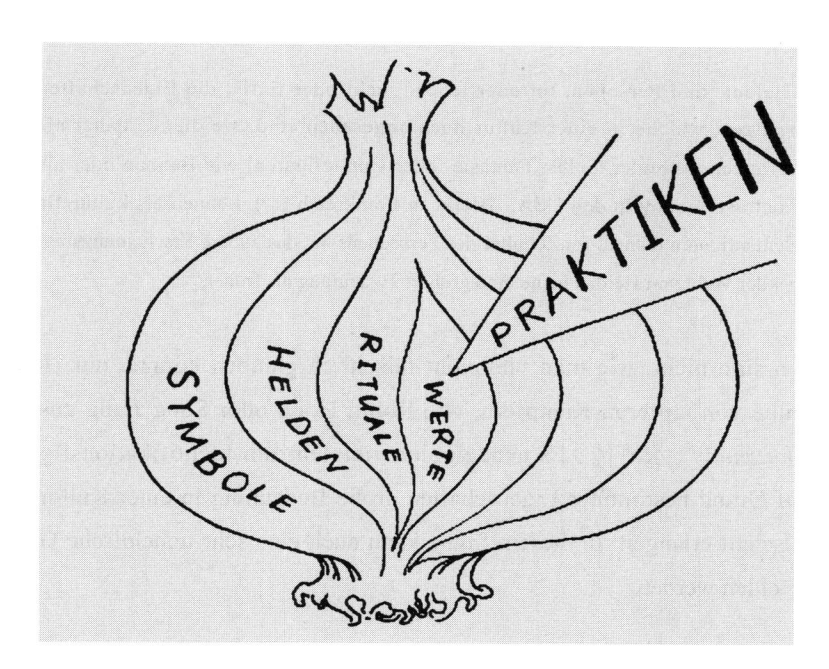

Grafik 6: Die Kulturzwiebel   Quelle: nach Hofstede (1997)

Symbole

> „sind Worte, Gesten, Bilder oder Objekte, die eine bestimmte Bedeutung haben, welche nur von denjenigen als solche erkannt wird, die der gleichen Kultur angehören. Die Worte einer Sprache oder Fachsprache gehören zu dieser Kategorie, ebenso wie Kleidung, Haartracht, Coca Cola, Flaggen und Statussymbole. Neue Symbole entwickeln sich rasch, und alte verschwinden; Symbole einer kulturellen

Gruppe werden regelmäßig von anderen nachgeahmt."¹

Erste Schicht: Kulturelle Symbole sind der Beobachtung von „außen" am leichtesten zugänglich

Von „außen" betrachtet, ist die Ebene der Symbole am auffälligsten und der Beobachtung damit am leichtesten zugänglich. Symbole sind zudem sehr veränderlich. Ein Beispiel für ein kulturelles Symbol ist Kleidung. Was mit einer bestimmten Kleidung ausgedrückt wird, ist nur verständlich, wenn man der Kultur angehört, die diese Kleidung hervorbringt. Ein anderes Beispiel für ein Symbol ist Coca Cola. Mit diesem Getränk wird ein bestimmtes Lebensgefühl assoziiert, das mit Modernität, einer entspannten Lebenseinstellung („Coolness") sowie der westlichen von den USA dominierten Kultur gleichgesetzt wird.

In der nächsten Schicht finden sich *Helden*:

> „Helden sind Personen, tot oder lebend, echt oder fiktiv, die Eigenschaften besitzen, welche in einer Kultur hoch angesehen sind, sie dienen daher als Verhaltensvorbilder. Selbst Fantasie- oder Comicfiguren, wie Batman oder als Kontrast Snoopy in den USA, Asterix in Frankreich [...], können als kulturelle Heldenfiguren dienen. Im Zeitalter des Fernsehens hat das äußere Erscheinungsbild bei der Wahl von Helden heute eine größere Bedeutung als früher."²

Zweite Schicht: Helden sind Identifikationsfiguren – aber nicht unbedingt positiv

Helden sind nicht, wie man vielleicht fälschlich glauben könnte, nur Helden im Sinne von tapferen Kämpfern, wie Robin Hood oder Song Jiang aus dem „*shuihu zhuan*" 水浒传. Es handelt sich vielmehr um Identifikationsfiguren, die auf Grund bestimmter Eigenschaften große Bedeutung in einer Kultur oder Gesellschaft erlangen. In diesem Sinne kann auch eine sehr unheldische Gestalt zum Helden werden.

Noch tiefer in der Zwiebel verborgen liegen die *Rituale*. Diese

> „sind kollektive Tätigkeiten, die für das Erreichen der angestrebten Ziele eigentlich überflüssig sind, innerhalb einer Kultur aber als sozial notwendig gelten: sie werden

---

[1] Hofstede, Geert (1993): *Interkulturelle Zusammenarbeit.* Kulturen, Organisationen, Management. Wiesbaden: Gabler (Original: Hofstede, G. (1991). *Cultures and organizations: Software of the mind.* London: McGraw-Hill, S. 22.
[2] Ebenda, S. 22.

> daher um ihrer selbst willen ausgeübt. Formen der Grüßens und der Ehrerbietung anderen gegenüber, soziale und religiöse Zeremonien sind Beispiele hierfür."[3]

Was bedeutet hierbei „überflüssig, aber sozial notwendig"? Als Beispiel hierfür könnte man den japanischen Tee-Weg („*chadō*" 茶道) anführen. Die hierbei durchgeführten Rituale bei der Teezubereitung und dem Teetrinken sind von außen (objektiv) gesehen nicht erforderlich. Aber aus dem Blickwinkel der japanischen Kultur sind sie selbstverständlich und sogar notwendig.

Dritte Schicht: Rituale sind Handlungen, die in einer Kultur als notwendig betrachtet werden

Wichtig für die Interpretation des oben stehenden „Zwiebeldiagramms" ist, dass menschliches Handeln (Praktiken) die *Werte* einer Kultur indirekt durch ihre *Rituale*, *Helden* und *Symbole* sichtbar werden lässt. Dies geschieht nicht bewusst, sondern unbewusst, denn Werte werden früh in der Kindheit eines Menschen erlernt; die Angehörigen einer Kultur nehmen ihre Werte selbst nicht wahr. Alles erscheint natürlich, „weil es so ist, wie es ist." Werte liegen, wie das Schaubild zeigt, an der Basis der kulturellen Programmierung eines Menschen. Sie sind tief im Unterbewusstsein verwurzelt.

Tiefste Schicht: „Werte" sind tief im Unterbewussten der Menschen verankert und werden nur durch Praktiken sichtbar

Werte drücken immer eine allgemeine Vorstellung in Hinblick auf einen idealen Zustand aus und bedeuten eine Tendenz, sich auf einer Skala zwischen „gut" und „schlecht" für etwas zu entscheiden. Warum entscheidet man sich eher für das eine und nicht für das andere? Es ist ganz wichtig zu unterscheiden, was *allgemein als „wünschenswert"* und *individuell als „erwünscht"* angesehen wird. So muss die allgemeine „Norm" über das Wünschenswerte nicht unbedingt mit den eigenen persönlichen Ansichten über das „Erwünschte" übereinstimmen. Das „Wünschenswerte" ist das, was man allgemein tun sollte, das „Erwünschte" jedoch das, was man selbst gerne tun würde. Beides muss keineswegs übereinstimmen.

Werte beruhen auf einem idealen Zustand

Das, was man selbst will, ist nicht immer das gesellschaftlich „Erwünschte"

[3] Ebenda, S. 23.

Aufgaben zum Abschnitt *Tiefenebenen von Kultur*:

1. Finden Sie Beispiele für kulturelle Symbole in China! Welche kulturellen Symbole der deutschen Kultur kennen Sie?
2. Welche Helden kennen Sie in China? Welche Funktion haben diese Helden in Ihrer Kultur? Gibt es auch Anti-Helden?
3. Finden Sie Beispiele für Rituale in China! Wo könnten sich chinesische Rituale von westlichen Ritualen unterscheiden?
4. Vermuten Sie: Was ist mit „erwünscht" und „wünschenswert" gemeint? Finden Sie ein Beispiel, in dem sich „erwünscht" und „wünschenswert" widersprechen!
5. Sammeln Sie typisch chinesische Werte! Finden Sie sich darin wieder – das heißt, welche Rolle spielen diese Werte in Ihrem eigenen Leben?
6. Pünktlichkeit könnte (obwohl dies auch als Stereotype angesehen werden muss) man als einen Wert in der deutschen Kultur betrachten. Ist Pünktlichkeit „an sich" in China ein Wert oder hat sie immer eine bestimmte Funktion? Glauben Sie, dass Pünktlichkeit eine Eigenschaft ist, die auf alle Deutschen zutrifft?

❑ Wertedimensionen

Hofstede hat in seiner Wertestudie erforscht, warum sich Menschen in bestimmten Situationen eher für ein Verhalten entscheiden als für ein anderes. Diese Gründe für menschliches Verhalten wurden im Ergebnis als Werte formuliert. Er kam durch die statistische Auswertung der gesammelten Daten zunächst zu vier *Wertedimensionen* (Machtdistanz, Individualismus-Kollektivismus, Maskulinität-Femininität, Unsicherheitsvermeidung), nach denen er Kulturen einordnete. **Bei allen Wertedimensionen** Hofstedes muss man im Gedächtnis behalten, dass sich aus diesen sehr klaren und einfach formulierten Aussagen **lediglich Verhaltenstendenzen** über eine Gesellschaft ableiten lassen. Es werden gesellschaftliche

Die Wertedimensionen zeigen Verhaltenstendenzen in einer Gesellschaft

Werte ausgedrückt, die zum einen nicht komplett von allen Angehörigen einer Kultur geteilt werden und zum anderen von einzelnen Individuen auch nicht in einer derart prototypischen Form übernommen werden müssen. In der Realität wird sich kein Fall finden, der zu hundert Prozent mit dem übereinstimmt, was Hofstede in seinen Wertedimensionen formuliert hat.

❑ Machtdistanz

Der Begriff der Machtdistanz drückt aus, inwieweit es von den Angehörigen einer Kultur akzeptiert und auch erwünscht ist, dass Macht innerhalb einer Gesellschaft ungleich verteilt ist. Die wichtigsten Eigenschaften dieser Wertedimension sind im folgenden Schaubild einander gegenübergestellt.

Machtdistanz zeigt den Abstand zwischen Mächtigen und „Machtlosen"

Tabelle 1: Wie äußert sich die Wertedimension der Machtdistanz?

Geringe Machtdistanz	Große Machtdistanz
Der Einsatz von Macht muss legitimiert sein und wird danach beurteilt, was gut und was böse ist	Macht geht vor Recht; wer die Macht hat, ist legitimiert dazu
Fähigkeiten, Wohlstand und Macht gehören nicht unbedingt zusammen	Fähigkeiten, Wohlstand und Macht lassen sich nicht voneinander trennen
Breite Mittelschicht	Kleine Mittelschicht
Alle haben die gleichen Rechte	Die Mächtigen genießen Privilegien
Die Mächtigen treten weniger mächtig auf als sie es sind	Die Mächtigen unterstreichen ihre Macht durch ihr Auftreten
Macht beruht auf der Position, dem Fachwissen und der Gabe, andere zu belohnen	Macht stützt sich auf Familie oder auf Freunde, auf Charisma und der Möglichkeit, Druckmittel einzusetzen

Aufgabe zum Abschnitt *Machtdistanz*:

1. Analysieren Sie die oben stehende Tabelle. Wie könnte man China laut diesen Klassifikationsmerkmalen einordnen? Treffen alle Merkmale zu?

❏ Individualismus und Kollektivismus

In individualistischen Gesellschaften stehen die Interessen des einzelnen über denen der Gruppe

Diese Wertedimension beschreibt, wie stark ein Individuum in soziale Gruppen eingebunden ist. In **individualistischen** Gesellschaften herrschen zwischen einzelnen Menschen eher lockere Beziehungen, nur für sich selbst und die *Kernfamilie* (Mutter, Vater, Kind) wird gesorgt. Oft wohnen nur die Eltern und die Kinder zusammen, andere Verwandte trifft man eher selten. Die Interessen des Individuums stehen vor den Interessen der Gruppe. Die eigene Privatsphäre ist sehr wichtig. Gesetze und Rechte gelten für alle Menschen in gleicher Weise, Ungleichbehandlung gilt als unmoralisch. Die eigene Meinung zu vertreten ist Zeichen von Aufrichtigkeit. Auch wenn es dadurch zu Konflikten kommt, sagt man, was man denkt. Die Quelle der Identität ist das „Ich" (Cogito ergo sum. – „Ich denke also bin ich." – Descartes), *Selbstverwirklichung* gilt als ein hohes Ideal.

In kollektivistischen Gesellschaften verlangt die eigene Gruppe Loyalität und bietet dafür Schutz

In kollektiven Gesellschaften ist der Mensch von Geburt an sehr stark in geschlossene „Wir"-Gruppen eingebunden, die ihn ein Leben lang beschützen und für ihn sorgen, dafür aber bedingungslose Loyalität verlangen. Die erste Gruppe, der ein Mensch angehört, ist die Familie: sie umfasst in kollektiven Gesellschaften einen viel weiteren Personenkreis, neben Tanten, Onkeln usw. auch Hausangestellte, enge Freunde, Mitbewohner, etc. Auch im Privatleben spielt die Gruppe immer eine Rolle; die Gruppe hat großen Einfluss auf die eigene Meinung. Je nachdem, welcher Gruppe man angehört, gelten gesellschaftliche Regeln auch in unterschiedlicher Weise – Angehörige der eigenen Gruppe werden oft bevorzugt. Harmonie ist sehr wichtig; Konflikte und direkte Auseinandersetzungen sollten vermieden werden. Der beste Weg für das Wohlergehen eines Individuums führt über die Gruppe; sie bildet auch den Orientierungspunkt für die Identität der Menschen. Harmonie und Konsens stellen gesellschaftliche Ideale dar.

Für die Arbeitswelt hat dies natürlich auch Konsequenzen (Vgl. 2.2 *Beziehungen*, S. 65ff): So werden Geschäfte in kollektivistischen Gesellschaften überhaupt erst aufgrund von persönlichen Beziehungen gemacht. Erst wenn ein gutes persönliches Verhältnis aufgebaut ist, kann man auch Geschäfte machen. Verträge allein bilden keine gemeinsame Grundlage. In individualistischen Gesellschaften steht am Anfang „der Vertrag", der auch strikt eingehalten wird. Die Qualität der Beziehung und Rückschlüsse auf das Individuum werden aufgrund der Güte der Aufgabenerfüllung beurteilt. Der Sachaspekt steht im Vordergrund. Das hat direkten Einfluss auf die Beziehungen zwischen Arbeitgeber und Arbeitnehmer. Die Unterschiede diesbezüglich werden in der folgenden Tabelle dargestellt.

Kollektivistisch: Erst die Beziehung, dann das Geschäft

Individualistisch: Erst das Geschäft, dann die Beziehung

Tabelle 2: Wie wirkt sich die Wertedimension des Individualismus-Kollektivismus auf die Arbeitseinstellung aus?

Kollektivistisch	Individualistisch
Beziehung Arbeitgeber-Arbeitnehmer wird an moralischen Maßstäben gemessen, ähnlich einer familiären Bindung	Beziehung Arbeitgeber-Arbeitnehmer ist ein Vertrag, der sich auf gegenseitigem Nutzen begründen soll
Einstellungs- und Beförderungsentscheidungen berücksichtigen die Wir-Gruppe des Mitarbeiters	Einstellungs- und Beförderungsentscheidungen sollen ausschließlich auf Fertigkeiten und Regelungen beruhen
Management bedeutet Management von Gruppen	Management bedeutet Management von Individuen
Beziehung hat Vorrang vor Aufgabe	Aufgabe hat Vorrang vor der Beziehung

Aufgabe zum Abschnitt *Individualismus und Kollektivismus*:

1. Analysieren Sie die oben stehende Tabelle. Wie könnte man China laut diesen Klassifikationsmerkmalen einordnen? Treffen alle Merkmale zu?

❑ Maskulinität und Femininität

<small>Nur ein gewisser Teil der Unterschiede zwischen den Geschlechtern lässt sich biologisch erklären</small>

Was ist der Unterschied zwischen Mann und Frau? Zunächst erscheint die Antwort einfach: Männer und Frauen unterscheiden sich durch ihr Geschlecht. Dies dient dem biologischen Zweck der Fortpflanzung, dabei erfüllen Mann und Frau unterschiedliche Aufgaben – dies ist als Naturgesetz nicht zu ändern. In einer Gesellschaft jedoch erfüllen Männer und Frauen auch unterschiedliche Aufgaben, und zwar in Form von Rollen (hier: Geschlechterrollen).

<small>Viele Unterschiede entstehen aus „Geschlechter-rollen"</small>

Geschlechterrollen sind natürliche Rollen, d.h. sie sind einem von Geburt an „auf den Leib geschrieben" und nicht veränderbar. Andere Rollen hingegen werden im Laufe eines Lebens erworben und auch wieder abgelegt (erworbene bzw. zugeschriebene Rollen).

<small>Jeder spielt in seinem Leben verschiedene Rollen</small>

So kann eine Person in ihrem Leben verschiedene Rollen spielen, sei es in der Kindheit als Schüler, später als Student, auf der Arbeit als Chef oder Untergebener, zuhause als Vater, als Ehemann, in der Freizeit als Freund von A, als Freund von B, etc. Je nachdem, welche Rolle man gerade spielt, herrschen auch unterschiedliche Erwartungen an einen Menschen. Man verhält sich auch unterschiedlich, versucht seine Rolle zu erfüllen. So wird von einem Schüler etwa Gehorsam, Fleiß und Disziplin erwartet, als Chef hat man bestimmte Privilegien, Entscheidungen zu treffen und Anweisungen an Untergebene zu erteilen, aber auch Verantwortung für seine Mitarbeiter etc. Was im einzelnen vom Inhaber einer bestimmten Rolle erwartet wird, ist von Kultur zu Kultur verschieden.

In Bezug auf Geschlechterrollen gibt es Tätigkeiten und Verhaltensweisen, die allgemein mit Frauen und/oder Männern in Verbindung gebracht werden. Geschlechterrollen sind also einerseits biologisch durch die Geschlechterzugehörigkeit verteilt (natürlich), ihre inhaltliche Ausprägung (Rollenerwartung) aber kulturell geformt; also in einer gewissen Weise auch „unnatürlich" und von Gesellschaft zu Gesellschaft verschieden. Eine „typische Rollenverteilung" der Geschlechter wäre zum Beispiel: „Der Mann verdient das Geld und die Frau gehört ins Haus!" Diese extreme Rollenzuweisung ist natürlich nur ein Beispiel und in dieser Form nicht typisch.

Der „Inhalt" der Geschlechterrollen wird kulturell geformt

Diese Unterscheidung ist wichtig. Nach Hofstede bedeutet Maskulinität in einer Gesellschaft, dass eine klare Verteilung von Geschlechterrollen herrscht. Femininität bedeutet hingegen, dass sich Geschlechterrollen überschneiden können und daher von Männern wie Frauen gleichermaßen wahrgenommen werden. Wie diese Verteilung der Geschlechterrollen aussieht, dazu die folgende Tabelle:

„Maskuline Kulturen" betonen die Unterschiede zwischen den Geschlechtern sehr stark

Tabelle 3: Vergleich maskuliner und femininer Werte

Maskulin	Feminin
Geld und Dinge sind wichtig	Menschen und intakte zwischenmenschliche Beziehungen sind wichtig
Von Männern wird erwartet, dass sie bestimmt ehrgeizig und hart sind	Von jedem wird erwartet, bescheiden zu sein
In der Familie ist der Vater für Fakten, die Mutter für Gefühle zuständig	In der Familie sind sowohl der Vater als auch die Mutter für Fakten und Gefühle zuständig
Versagen in der Schule ist eine Katastrophe	Versagen in der Schule ist nicht so schlimm

Hier soll noch einmal hervorgehoben werden, dass mit „feminin" und „maskulin" weder biologischen Eigenschaften noch echte Geschlechterrollen gemeint sind. Die Eigenschaften, die in der obigen Tabelle als „feminin" oder „maskulin" bezeichnet werden, sind sowohl bei Männern als auch bei Frauen zu finden. In der Arbeitswelt lassen sich Maskulinität und Femininität wie folgt charakterisieren.

- Maskulinität: „Leben um zu arbeiten"; Vorgesetzte sollen Entscheidungen fällen und treten bestimmt auf; zwischen Kollegen herrscht Fairness, Wettbewerbs- und Leistungsdenken; Konflikte werden bei ihrer Entstehung offen ausgetragen.
- Femininität: „Arbeiten um zu leben"; Vorgesetzte handeln intuitiv und in Konsens mit ihren Untergebenen; Gleichheit, Solidarität und eine angenehme Arbeitsatmosphäre sind wichtig; bei Konflikten verhandelt man miteinander und sucht nach einem Kompromiss.

Aufgaben zum Abschnitt *Maskulinität und Femininität*:

1. Diskutieren Sie Aussage, „Der Mann verdient das Geld, die Frau gehört ins Haus". Wie ist die Situation in China?
2. Vergleichen Sie die Sätze „Man lebt, um zu arbeiten" und „Man arbeitet, um zu leben". Finden Sie Beispiele für Kulturen, die dem einen oder dem anderen Standpunkt zuneigen! Was finden Sie richtiger?

❑ Unsicherheitsvermeidung

„Wenn man als Ausländer durch Deutschland reist, so fällt einem besonders die Bedeutung von Pünktlichkeit auf, ganz gleich, ob sie eingehalten wird oder nicht. Nicht das Wetter, sondern die Pünktlichkeit ist Gesprächsthema Nr.1 zwischen fremden Reisenden im Zugabteil. In deutschen Fernzügen liegt in jedem Abteil ein Faltblatt aus, das man als Zugbegleiter bezeichnet, und in dem alle Haltestellen mit Ankunfts- und Abfahrtszeiten sowie alle Umsteigemöglichkeiten auf der Strecke angegeben sind. Es ist in Deutschland schon fast ein Nationalsport, nach dem Zugbegleiter zu greifen, sobald der Zug in den Bahnhof einfährt, um mit der

Digitaluhr festzustellen, ob der Zug den Fahrplan einhält. Wenn ein Zug Verspätung hat, was tatsächlich vorkommt, so wird dies durch Lautsprecheransagen in einem stoisch-tragischen Ton mitgeteilt. Die schlimmste Art der Verspätung ist die unbestimmte Verspätung (man weiß nicht, wie lange es dauern wird!), und die wird im Tonfall einer Trauerrede bekannt gegeben."[4]

Menschliches Leben bedeutet immer auch den Umgang mit Unsicherheit. Wer weiß schon, was morgen kommen wird? Unsicherheit schafft Angst. Das menschliche Bedürfnis nach Schutz und Sicherheit bringt in unterschiedlichen Kulturen unterschiedliche Strategien zur Vermeidung von Unsicherheit hervor. Was man als unangenehm oder angsteinflößend empfindet, ist von Mensch zu Mensch und von Kultur zu Kultur unterschiedlich. Auch das Angstniveau, also wie leicht man sich von etwas bedroht fühlt, ist unterschiedlich. Als Wertedimension beschreibt Unsicherheitsvermeidung das Bedürfnis der Angehörigen einer Kultur nach Vorhersehbarkeit und geschriebenen wie ungeschriebenen Regeln und auch, wie sehr sie sich durch Ungewissheit und Unbekanntheit bedroht fühlen. Pünktlichkeit ist ein gutes Beispiel hierfür. Wo Zeit eine wichtige Rolle spielt, schafft sie Sicherheit durch Vorhersehbarkeit

Pünktlichkeit als Mittel der Unsicherheitsvermeidung

In Kulturen mit starker Unsicherheitsvermeidung wird Unsicherheit als Bedrohung empfunden und bekämpft. Es herrschen für Kinder strenge Regeln, was schmutzig und „tabu" ist, Lehrer müssen auf alles eine Antwort wissen, es gibt viele exakte Gesetze und Regeln. Im Beruf kann man sagen: „Zeit ist Geld", es herrscht ein Bedürfnis nach Beschäftigung und harter Arbeit, Genauigkeit und Pünktlichkeit sind wichtig, man braucht genaue Regeln, nach denen man sich richtet, sachliche Kompetenz und Fachwissen werden hoch angesehen.

Unsicherheitsvermeidung fordert klare Regeln und strenge Gesetze

Schwache Unsicherheitsvermeidung bedeutet allgemein, dass Unsicherheit als normal angesehen und hingenommen wird, für Kinder bezüglich „schmutzig" und „tabu" lockere Regeln gelten, Lehrer auch „ich weiß nicht" sagen dürfen und dass es eher wenige allgemeine Gesetze und Regeln gibt. In der Arbeitswelt ist Zeit eher ein Orientierungsrahmen und nicht so wichtig. Hart gearbeitet wird nur, wenn es absolut nötig ist, ansonsten „lässt man es ruhig angehen". Präzision und

---
[4] Hofstede (1993), S. 129.

Pünktlichkeit sind kein emotionales Bedürfnis, sondern müssen erlernt werden. Es gibt nur wenige formelle Regeln, allgemeine Fähigkeiten und „gesunder Menschenverstand" genießen einen hohen Stellenwert.

Tabelle 4: Unterschiede zwischen Kulturen mit schwacher und starker Unsicherheitsvermeidung

Schwache Unsicherheitsvermeidung	Starke Unsicherheitsvermeidung
Geringer Stress; subjektives Gefühl des Wohlbefindens	Großer Stress; subjektives Gefühl der Angst
Aggressionen und Emotionen darf man nicht zeigen	Aggressionen und Emotionen können bei geeigneten Gelegenheiten herausgelassen werden
Uneindeutige Situationen mit unbekanntem Risiko werden akzeptiert	Akzeptanz bekannter Risiken; Angst vor uneindeutigen Situationen und unbekannten Risiken

Aufgaben zum Abschnitt *Unsicherheitsvermeidung*:

1. Schreiben Sie einen Dialog, der in einem deutschen Zug spielt, der zu spät im Bahnhof ankommt. Wie sähe die Situation in China aus?
2. Diskutieren Sie im Plenum: Wo könnten beim Umgang mit der Zeit Konflikte zwischen Deutschen und Chinesen entstehen?
3. Finden Sie Situationen für die Punkte in der Tabelle: *Unterschiede zwischen Kulturen mit schwacher und starker Unsicherheitsvermeidung*. Wo würden Sie Deutschland und China einordnen?

❑ Östliches und westliches Denken

Kritik an Hofstede aus der Perspektive des Ostens

An der Arbeit Hofstedes lässt sich kritisieren, dass die gesamte Untersuchung von westlichen Wissenschaftlern konzipiert und durchgeführt wurde. Dies könnte eine gewisse kulturelle Voreingenommenheit in den Fragestellungen zur Folge haben. Andere Studien, wie die CVS (Chinese Value Study) von Michael Bond, haben bewusst versucht, einen ähnlichen Fragebogen „in östliche Richtung zu verzerren". Bei der Auswertung wurden die vier Dimensionen Hofstedes bestätigt, es ergab sich aber bei gleichem Datenmaterial aber noch eine fünfte Dimension. Bond bezeichnete diese als „konfuzianische Dynamik", bzw. als langfristige und kurzfristige Orientierung. Dabei griff er auf konfuzianische Ideen zurück. Die wichtigsten Grundsätze sind:

Die „östliche Sichtweise" bringt eine fünfte Dimension hervor: die „konfuzianische Dynamik"

1. Die Stabilität der Gesellschaft gründet sich auf ungleiche Beziehungen zwischen Menschen („wu lun" 五伦).
2. Die Familie ist der Prototyp aller sozialer Organisationen. Die Familie als Sozialform wird durch die Bewahrung der Harmonie und das Zeigen von Respekt anderen gegenüber erhalten.
3. Man soll andere nicht so behandeln, wie man selbst auch nicht behandelt werden möchte.
4. Für einen Menschen selbst gilt es als tugendhaft, „gewisse Fertigkeiten und eine Erziehung zu erlangen, harte Arbeit, nicht mehr auszugeben als nötig, Geduld und Ausdauer".

Nach dem Muster Hofstedes könnte man langfristige Orientierung als Wert wie folgt beschreiben: Ausdauer (Beharrlichkeit), Ordnung der Beziehungen nach dem Status, Einhaltung der gesellschaftlichen Ordnung, Sparsamkeit und Schamgefühl. Kurzfristige Orientierung wäre hingegen persönliche Standhaftigkeit und Festigkeit, Wahrung des „Gesichts" (Vgl. 2.2 *Was bedeutet „Gesicht"?*, S. 78ff), Respekt vor der Tradition, Erwiderung von Gruß, Gefälligkeiten und Geschenken.

Konfuzianische Dimension: Familie, Beziehungen, Gegenseitigkeit, Geduld

Aufgabe zum Abschnitt *Östliches und westliches Denken*:

1. Was ist der Hauptkritikpunkt von Bond an Hofstedes Modell, und was ist mit „Verzerrung in östliche Richtung" gemeint?

Wiederholungstest

Erster und zweiter Abschnitt

Füllen Sie die Lücken mit den Wörtern aus dem unten stehenden Kasten!

> „Antihelden", Beobachtung, „Erwünschte", Helden, Identifikationsfiguren, Kulturzwiebel, notwendig, Praktiken, Rituale, „schälen", Symbole, tiefsten, Verhaltenstendenzen, Werte, Zwiebel

Der Sozialwissenschaftler Geert Hofstede hat in seinen Studien „Tiefendimensionen" von Kulturen gefunden. Diese teilt er auf in: _____, _____, _____ und _____. Um diese Dimensionen zu veranschaulichen hat er die Metapher der _____ erfunden. Diese _____ hat mehrere Schichten, die man von „außen" nach „innen" _____ kann. In der ersten Schicht finden sich die kulturellen Symbole, sie sind der _____ von „außen" am leichtesten zugänglich. Die zweite Schicht wird von den Helden gebildet. Diese sind _____, die bestimmte Werte verkörpern. Allerdings sind diese Helden nicht unbedingt positive Helden, es gibt auch _____. In der dritten Schicht findet Hofstede dann die Rituale. Diese sind Handlungen, die in einer Kultur als _____ betrachtet werden, aber im Grunde – zumindest aus der Sicht anderer Kulturen – nicht notwendig sind. In der _____ Schicht finden sich die „Werte" einer Kultur. Diese sind tief im Unterbewussten der Menschen verankert und werden nur durch ihre Handlungen und Anwendungen, das heißt durch ihre _____, sichtbar. Werte basieren auf einem idealen Zustand, das bedeutet auch, dass das, was man selbst will, nicht immer das gesellschaftlich _____ ist, denn die Menschen verhalten sich nicht immer strikt nach den Regeln ihrer Gesellschaft. Man kann sagen, die Wertedimensionen zeigen bloß _____ in einer Gesellschaft und sind keine absoluten, unveränderlichen Gegebenheiten.

2.1 Werte

Dritter bis letzter Abschnitt

Ordnen Sie die in den unten stehenden Aussagen unterstrichenen Begriffe die darüber stehenden Antonyme zu und schreiben Sie den Buchstaben der entsprechenden Aussage in die Klammer hinter die Antonyme!

Beziehungsebene ( )
der Masse ( )
Egoismus ( )
entsteht biologisch ( )
Gemeinsamkeiten ( )
herunterspielen ( )
die Nähe ( )
Sicherheitsgefühl ( )
verhandelbare Regelungen ( )
westliche Betrachtungsweise ( )
zerstört ( )

a) Der Begriff der Machtdistanz zeigt den Abstand zwischen den Mächtigen und den „Machtlosen".

b) In individualistischen Gesellschaften stehen die Interessen des einzelnen über den Interessen der Gruppe.

c) In kollektivistischen Gesellschaften verlangt die eigene Gruppe Loyalität und bietet dafür Schutz.

d) In kollektivistischen Kulturen baut man zuerst eine Beziehung auf und kommt erst dann zum Geschäft.

e) In individualistischen Kulturen geht eine Einigung auf der Sachebene dem Aufbau persönlicher Beziehungen voraus.

f) Nur ein gewisser Teil der Unterschiede zwischen den Geschlechtern lässt sich biologisch erklären.

g) Viele Unterscheidungen zwischen Männern und Frauen entstehen aus so genannten „Geschlechterrollen". Der „Inhalt" dieser Geschlechterrollen wird kulturell geformt.

h) „Maskuline Kulturen" betonen die Unterschiede zwischen den Geschlechtern sehr stark.

i) Pünktlichkeit ist ein Mittel um das Gefühl der Unsicherheit zu verringern oder sogar ganz zu vermeiden, das aus der Unvorhersehbarkeit der Zukunft entsteht.

j) Kulturen, in denen Unsicherheitsvermeidung eine große Rolle spielt, tendieren zum Aufstellen klarer Regeln und zur Erlassung strenger Gesetze.

k) Die „östliche Sichtweise" fügt der Untersuchung von Hofstede eine fünfte Dimension hinzu: Es handelt sich um die „konfuzianische Dynamik".

2.2 Beziehungen

❏ Unterschiede zwischen High-Context- und Low-Context-Kulturen

Geert Hofstede hat an einem anschaulichen Beispiel deutlich gemacht, wie sich „Beziehungen" auf das Management auswirken können und wie unterschiedlich die Vorstellungen und die Bewertungen von Beziehungen sein können.

> Eine mittelgroße schwedische High-Tech-Firma wurde von einem Landsmann angesprochen, der als Geschäftsmann gute Beziehungen zu Saudi-Arabien hatte. Die Firma sandte einen ihrer Ingenieure – nennen wir ihn Johannesson – nach Riad. Dort stellte man ihm eine kleine saudische Ingenieursfirma vor, die von zwei Brüdern geführt wurde, beide Mitte dreißig und mit britischem Hochschulabschluss. Man bat ihn um Unterstützung bei einem Entwicklungsprojekt im Auftrag der saudischen Regierung. Nach sechs Besuchen innerhalb von zwei Jahren war jedoch immer noch kein Fortschritt erkennbar. Die Besprechungen Johannessons mit den beiden Brüdern fanden immer in Gegenwart des schwedischen Geschäftsmannes statt, der den Kontakt hergestellt hatte. Das missfiel ihm und seinen Vorgesetzten, denn sie waren keineswegs sicher, dass dieser Geschäftsmann nicht auch Kontakt zur Konkurrenz hatte – aber die Saudis wollten den Vermittler dabei haben. Die Gespräche drehten sich häufig um Dinge, die wenig mit dem Geschäft zu tun hatten – so sprach man z. B. über Shakespeare, für den beide Brüder eine große Bewunderung zu hegen schienen.[1]

Was fällt an diesem Beispiel auf? Die schwedische Firma (als Vertreter einer Low-Context-Kultur) versucht, einen Geschäftskontakt mit einer saudischen Firma (als Vertreter einer High-Context-Kultur) aufzubauen. Ein direktes rein auf die Sache bezogenes Vorgehen ist dabei nicht möglich, da die Saudis anfangs viel Zeit auf den Beziehungsaufbau verwenden. Obwohl die beiden Saudis über eine westliche Bildung verfügen und mit der Mentalität und den Gepflogenheiten

Beziehungsaufbau in High-Context-Kulturen über einen langen Prozess – Kennenlernphase

---

[1] Das Beispiel stammt von: Hofstede, Geert (1993): *Interkulturelle Zusammenarbeit*. Kulturen, Organisationen, Management. Wiesbaden: Gabler (Original: Hofstede, G. (1991). *Cultures and organizations: Software of the mind*. London: McGraw-Hill.

von Mitgliedern von Low-Context-Kulturen vertraut sein dürften, verhalten sie sich wie typische Vertreter einer High-Context-Kultur. So bestehen sie auf der Anwesenheit des Vermittlers, obwohl das der schwedischen Firma – aus Angst vor der Konkurrenz – nicht angenehm ist. Es beginnt eine lange Phase (zwei Jahre) der Vertrauensbildung und des Kennenlernens, in der für westliche Beobachter nichts zu passieren scheint. Dies könnte man als die Phase des Beziehungsaufbaus, der Initiierung von Beziehungen bezeichnen. Wie geht es nun weiter?

> Johannessons Vorgesetzten kamen schon Zweifel am Sinn dieser teuren Geschäftsreisen, als ein Telex aus Riad eintraf, in dem Johannesson dringend um einen Besuch gebeten wurde. Ein Vertrag im Wert von mehreren Millionen Dollar war unterschriftsreif. Von einem auf den anderen Tag änderte sich die Haltung der Saudis: die Gegenwart des Geschäftsmanns als Vermittler war nicht mehr erforderlich, und Johannesson sah zum ersten Mal die Saudis lächeln und sogar Witze machen.

Nach dem Beziehungsaufbau kommt das Geschäft

Was ist geschehen? Die Saudis hatten in den zwei Jahren Vertrauen zu Johannesson gefasst, und damit auch zu der schwedischen Firma, die er vertrat. Der Aufbau der Beziehung war erfolgreich durchgeführt worden. Nun konnte man entspannt und vertrauensvoll über das Geschäftliche reden. Allerdings war es dazu erforderlich, dass der Vertrauensträger, nämlich Johannesson, persönlich nach Riad kam, um den Vertrag zu unterschreiben. Wir können deutlich erkennen, dass nach dem erfolgreichen Aufbau einer persönlichen Beziehung zwischen den Saudis und Johannesson einem Vertragsabschluss nichts mehr im Wege stand und alles sehr schnell und einfach ging. Doch die Geschichte geht noch weiter:

> Der Abschluss dieses beträchtlichen Auftrags trug dazu bei, dass Johannesson befördert wurde und eine Managementaufgabe in einer anderen Abteilung übernahm. Somit war er nicht mehr für das Geschäft mit den Saudis zuständig. Es wurde ein Nachfolger bestimmt, ein anderer Ingenieur mit langjähriger internationaler Erfahrung, den Johannesson persönlich den Saudi-Brüdern vorstellte. Einige Wochen später traf ein Telex aus Riad ein, in dem die Saudis drohten, den Vertrag wegen eines Details in den Lieferbedingungen zu stornieren. Man bat Johannesson um Hilfe. Als dieser in Riad eintraf, stellte sich heraus, dass

2.2 Beziehungen

es sich bei dem Konflikt um eine Kleinigkeit handelte, die leicht zu beheben war – nach Meinung der Saudis allerdings nur mit Johannesson als Beauftragtem der Firma. Das Unternehmen strukturierte um, damit Johannesson das Geschäft mit den Saudis betreuen konnte, obwohl seine eigentlichen Zuständigkeiten jetzt in einem ganz anderen Bereich lagen.

Was hatte das nun wieder zu bedeuten? Offenbar war doch, zumindest aus Sicht der Schweden, den Vertretern der Low-Context-Kultur, alles klar. Die Verträge waren nach langen Verhandlungen unterschrieben. In den Sachfragen gab es keine nennenswerten Probleme mehr, und doch machten die Saudis plötzlich Schwierigkeiten. Mit dem Verlust der Beziehungsperson, des bekannten Ansprechpartners, nämlich Johannessons, kommen den Saudis Zweifel an der Sicherheit des Vertrags und an der Geschäftsbeziehung mit der ganzen Firma, die für sie auf dem persönlichen Kontakt zu Johannesson und nicht auf dem unterschriebenen Vertrag beruht. Sie bestehen auf offenkundig unwichtigen Kleinigkeiten, die sich an und für sich leicht auf der Sachebene hätten regeln lassen, und drohen damit, den Vertrag zu kündigen. Erst das persönliche Eingreifen Johannessons entspannt die Situation, da die Saudis ihn in den zwei Jahren als vertrauenswürdigen Geschäftspartner kennen gelernt haben.

Geschäftsbeziehungen sind an Personen gebunden

Beziehungen, nicht Verträge sind wichtig

Die schwedische Firma hatte einen schweren Fehler gemacht, indem sie Johannesson von dem Auftrag abzog. Das Management hatte – ganz typisch für Low-Context-Kulturen – nur in Sachkategorien und nicht in Kategorien persönlicher Beziehungen gedacht. Mit dem „Abbruch" der persönlichen Beziehung war aber von Seite der Saudis auch die geschäftliche Beziehung in Frage gestellt worden, worauf sie sofort reagierten. Daraus zogen die Schweden die korrekte Schlussfolgerung, dass neben dem Aufbau einer persönlichen Geschäftsbeziehung auch die Pflege dieser Beziehung im Umgang für Menschen aus High-Context-Kulturen viel wichtiger ist als im Umgang mit Menschen aus Low-Context-Kulturen. Daher stellte die Firma Johannesson für die Pflege der Beziehung ab.

Low-Context-Kulturen betonen die Sache – High-Context-Kulturen betonen zwischenmenschliche Kontakte

Dieses Beispiel zeigt die Differenzen zwischen dem Geschäftsgebaren von Menschen aus High- und Low-Context-Kulturen. Während die Menschen aus der

Persönliche Beziehungen in High-Context-Kulturen wichtiger als Verträge

Low-Context-Kultur den Vertrag als das Kernstück der Geschäftsbeziehungen ansehen, ist für Vertreter der High-Context-Kultur die Beziehung, sowohl was den Aufbau als auch die Fortführung und Pflege betrifft, wichtiger als eine schriftliche Abmachung.

Untenstehend ist die Rolle des Vermittlers für Geschäftsverbindungen zwischen Menschen aus High- und Low-Context-Kulturen in einer nicht ganz ernst gemeinten Grafik dargestellt. Aber, obwohl man sich das ganze sicherlich ein bisschen anders und vor allem abstrakter vorstellen muss, ist in dem Bild sicher doch eine ganze Menge Wahrheit enthalten …

Grafik 7: Nicht unterschätzen – die Rolle der Verbindungsperson! Quelle: eigene Abbildung

Aufgaben zum Abschnitt *Unterschiede zwischen High-Context- und Low-Context-Kulturen*:

1. Lesen Sie das obige Fallbeispiel noch einmal und nehmen Sie eine Einteilung des Verlaufs der Geschäftsbildung in verschiedene Phasen vor! Einschnitte und „Meilensteine" im Verlauf dieser „Geschichte" können Ihnen dabei helfen. Versehen Sie jeden Abschnitt mit einem kurzen stichwortartigen Titel!
2. Wie könnte ein solches Geschäft Ihrer Vorstellung nach zwischen Deutschen und Chinesen in China ablaufen? Stellen Sie einen Vergleich mit dem Beispiel des Ingenieurs Johannesson und den Saudis an! Was würden Sie als chinesischer Geschäftsmann von einem Deutschen bei der Anbahnung von Geschäftsbeziehungen erwarten? Diskutieren Sie mögliche Unterschiede!

❑ Beziehungspartner in der chinesischen High-Context-Kultur

In China kann man sich Beziehungsgeflechte bildlich wie die kreisförmigen Wellen vorstellen, die sich um einen Stein bilden, der ins Wasser eines Tümpels geworfen wird. Dabei steht an der innersten und wichtigsten Stelle die eigene Familie. Dieses wird in der konfuzianischen Lehre als Kern des Staates definiert. Allerdings sollte man Konfuzianismus und chinesisches Denken nicht gleichsetzen (eine Betrachtung des Konfuzianismus-Begriffs aus kritischer Perspektive erfolgt im letzten Abschnitt dieses Kapitels *Zusatztext für Diskussionen: „Guanxi" 关系 – ein konfuzianisches Phänomen?*). So ist man in China häufig sowohl rein moralisch als auch aus einer persönlichen Bindung heraus dazu verpflichtet, den Mitgliedern seiner Familie nicht nur im Privaten, sondern auch im Berufsleben „weiterzuhelfen". Die Familie steht immer an der ersten Stelle. Diese enge Bindung an die Familie ist im Westen in dieser Form sicherlich nicht mehr anzutreffen, wenngleich sich dort viele Menschen ihrer Familie ebenfalls sehr verpflichtet fühlen, allerdings meist aus

Ringemodell der Beziehungen in China

„Innen" und „Außen" – Familie zuerst

Wirtschaftsfaktor Familienzusammenhalt

eher emotionalen Gründen. Dieser enge Familienzusammenhalt vieler Chinesen wird als Wirtschaftsfaktor angesehen, da diese viele kleine Familienbetriebe bilden, in denen die gegenseitige Unterstützung eine Selbstverständlichkeit ist. In diesen Familienbetrieben entfallen viele Kosten (niedrige Löhne, u.U. keine Sozialleistungen), wodurch Wettbewerbsvorteile entstehen.

„Zweiter Ring": Mitschüler und Kommilitonen

Den nächsten Ring bilden Beziehungen zu ehemaligen Mitschülern und Kommilitonen. Diese Beziehungen können auch nach langer Zeit noch aktiviert werden, wenngleich sie weniger verpflichtend sind als die familiären Beziehungen. Dennoch spielen sie eine wichtige Rolle, da hier gemeinsam verbrachte Zeiten und gemeinsame Erlebnisse Verbindungen zwischen den Menschen schaffen. Das trifft allerdings auch für Mitglieder westlicher Kulturen zu. Auch hier haben die Beziehungen vor allem zwischen Studienkollegen eine große Bedeutung für das spätere berufliche Fortkommen.

„Dritter Ring": Schüler-Lehrer

„Vierter Ring": Freund eines Freundes

Weitere Beziehungen sind die zwischen Schülern und Lehrern, in denen die Achtung der Lernenden vor den Lehrenden besonders wichtig ist. Solche „Lehrer-Schüler-Kontakte" werden in China häufig auch noch lange nach dem Ende der Ausbildung aufrecht erhalten. Ebenfalls sehr wichtig sind die Beziehungen zwischen Freunden. Solche Beziehungen sind für Ausländer natürlich leichter aufzubauen als die bereits genannten. Daher raten Management-Handbücher und Kulturberater dazu, in solche Beziehungen mit Asiaten zu investieren. Bedeutsam ist dies nicht zuletzt deshalb, weil man durch solche Beziehungspartner viele Informationen und Hilfestellungen erhält, die man auf offiziellen Weg nicht bekommen kann. Beim Beziehungsaufbau kann es allerdings zu Missverständnissen zwischen Vertretern verschiedener Kulturen führen, da die Funktion und der Ausdruck von Beziehungen im öffentlichen bzw. im Geschäftsleben ganz unterschiedlich bewertet werden.

2.2 Beziehungen

Aufgaben zum Abschnitt Beziehungspartner in der chinesischen High-Context-Kultur:

1. Tragen Sie zusammen, welche Personen Sie im täglichen Leben für wichtig halten! Bewerten Sie die Nähe der Beziehung!
2. Tragen Sie die aus Aufgabe 1 gewonnenen Ergebnisse in das unten stehende Ringmodell ein!

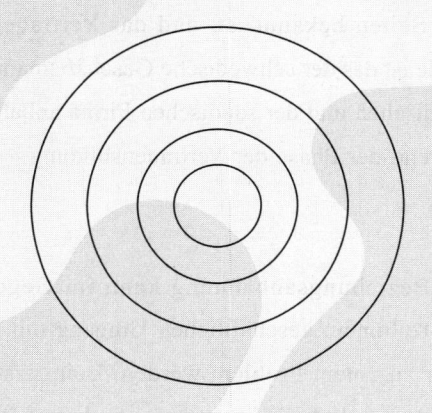

❏ Initiierung von Beziehungen

Das Prinzip der Indirektheit spielt in China eine sehr wichtige Rolle. Kontakte und Beziehungen lassen sich besser durch Vermittlung seitens einer dritten Person aufbauen – dies gilt auch für das Geschäftsleben. In Ländern wie China ist es im Gegensatz zu den westlichen Ländern, wo häufig nach dem Motto „Zeit ist Geld" gehandelt wird, wichtig, nicht „mit der Tür ins Haus zu fallen". Kontakte werden, vor allem bei wichtigen Geschäften, langsam und häufig auch über Mittelsmänner aufgebaut. Die im Zeitalter des Telefonmarketings in der westlichen Hemisphäre so populär gewordenen so genannten „cold calls" als Form der Kundengewinnung sind beispielsweise in China vergleichsweise uneffektiv. Unter „cold calls" versteht man den Versuch, Kunden per Telefon zu akquirieren. Dies geschieht, indem man, nachdem man eine bestimmte Zielgruppe definiert

Prinzip der Indirektheit beim Beziehungsaufbau

hat, sich die Kontaktdaten dieser Firmen verschafft und versucht sie telefonisch für seine Produkte oder Dienstleistungen zu interessieren. Mit dieser im Westen sehr erfolgreichen Telefonmarketing-Technik erntet man in China meist nur Unverständnis und höfliche Absagen.

Vor dem Sachaspekt steht die persönliche Vertrauensbildung durch Vermittlung

Am Anfang stehen nicht die Sachaspekte eines Geschäfts, sondern die persönliche Vertrauensbildung. In diesem Zusammenhang wird auch die Bedeutung von Vermittlern klarer. Bei der Vertrauensbildung zwischen den Geschäftspartnern verlassen sich diese zunächst auf die Empfehlung einer Person, die beiden Seiten bekannt ist, und das Vertrauen aller genießt. Im Beispiel von Hofstede ist das der schwedische Geschäftsmann, der die Beziehung zwischen der schwedischen und der saudischen Firma anbahnt und auch längere Zeit – nämlich während der Phase der Vertrauensbildung – bei den Gesprächen anwesend sein muss.

Interkulturelle Probleme bei der Beziehungsanbahnung

Mitglieder von Low- und High-Context-Kulturen reden „aneinander vorbei"

Diese Form der Beziehungsanbahnung kann im Gegenzug für Vertreter einer High-Context-Kultur im geschäftlichen Umgang mit Menschen aus einer Low-Context-Kultur zu einem Problem werden. Beim ersten Kontakt werden sie versuchen, eine persönliche Beziehung aufzubauen und weniger auf die Geschäfte oder das eigentliche Thema des Treffens zu sprechen kommen. Das kann von Vertretern von Low-Context-Kulturen als Desinteresse am Geschäft oder einfach nur als Inkompetenz aufgefasst werden. Der so entstandene erste Eindruck kann sich negativ auf den weiteren Verlauf der Gespräche auswirken. In westlichen Kulturen wird der Sachaspekt und die persönliche Initiative in den Vordergrund gestellt. Hier wird vom Einzelnen häufig erwartet, dass er bei der Anbahnung von Geschäftsbeziehungen selbst die Initiative ergreift und sich direkt an seine künftigen Geschäftspartner wendet. Ein gutes Beispiel ist die Arbeitssuche: Für Vertreter von High-Context-Kulturen ist es häufig ein Problem, sich mit dem künftigen Arbeitgeber direkt in Verbindung setzen zu müssen, anstatt sich, wie dies in High-Context-Kulturen üblicher ist, durch Bekannte vermitteln zu lassen.

> **Aufgaben zum Abschnitt** *Initiierung von Beziehungen*:
>
> 1. Überlegen Sie, worüber könnte ein Chinese bei einem Vorstellungsgespräch mit dem zukünftigen Chef reden? Worauf würde er Wert legen? – Westler reden praktisch sofort über Qualifikation, Erlerntes, konkrete Vorerfahrungen.
> 2. Finden Sie Beispiele für das „Prinzip der Indirektheit"!
> 3. Schlagen Sie in einem Buch über deutsche Redewendungen (z. B. DUDEN) den Begriff „mit der Tür ins Haus fallen" nach! Was bedeutet dies in diesem Zusammenhang?
> 4. Warum heißt es „cold calls"? Stellen Sie Vermutungen im Plenum an!

❏ Pflege von Beziehungen – Kontakte und Geschenke

Sind die Beziehungen erst einmal hergestellt, so gilt es, sie auch zu pflegen. Auch dabei bestehen zwischen östlichen und westlichen Kulturen neben allen Gemeinsamkeiten große Unterschiede. Der Übergang zwischen dem privaten und dem beruflichen Leben ist in High-Context-Kulturen fließender als in Low-Context-Kulturen, wo diese Lebensbereiche stärker getrennt werden. Traditionellerweise war in China die Arbeitsumwelt auch zugleich die Lebenswelt, wie dies im Konzept der Arbeitseinheit, „danwei" 单位, zum Ausdruck kommt. Auch wenn dieses Konzept immer mehr vom Konzept der Trennung von Berufs- und Privatleben abgelöst wird, nimmt die Arbeitswelt im Leben in China einen großen Raum ein. Diese geringere Trennung der „Welten" wirkt sich auch auf die Kommunikationsgewohnheiten aus. So werden viele, für die Arbeit bedeutsame Informationen durch informelle, zwischenmenschliche „Kanäle" weitergegeben, beispielsweise beim zwanglosen Gespräch auf dem Flur oder auf der Straße, bei gemeinsamen Freizeitaktivitäten u.Ä. Das ist in Low-Context-Kulturen häufig ganz anders. Ein wesentlicher Unterschied besteht darin, dass in Low-Context-Kulturen in der Regel die Erwartung besteht, alle für die Arbeit wesentlichen Informationen auf offiziellem bzw. institutionalisierten Wege zu erhalten, so

In Low-Context-Kulturen werden die Lebensbereiche stärker getrennt als in High-Context-Kulturen

Informationen, Entscheidungen und Problemlösungen werden in High-Context-Kulturen auf inoffiziellem Wege weitergeleitet

etwa durch eine offizielle Benachrichtigung seitens der Vorgesetzten, durch Vorschriften oder andere Regelwerke.

Die Rolle der „informellen Informationskanäle", also der privaten Kontakte außerhalb offizieller Situationen ist besonders wichtig. Auch bei Entscheidungsfindungen und Problemlösungsstrategien sind diese über persönliche Beziehungen laufenden Informationsströme von großer Bedeutung. So kann es sein, dass sich eine Person aus einer Low-Context-Kultur, die sich in einem High-Context-Umfeld aufhält, hintergangen oder schlecht informiert fühlt. Sie verlässt sich darauf, alle für die Arbeit notwendigen Informationen aus den offiziellen Quellen zu erhalten. Die Kollegen dieser Person hingegen wundern sich möglicherweise, weil diese Person die wesentlichen, die „eigentlichen" Informationskanäle gar nicht nutzt. Um diese Informationskanäle aufzubauen und offen zu halten, ist es vor allem wichtig, an sozialen Anlässen außerhalb der Arbeit im Betrieb teilzunehmen und seine Kontakte mit den Kollegen und Mitarbeitern zu pflegen.

High-Context: „Informelle Informationskanäle" wichtiger als offizielle

Ebenfalls von großer Bedeutung für die Beziehungspflege ist das so genannte Geschenkverhalten (Vgl. auch das Beispiel mit *Frau Li* im folgenden Abschnitt auf S. 77). Geschenke sind für Mitglieder der individualistisch orientierten Low-Context-Kulturen eine eher symbolische Geste für eine anzuerkennende bereits erbrachte *einmalige* Leistung. Ein Geschenk gibt man normalerweise, nachdem man von einer anderen Person einen Gefallen getan bekommen hat. Es hat die Funktion, diese Leistung anzuerkennen und vielleicht auch zu belohnen. Daher muss das Geschenk dem Anlass angemessen sein. Erhält eine individualistisch orientierte Person für eine relativ geringfügige „Dienstleistung" ein großes Geschenk, so wird dies meist als unangemessen, ja sogar als peinlich empfunden.

Low-Context: Geschenke als „Belohnung"

In den kontextuell orientierten High-Context-Kulturen dagegen dienen Geschenke eher der Aufrechterhaltung und Pflege des bereits vorhandenen Beziehungsnetzes. So kann es geschehen, dass eine kontextuell orientierte Person ein Geschenk macht, das nicht dem Anlass entspricht und von einer Person aus einer Low-Context-Kultur als viel zu groß erachtet wird. Das kann zu Verlegenheiten führen, da sich im Gegenzug nun die beschenkte Person

High-Context: Geschenke als wichtiges Element der Beziehungspflege

dazu veranlasst fühlt, dem anderen ebenfalls ein solches, eigentlich nicht angemessenes Geschenk zu machen. Aber im Grunde ist ihr gar nicht klar, warum sie das überhaupt tun soll. Daher sollte man sich im geschäftlichen Zusammenhang die gänzlich unterschiedliche Funktion von Geschenken in den beiden Kulturtypen klar machen, um Missverständnisse zu vermeiden.

Aufgaben zum Abschnitt *Pflege von Beziehungen – Kontakte und Geschenke*:

1. In Deutschland gibt es die Redensart: *Kleine Geschenke erhalten die Freundschaft.*
   Warum heißt es hier **kleine Geschenke**? Was könnte ein Unterschied zur chinesischen Auffassung von Geschenken sein? Finden Sie eine chinesische Entsprechung dieses Spruches!
2. Überlegen Sie in der Gruppe, auf welche „Informationskanäle" Sie sich in der Universität verlassen, wenn Sie Informationen über Prüfungen, Stipendien oder ähnliches benötigen? Wie könnte das beispielsweise in Deutschland aussehen?

Anwendungsaufgabe: Stellen Sie sich vor, Sie seien Mitarbeiter einer chinesischen Firma. Man hat Sie damit beauftragt, einen Deutschen, der neu in die Firma gekommen ist, zu betreuen. Nach kurzer Zeit schon beklagt sich der Deutsche bei Ihnen, dass er sich nicht zurechtfinde und dass es „keine Regeln" gebe. Er bekomme oft keine Informationen und wisse nicht, was in der Firma geschehe.

Entwerfen Sie in Zweiergruppen einen Dialog und spielen Sie folgende Szene: Mit Ihrem Wissen über die unterschiedlichen Kommunikationsgewohnheiten von Chinesen (High-Context) und Deutschen (Low-Context) versuchen Sie Ihrem deutschen Kollegen zu helfen. Begründen Sie Ihren Ratschlag! Welche Informationskanäle erwartet der deutsche Kollege und welche sollte er nach Ihrer Ansicht benutzen?

❑ Unterschiede zwischen dem chinesischen und dem deutschen Verständnis von „Beziehung"

In High-Context-Kulturen gibt es eine stärkere Tendenz, sich in die Gemeinschaft einzugliedern als in Low-Context-Kulturen

Chinesen definieren häufig sich in ihrer Rolle als Mitglied einer Gruppe viel stärker über ihren Bezug zur Gemeinschaft und zu anderen Menschen als beispielsweise Deutsche. Beziehungen sind weit „öffentlicher" und bedeuten viel mehr als in Low-Context-Kulturen auch eine mehr oder minder große Verpflichtung zu gegenseitiger Hilfe und Unterstützung gegenüber den anderen. Beziehungen sind in China nicht nur bilateral, sondern multilateral: So könnte Person C, die A einen Gefallen getan hat, diesen Gefallen unter Umständen auch von Person B „zurückbekommen", wenn Person B wiederum Person A einen Gefallen schuldet. So könnte man sagen, dass für Chinesen durchaus die Redensart gelten könnte: „Meine Freunde sind auch deine Freunde". Dabei sollte man jedoch beachten, dass das Wort „Freund" in diesem Zusammenhang eine ganz andere Bedeutung annimmt als für einen Deutschen (zum Unterschied beim Konzept *Freund* vgl. 1.3 *Interkultur*, S. 36). Dieses für andere Da-Sein basiert in High-Context-Kulturen nicht nur auf persönlichen Sympathien, sondern eben auch auf einer möglicherweise sogar moralischen Verpflichtung gegenüber anderen. Diese Verpflichtung entsteht durch das Miteinander-verbunden-Sein im jeweiligen Beziehungsnetz.

Beziehungen sind in China nicht nur zweiseitig, sondern „mehrseitig"

Beziehungen stellen in China eine Verpflichtung dar

Beziehungen sind natürlich nicht nur in High-Context-Kulturen wie der chinesischen wichtig. Auch in Low-Context-Kulturen wie der deutschen basieren private und geschäftliche Verbindungen auf persönlichen Beziehungen. Allerdings geht das Verständnis davon, was eine Beziehung eigentlich ist, in China weit über das hinaus, was Vertreter von Low-Context-Kulturen wie der deutschen Kultur darunter verstehen. Auch die Bewertungen von durch Beziehungen erlangten Vorteilen gehen in den beiden Kulturtypen weit auseinander. Was in einer High-Context-Kultur unter Umständen zum guten Ton gehört, könnte in Low-Context-Kulturen als unangemessenes Verhalten gewertet werden. Ein kleines Beispiel aus einem Artikel von Susanne Günthner über kommunikative Sprechgattungen soll dies illustrieren. Sie zitiert eine chinesische Studierende, Frau Li, die zum ersten Mal in Deutschland einen Professor mit einer wichtigen Bitte in seiner Sprechstunde aufsucht:

2.2 Beziehungen

„Ich bin dann zum Professor gegangen und hab ihm eine Lackvase mitgebracht, und hab gesagt: ‚Ich möchte Ihnen eine chinesische Vase schenken.' Doch er hat die Vase angeguckt und hat gesagt: ‚Frau Li, das ist sehr nett von Ihnen, aber ich kann die Vase nicht annehmen.' Und ich sollte die Vase dann wieder zurücknehmen. Und da war ich schockiert. Und ich hab gedacht: Du bist aber blöd. Gleich beim ersten Mal hast du die Gelegenheit versaut. [...] Bei uns legt man ziemlich viel Wert darauf, dass der Professor das Geschenk annimmt. Ich hab erst viel später kapiert, dass man das hier nicht macht. [...] In China denkt man so: Man soll das Geschenk zuerst geben und über die Sache, die man will, reden. Damit das besser läuft. Nicht umgekehrt."[2]

Was ist hier geschehen? Frau Li hatte, nach chinesischer Sitte, dem Lehrer ein Geschenk mitgebracht. Dies war ihrer Ansicht nach unabdingbar. Nach chinesischer Vorstellung ist es korrekt, bevor es „zur Sache" geht, eine Beziehung – in diesem Fall durch das Geschenk für den Professor – aufzubauen. Erst wenn dies geschehen ist, wird über die Dinge geredet wegen derer man gekommen ist. Das Geschenk hatte die Funktion, eine solche Beziehung zu dem deutschen Professor aufzubauen.

Nun hatte der Professor offenkundig ganz andere Vorstellungen davon, wie die Interaktion zwischen ihm und der Studentin ablaufen sollte. Da die Beziehung in westlichen Low-Context-Kulturen viel stärker unter dem Sachaspekt gesehen wird, könnte man das Geschenk als eine Art von „Vorauszahlung" oder als Versuch der Studentin bewerten, den Professor persönlich für sich einzunehmen. Das Annehmen der Vase durch den Professor hätte diesem als Bestechlichkeit ausgelegt werden können, da es ohnehin zu seinen Aufgaben zählt, Sprechstunden abzuhalten, ohne dafür ein Entgelt zu fordern. Daher musste der Professor das Geschenk ablehnen. Erst nach dem Aufbau einer engeren, persönlichen Beziehung, etwa durch eine engere Zusammenarbeit, wäre von seiner Seite daran zu denken gewesen (aber nur, weil eine Beziehung durch die längere und engere Bekanntschaft entstanden ist), ein Geschenk anzunehmen. Hier treffen zwei grundverschiedene Auffassungen vom Aufbau und der Erhaltung einer Beziehung aufeinander. Frau Li wertete die Ablehnung, die seitens des Professors

„High-Context"-Verhalten: Erst eine Beziehung aufbauen, dann „zur Sache kommen"

Low-Context-Verhalten: Geschenke im Zusammenhang mit dem Beruf gelten als Bestechung

---

[2] Günthner, Susanne (2001): „Kulturelle Unterschiede in der Aktualisierung kommunikativer Gattungen". In: *Info DaF Informationen Deutsch als Fremdsprache*, 28 (1): 15–32.

auf rein sachlichen Gründen beruhte, als Ablehnung ihrer Person und befürchtete, einen Fehler gemacht zu haben, dessen Ursache ihr allerdings nicht bekannt war.

> **Aufgaben zum Abschnitt** *Unterschiede zwischen dem chinesischen und deutschen Verständnis von „Beziehung":*
>
> 1. Finden Sie ein Beispiel für die „indirekte" Einforderung eines Gefallens in China. Wie sehen Sie das Konzept von „renqing" 人情?
> 2. Stellen Sie sich die Situation vor, wenn der Dozent im oben genannten Beispiel ein Chinese (in China) und die Studentin eine Nichtchinesin (Vertreterin einer Low-Context-Kultur) gewesen wäre? Welche Erwartungen könnten die beiden in das Gespräch mitbringen?

❏ Was bedeutet „Gesicht"?

„Gesicht", "Ruf" und „Ehre" können viele „Gesichter" haben

„Gesicht" und sein „Gesicht verlieren"; dieses Konzept ist auch in westlichen Kulturen bekannt und hat Eingang in die Sprache gefunden. „Gesicht" als Konzept von typischerweise asiatischen High-Context-Kulturen bedeutet aber nicht dasselbe wie etwa „Ansehen", „Ruf" oder „Ehre" in anderen Kulturräumen. Beispielsweise erfährt der Begriff der „Ehre" je nach Zeit und Raum (vgl. Ritter im europäischen Mittelalter oder „Ehre" in islamisch geprägten Kulturräumen) unterschiedliche Ausprägungen. Für einen Nicht-Kontextualisten (Vertreter einer Low-Context-Kultur) geht das Verständnis von „Gesicht" eher in Richtung von Kategorien wie „Ansehen", „Ruf" und „Ehre". In der Tat beinhalten diese verschiedenen Konzepte immer einen Bezug auf ein soziales Umfeld. Insofern könnte man sagen, dass auch Deutsche ein „Gesicht" (zu verlieren) haben. Jedoch soll noch einmal betont werden, dass das chinesische „Gesicht" nicht dasselbe ist, wie ein deutsches „Gesicht".

„Gesichtsverlust" stellt in China ein größeres Problem dar als in Deutschland

Man kann davon ausgehen, dass in China weitaus mehr Gewicht auf die Wahrung des „Gesichts" gelegt wird als beispielsweise in Deutschland.

2.2 Beziehungen

Auch sind die Konsequenzen des „Gesichtsverlusts" in China sowohl im geschäftlichen als im persönlichen Bereich bedeutend schwerwiegender als im Westen. Grundsätzlich lässt sich feststellen: Ein Nichtchinese hat in China zuerst einmal „wenig Gesicht". Man könnte das „Gesicht" mit der sozialen Akzeptanz vergleichen. Anfänglich hat ein Außenstehender, der neu in eine Gruppe kommt, eine relativ geringe Akzeptanz. Verhält er sich nun den Regeln der Gruppe entsprechend und nach deren Werten und Normen, so steigt diese Akzeptanz. Er „gewinnt Gesicht". Verhält er sich entgegen den Werten und Normen der Gruppe, so „verliert er Gesicht". Im Extremfall will niemand mehr etwas mit dieser Person zu tun haben, da ihre geringe soziale Akzeptanz auf die anderen „abfärben" könnte.

„Gesicht" entspricht der sozialen Akzeptanz

Man kann das „Gesicht" mit einer Kreditkarte vergleichen. Eine Zeit lang kann man von seinem Konto leben, auch wenn es überzogen ist. Hat man jedoch zu viel ausgegeben, so heißt es irgendwann vorsichtig zu sein. Womit kann man sein Gesichtskonto auffüllen, womit leert man es?

„Gesicht" kann man ansammeln oder verbrauchen

Gesicht erhält man durch:

- Gesicht geben
- Bescheidenheit
- ruhiges Auftreten
- durch den Umgang mit bedeutenden Menschen
- Lob anderer
- passende höfliche Anreden
- nur indirekt formulierte Ablehnungen
- Achtung vor Alter und Familie
- passende Geschenke schenken
- durch Großzügigkeit
- wenn man viele Freunde hat

Was führt zu Gesichtsverlust?

- Gesicht nehmen

- andere in peinliche Situationen bringen
- Missachtung des Senioritätsprinzips (Achtung vor Älteren)
- unhöfliches Benehmen
- wenig vorbildliches Verhalten als Vorgesetzter
- offene Kritik
- unverblümtes, direktes „Nein"
- unpassende oder gar keine Geschenke
- laut sprechen oder schreien

Direkten Ausdruck findet „Gesicht" auch auf Banketten (Vgl. 4.3 *Empfänge*, S. 163ff). So spielt das Verhalten und die Sitzordnung für das Gewinnen oder auch beim Ausdruck von Gesicht eine wichtige Rolle.

„Gesichtsverlust" ist für Nichtchinesen oft nicht wahrnehmbar

„Mobbing" ist das westliche „Gegenstück" zum Gesichtsverlust

Beim Gesichtsverlust wird man „links liegen gelassen"

Gesichtsverlust wird von einem Ausländer unter Chinesen unter Umständen gar nicht bemerkt. Die betroffenen Ausländer wissen möglicherweise gar nicht, dass sie ihren sozialen Status verlieren. Außerdem sind ihnen die Gründe für den „Gesichtsverlust" nicht klar. Das im Westen in der Arbeitswelt vergleichsweise übliche „Mobbing" wird ein Ausländer trotz Gesichtsverlust vermutlich nicht zu spüren bekommen. „Mobbing" ist ein Begriff, der aus dem Englischen ins Deutsche eingeführt wurde. Er bedeutet soviel wie schlechte Behandlung durch die Arbeitskollegen. Seinen Ausdruck findet „Mobbing" in ständigen Sticheleien und Herabsetzungen. Dies kann so weit gehen, dass die „gemobbten" Personen psychische Probleme bekommen oder die Arbeitsstelle kündigen. Ein Vorgesetzter oder Geschäftspartner, der Gesicht verloren hat, wird einfach nicht mehr miteinbezogen. Er wird nicht mehr informiert, er wird nicht ernst genommen, man bringt ihm kein Vertrauen mehr entgegen. Auf Dauer wird dies dann natürlich doch zu einem großen Problem in der Zusammenarbeit. Die Beziehungen, die durch den Gesichtsverlust gestört sind, hören auf, zu funktionieren.

Aufgaben zum Abschnitt *Was bedeutet „Gesicht"?*:

1. Dies ist die Sicht westlicher Autoren zu diesem Thema. Was ist Ihre Meinung? Diskutieren Sie die Frage, ob es immer noch so ist und ob es einen Unterschied zwischen Städten und der Provinz gibt?
2. Was bedeutet soziale Akzeptanz? Halten Sie ein Referat zu diesem Thema und behandeln Sie die Frage, wie sich die fehlende soziale Akzeptanz im asiatischen bzw. im westlichen Kulturraum äußert! Beachten Sie dabei die „10 Tipps für ein gelungenes Referat" am Ende von Abschnitt 1.1!
3. Fallen Ihnen noch andere Möglichkeiten für Verhaltensweisen ein mit denen man „Gesicht" gibt bzw. nimmt? Füllen Sie die unten stehende Tabelle aus!

Gesicht geben	Gesicht nehmen

❏ Strategien zur Lösung von Konflikten

Die Wichtigkeit von Beziehungen wirkt sich nicht nur auf den Aufbau und die Pflege des Beziehungsnetzes aus. Auch weitere Aspekte des Handlungsumfeldes „Arbeitsplatz" werden davon nachhaltig geprägt. Damit das Beziehungsnetzwerk nicht gefährdet wird, wenn es erst einmal funktioniert, wird die Austragung von Konflikten weitgehend vermieden. Das wirkt sich in der interkulturellen Kommunikation zwischen individualistisch bzw. kollektivistisch orientierten Kulturvertretern vor allem in zwei Bereichen aus. Zum einen im Diskussionsstil bei der Entscheidungsfindung und zum anderen im Verhalten bei Meinungsverschiedenheiten zwischen Personen, die unterschiedliche hierarchische Ränge bekleiden.

High-Context: Offene Konflikte werden vermieden

In Low-Context-Kulturen gibt es eine deutlichere Trennung zwischen Sachen und Personen. Bei Entscheidungsfindungsprozessen tendieren Mitglieder von Low-Context-Kulturen dazu, ihre Meinung nicht nur zu sagen, sondern auch mit Argumenten zu untermauern und gegen andere Meinungen zu verteidigen. Sitzungen dienen dazu, über das Thema kontrovers zu diskutieren und dann möglichst schnell zu einem Ergebnis zu kommen. Die Beteiligten versuchen daher, das Ergebnis einer Diskussion in ihrem Sinne zu beeinflussen. Dieses Diskussionsergebnis wird dann als verbindlich für alle angesehen. Im Gegensatz dazu ist es für Vertreter von High-Context-Kulturen wichtiger, in einer Besprechung oder Sitzung eine gemeinsame Handlungsbasis zu finden. Diskussionen finden dann eher später und auf den bereits genannten informellen Kanälen statt. Die an die direkte Kommunikation und die Verbindlichkeit von in Sitzungen gefassten und festgehaltenen Beschlüssen gewöhnten Westler interpretieren diese indirekte Handlungsweise gerne als ausweichendes unzuverlässiges Verhalten, mit dem sich die Gegenseite alle Möglichkeiten offen halten will. Der direkte, häufig harte Diskussionsstil wird hingegen von Vertretern von High-Context-Kulturen als unpassend und rücksichtslos angesehen, da er nach ihren Vorstellungen allzu leicht zu Gesichtsverlust führen kann. Das Erraten dessen, was die Kommunikationspartner einander mitteilen wollen, spielt im High-Context-Umfeld eine bedeutende Rolle. Daher sind Vertreter von High-Context-Kulturen häufig nicht darin geübt, ihre Äußerungen oder Handlungen

Low-Context: Entscheidungen werden kontrovers diskutiert – Ergebnisse einer Diskussion sind verbindlich

High-Context: Besprechungen sollen eine Handlungsbasis bereit stellen

zu begründen, und fühlen sich in einer Diskussion mit Vertretern einer Low-Context-Kultur, für die dieses Begründen ihrer Handlungen und Standpunkte ein wesentlicher Bestandteil des sozialen Miteinanders ist, häufig „an die Wand gedrückt" oder unter Druck gesetzt.

Ebenso ist es in High-Context-Kulturen geradezu undenkbar, jemandem, der in der sozialen Rangordnung höher steht als man selbst, direkt zu widersprechen. Sogar dann, wenn man zu der Bewertung eines Sachverhalts aufgefordert wird, ist es in einem High-Context-Umfeld unangemessen, kritische Beurteilungen abzugeben. Dies ist selbst dann der Fall, wenn man Gründe für seine Beurteilung ins Feld führen kann. Im High-Context-Umfeld wird stillschweigend vorausgesetzt, dass alle am gleichen Informationskontext teilhaben, unter Umständen sogar dann, wenn dies aus kulturellen Gründen nicht der Fall ist (Vgl. 2.2 *Pflege von Beziehungen*, S. 73ff).

High-Context: Direkter Wiederspruch gegen Höhergestellte ist nur schwer vorstellbar

Dieses „angepasste" Verhalten dient der Aufrechterhaltung der Gruppenharmonie, die für Kontextualisten (Vertreter einer High-Context-Kultur) von größerer Bedeutung ist als für Nicht-Kontextualisten.

Aufgaben zum Abschnitt *Strategien zur Lösung von Konflikten*:

1. Was geschieht, wenn eine Person, die es nicht gewohnt ist, ihre Meinung direkt zu äußern, ihre Meinung mit Argumenten und Begründungen verteidigen soll.
2. Welche Probleme können entstehen, wenn ein Mitglied einer High-Context-Kultur versucht, im Kontakt mit Mitgliedern einer Low-Context-Kultur so direkt zu sein wie es dies von diesen erwartet?

> Anwendungsaufgabe: Gestalten Sie in der Gruppe ein Plakat, auf dem Sie eine **einstimmige Meinung** zu folgender Frage äußern: *Was ist wichtiger, Karriere machen und Geld verdienen oder mehr Zeit für die Familie, aber dafür weniger Status haben?*
>
> Diskutieren Sie im Plenum Ihre Gedanken dazu und fassen Sie am Ende einen einhelligen Beschluss, wie Sie Ihre Meinung darüber darstellen wollen. Die Form ist sehr frei, z.B. als Gedicht oder als gemaltes Bild. Die Lehrkraft sollte das Gespräch moderieren, aber nicht inhaltlich lenken.
>
> Diskutieren Sie danach, wie Sie zu dem Beschluss gekommen sind und welche Schwierigkeiten Sie beim Fassen des einstimmigen Beschlusses hatten.

❏ Zusatztext für Diskussionen: „Guanxi" 关系 – ein konfuzianisches Phänomen?

Manche Wissenschaftler bestreiten, dass die „guanxi" 关系 aus dem Konfuzianismus abgeleitet werden können

Geistesgeschichtlich gesehen wurden die Beziehungen zwischen den Menschen schon in der präkonfuzianischen Zeit von manchen Philosophen als Grundlage des gesellschaftlichen Zusammenlebens angesehen. Diese Idee wurde von den Konfuzianern übernommen und zur Lehre von den Fünf Beziehungen ausgebaut. Nach dieser Lehre bestehen Beziehungen zwischen Herrscher und Untertan, zwischen Vater und Sohn, zwischen älterem und jüngerem Bruder, zwischen Mann und Frau und zwischen zwei Freunden. Von all diesen Beziehungen ist nur die letzte nicht hierarchisch. Wie weit diese philosophischen Vorstellungen tatsächlich ins heutige Alltagsleben hineinspielen, ist nur schwer zu beurteilen. So gibt es Kulturwissenschaftler wie den Sinologen Hans van Ess, der bestreitet, dass die Bedeutung der Beziehungen in der Gesellschaft Chinas aus dem Konfuzianismus ableiten lasse:

> Beziehungen (kuan-hsi), ein Charakteristikum, das auf keiner Liste eines Verfechters der Konfuzianismusthese fehlen darf, sind in der Tat ein Element, das niemand vernachlässigen sollte, wenn er mit Ostasien zu tun hat. Wer dort integriert sein will, sollte verstehen, wie einzelne Gruppen zusammenhängen,

und versuchen, Teil eines solchen Geflechtes zu werden – doch gerade das ist eigentlich nicht als konfuzianisch zu bezeichnen, denn über Jahrhunderte hat sich die konfuzianische Polemik gerade gegen das Übel der „Parteiung" („tang" [in Pinyin *dang*, die Verfasser], heute auch das Wort für die „Partei") gerichtet. Die Stärke des konfuzianischen Beraters ist vielmehr gewesen, dass er in der Lage war, seinem Herrscher oder seinem Widersacher „ins Angesicht zu widerstehen" und seine Sache notfalls ganz alleine zu verfechten, eine Fähigkeit, welche die gängigen Modelle eher dem individualistischen Westen und nicht dem kollektivistischen Osten zuweisen würden.[3]

Hier wendet er sich auch gegen die These, dass der so genannte „Kollektivismus" der Chinesen eine Folge der konfuzianischen Philosophie sei:

Auch der so genannte „Kollektivismus" der Chinesen ist nach dieser Meinung nicht konfuzianisch bedingt

Gerade am Beispiel des Gegensatzes von „Kollektivismus" und „Individualismus", der ja fast allen interkulturellen Modellen zugrunde liegt, zeigt sich die Schwäche dieses Ansatzes: Zum einen ist der westliche „Individualismus", dem der östliche Kollektivismus gerne entgegengehalten wird, in seiner heutigen Ausprägung in der Tat ein Phänomen des zwanzigsten Jahrhunderts und darum nicht kulturell verwurzelt, zum anderen ist im traditionellen chinesischen Schriftgut hundertfach verbürgt, dass der konfuzianische Literat zwar sein Denken auf das Allgemeinwohl zu richten habe, dass er sich aber damit in seiner Gesellschaft immer alleingelassen fühlt, weil seine Umgebung gerade das Gegenteil tut. Daher steht er allein da, und muss, da er an das Wohl der Allgemeinheit denkt, oft gar sein Leben riskieren. Chinesen haben sich selbst zu Beginn des zwanzigsten Jahrhunderts als Individualisten gesehen, als sie nach Japan schauten - und darin einen Nachteil für ihr Land entdeckt.[4]

Dennoch sollte man das Thema und die dazugehörigen Thesen nicht außer Acht lassen, da diese Vorstellungen im asiatischen Kulturraum und im Selbstbild der Chinesen eine bedeutende Rolle spielen.

---

[3] van Ess, Hans (2003): Ist China konfuzianisch? China Analysis No. 23. Center for East Asian and Pacific Studies: Universität Trier, S. 11. Aus dem Internet: http://www.chinapolitik.de/studien/china_analysis/no_23.pdf, abgerufen am 19.03.2004.
[4] van Ess, S. 11f.

Aufgabe zum Abschnitt *Zusatztext für Diskussionen: „Guanxi" 关系 – ein konfuzianisches Phänomen?*

1. Versuchen Sie in chinesischen Büchern über Philosophie herauszufinden, wie die heutige Philosophie den Einfluss der konfuzianischen Philosophie auf das heutige China sieht. Halten Sie ein Referat zu diesem Thema. Stellen Sie dabei möglichst zwei gegensätzliche Thesen vor und diskutieren Sie dies in der Gruppe! Beachten Sie dabei die „10 Tipps für ein gelungenes Referat" am Ende von Abschnitt 1.1!

Wiederholungstest

Erster, zweiter und dritter Abschnitt

Füllen Sie die Lücken mit den Wörtern aus dem unten stehenden Kasten!

Anbahnen, außen, Beziehung, Beziehungsaspekt, Familie, Freund, Geschäfte, Indirektheit, innen, Kennenlernphase, Kommilitonen, langfristiger, Lehrer, Mitschüler, Modell, Personen, persönlichen Beziehung, Schüler, Vertrag, Vertrag, Wirtschaftsfaktor

---

Der Aufbau von Beziehungen ist in High-Context-Kulturen ein _____ Prozess. Zuerst gibt es eine _____, in der beide Seiten herausfinden wollen, wie verlässlich der Partner ist. Erst nach dem Aufbau einer _____ kommt man auf die _____ zu sprechen. Dabei sind die Geschäftsbeziehungen an _____ gebunden. Das bedeutet die Beziehung zur Person, mit der man Geschäfte macht, ist wichtig und nicht der _____. Man kann auch sagen: Low-Context-Kulturen betonen den _____ – High-Context-Kulturen betonen die _____.

Auch in China sind Beziehungen sehr wichtig. Dabei gibt es allerdings eine Abstufung in der Wichtigkeit dieser Beziehungen. Man kann dies in einem Ringe-_____ darstellen. In diesem Modell nimmt die Wichtigkeit der Beziehungen von _____ nach _____ ab. An erster Stelle steht die _____. Der Zusammenhalt der Familie stellt, sogar in vielen Ländern außerhalb Chinas, einen bedeutenden _____ dar. An zweiter Stelle stehen in dem Modell _____ und _____.
Die dritte Position nimmt das Verhältnis zwischen _____ und _____ ein. Am wenigsten wichtig sind Beziehungen zu einem _____ eines Freundes.

Beim Aufbau von Beziehungen gilt das Prinzip der _____. Das bedeutet, dass man sich anfangs auf die Vermittlung durch eine beiden Seiten bekannte Person verlässt. Das heißt, vor dem Sach-Aspekt steht der _____

_____ durch Vermittlung. Aber das ist gleichzeitig eine sehr sensible Phase. Gerade beim _____ von Beziehungen kann es zu interkulturellen Problemen kommen.

2.2 Beziehungen

Vierter, fünfter und sechster Abschnitt

Welche der beiden Aussagen ist richtig, welche ist falsch? Lösen die Aufgabe in Einzelarbeit und vergleichen Sie danach in Partnerarbeit Ihre Ergebnisse und begründen Sie Ihre Meinung!

1. In Low-Context Kulturen sind die Lebensbereiche Arbeit und Privatleben ...
   a) ... stärker getrennt als in High-Context-Kulturen.
   b) ... schwächer getrennt als in High-Context-Kulturen.

2. Informationen, Entscheidungen und Problemlösungen werden in High-Context-Kulturen ...
   a) ... in der Regel nur durch offizielle Bekanntmachungen weiter gegeben.
   b) ... oft auf inoffiziellen Wegen weitergeleitet.

3. High-Context: „Informelle Informationskanäle" sind ...
   a) ... weniger wichtig als offizielle Informationskanäle.
   b) ... wichtiger als offizielle Informationskanäle.

4. In Low-Context-Kulturen sind Geschenke häufig ...
   a) ... eine „Belohnung" für erwiesenen Gefallen oder gegebene Hilfe.
   b) ... ein Mittel, die Beziehungen zu verbessern.

5. In High-Context-Kulturen sind Geschenke ...
   a) ... ein wichtiges Element der Beziehungspflege.
   b) ... ein Versuch, seine Partner zu bestechen.

6. In Low-Context-Kulturen ist das Schenken von Geschenken im Zusammenhang mit dem Beruf ...
   a) ... gutes Geschäftsgebaren.
   b) ... leicht als Bestechung zu interpretieren.

7. In High-Context-Kulturen gibt es im Vergleich mit Low-Context-Kulturen eine stärkere Tendenz ...

   a) ... sich in die Gemeinschaft einzugliedern .

   b) ... weniger Rücksicht auf die Gemeinschaft zu nehmen.

8. Beziehungen sind in China in der Regel ...

   a) ... zweiseitig.

   b) ... „mehrseitig".

t

9. Beziehungen haben in China ...

   a) ... einen verpflichtenden Charakter.

   b) ... rein privaten Charakter.

10. „Typisches" High-Context-Verhalten besteht darin ...

    a) ... zuerst eine sachliche Basis zu finden und dann engere Beziehungen aufzubauen.

    b) ... zuerst eine Beziehung aufzubauen und dann „zur Sache" zu kommen.

11. „Gesichtsverlust ist in China" ...

    a) ... im Vergleich zum „Gesichtsverlust" in Deutschland kein Problem.

    b) ... auch heute noch ein ernsthaftes Problem.

12. Eine andere Definition von „Gesicht" ist ...

    a) ... gesellschaftlicher Status.

    b) ... soziale Akzeptanz.

13. „Gesicht" kann ...

    a) ... einmal gewonnen nicht mehr verloren werden.

    b) ... man ansammeln oder „ausgeben".

14. „Gesichtsverlust" ...

    a) ... hat deutliche, unangenehme Folgen.

    b) ... wird von Nichtchinesen oft gar nicht wahrgenommen.

15. Das westliche „Gegenstück" zum Gesichtsverlust ...

   a) ... nennt man „Mobbing"

   b) ... führt oft zum Verlust des Arbeitsplatzes.

16. Eine deutsche Redewendung beschreibt den Gesichtsverlust mit den Worten ...

   a) ... „links liegen gelassen werden".

   b) ... „das fünfte Rad am Wagen sein".

Siebter Abschnitt

Im folgenden Text gibt es in einigen Sätzen zwei verschiedene Aussagen, die mit Unterstreichungen gekennzeichnet sind. Diese Aussagen sind jeweils durch einen Schrägstrich getrennt. Streichen Sie die falschen Aussagen durch und vergleichen Sie danach Ihre Antworten mit dem Lösungstext!

Wie wir bereits wissen, gibt es zwischen High-Context- und Low-Context-Kulturen beträchtliche Unterschiede in Bezug auf die Art und Weise wie mit Meinungsverschiedenheiten umgegangen wird. Offene Konflikte werden in High-Context-Kulturen <u>ruhig aber bestimmt ausgetragen/weitestgehend vermieden</u>. Demgegenüber werden in Low-Context-Kulturen Entscheidungen <u>möglichst einstimmig gefasst/kontrovers diskutiert</u>. Die dabei gefundenen Ergebnisse einer Diskussion sind dann in der Regel <u>verbindlich und werden nicht mehr verändert/ eher als Arbeitsgrundlage für das weitere Vorgehen aufzufassen</u>.

    Diese unterschiedlichen Konfliktlösungsstrategien führen häufig zu Irritationen zwischen Vertretern von High- und Low-Context-Kulturen. So werden direkte Diskussionen in High-Context-Kulturen oft <u>als notwendiges Übel/als hart und rücksichtslos</u> angesehen. Allzu direkte Aussagen sind nicht in jeder Situation unbedingt üblich. In Asien wird <u>genau wie/im Gegensatz</u> zum Westen oft erwartet, dass der andere errät, was man sagen will. Ein weiterer wesentlicher Unterschied ist, dass in Low-Context-Kulturen direkter Wiederspruch gegen Höhergestellte <u>durchaus/nur schwer</u> vorstellbar ist.

2.3 Höflichkeit

Vorentlastung: Tragen Sie in der Gruppe zusammen, was die einzelnen Gruppenmitglieder unter „Höflichkeit" verstehen. Versuchen Sie in der Gruppe eine Definition von Höflichkeit zu finden!

❑ Höflichkeit ist „relativ"

Bei der Betrachtung des Begriffes „Höflichkeit" kommen wir, wie bereits im Abschnitt über Kultur, sehr schnell in Definitionsschwierigkeiten. Was ist Höflichkeit überhaupt? Wie kann man sie definieren? Was ist höfliches Verhalten, und gibt es überhaupt so etwas wie eine überall auf der Welt anerkannte „Höflichkeit an sich"? Einig sind sich die Forscher nur über die Tatsache, dass Höflichkeit notwendig ist, nicht aber darüber, um was es sich handelt.

Grafik 8: „Falsch verstanden – wie peinlich!"   Quelle: eigene Abbildung

Höflichkeit basiert auf kulturellen Wertesystemen

Die neuere Höflichkeitsforschung betrachtet Höflichkeit als einen Begriff, der Handlung, Interaktion zwischen den Menschen impliziert und der kulturell geprägt ist. Höflichkeit liegen kulturelle Wertesysteme zu Grunde. Da sich diese von Kultur zu Kultur deutlich unterscheiden können, erzeugen diese Wertesysteme unterschiedliche Formen und Strategien der Höflichkeit. Diese werden in der Regel nicht „von außen" betrachtet, sondern als allgemeingültig angesehen. Allgemeingültig mag die Aussage sein, dass Höflichkeit notwendig

Höflichkeit ist nicht überall gleich

ist und dass sie überall existiert. Wie diese Höflichkeit jedoch ausgedrückt wird, kann zwischen den Kulturen variieren. Wenn nun der eine die jeweils universell verstandene Höflichkeit des anderen nicht versteht bzw. nicht beachtet, kommt es zu Missverständnissen und Verstimmungen. Charakteristika von Höflichkeit, die in allen Kulturen gleich sind, lassen sich nicht entdecken. Der chinesische Höflichkeitsforscher Liang Yong gibt eine Reihe sehr anschaulicher Beispiele.

Beispiel 1:

In China reisende Deutsche, seien es Geschäftsleute, Akademiker oder auch Touristen, werden bei ersten Begegnungen mit Chinesen häufig unangenehm überrascht, wenn ihre chinesischen Partner das Gespräch mit einigen so genannten Kennenlern-Fragen eröffnen:

a) „Wie heißen Sie?"
b) „Woher kommen Sie?"
c) „Sind Sie verheiratet?"/„Haben Sie Kinder?"
d) „Wie viel verdienen Sie monatlich?"

Deutsche Gesprächspartner reagieren nicht selten mit Verwirrung oder gar Empörung, weil diese Fragen in ihre „geheiligte" Privatsphäre eindringen und in ihren Augen eine Missachtung sozialer Distanz signalisieren. Diese für Deutsche ungewöhnliche Situation ist für Chinesen aber ganz normal, ja fast obligatorisch bei der Eröffnung eines ersten Gesprächs. Die Fragen bedeuten in China keinesfalls Verletzung der sozialen Beziehung oder Wissbegierde an „privaten Angelegenheiten", sondern sie gelten als Ausdruck der Höflichkeit, da sie Anteilnahme am Gegenüber signalisieren sollen.[1]

---

[1] Liang, Yong (1994): „Höflichkeit – Fremdheitserfahrung und interkulturelle Handlungskompetenz". In: Wierlacher/Stötzel (1994): *Blickwinkel – Kulturelle Optik und interkulturelle Gegenstandskommunikation. Akten des III. Internationalen Kongresses der Gesellschaft für Interkulturelle Germanistik*. Iudicium: München, S. 399.

2.3 Höflichkeit

Für Deutsche ist eine derartige Gesprächseröffnung undenkbar. Zwar wäre es unter Umständen noch vertretbar, nach dem Namen oder der Herkunft zu fragen, aber die Frage nach dem Ehepartner und nach Kindern wird als zudringlich empfunden, da diese privaten Dinge in Deutschland nur mit guten Bekannten oder Freunden besprochen werden. Noch heikler ist die Frage nach dem monatlichen Einkommen, da sogar Kollegen und Bekannte nicht wissen, wie viel die anderen verdienen. Die Höhe des Einkommens ist ein häufig wohlgehütetes Geheimnis in Deutschland. Aber die Möglichkeiten des Missverstehens und der Entstehung von Missstimmungen sind damit noch lange nicht erschöpft. Liang Yong nennt noch eine ganze Reihe von Beispielen:

Eine in China höfliche Frage ist in Deutschland unter Umständen unhöflich

Beispiel 2:
> Da war eine chinesische Geschäftsfrau, die in Deutschland Freunde besuchte, die sie von früheren Geschäftsaufenthalten kennt und lange nicht gesehen hat. Für den Abend luden die Deutschen sie zum Essen ein. Sie freute sich sehr über die spontane Einladung und entbot ihrerseits höflich eine solche: *„Nein, nein, ich lade euch zum Essen ein"*. Aber sie war sprachlos, als sie merkte, dass die Deutschen sofort mit Begeisterung darauf eingingen und nur Sekunden später sah sie sich als Gastgeberin für den Abend.[2]

Eigentlich hatte sie diese Einladung nur ausgesprochen, um nicht vor den deutschen Bekannten als „gierig" dazustehen.

Beispiel 3:
> Oder: Ein deutscher Manager, der sich seit einer Woche zum ersten Mal in China aufhielt, wurde von seinem chinesischen Partner mit der Äußerung *„Sie sind ein China-Spezialist"* gelobt. Dies wurde von dem Deutschen allerdings mehr als Ironie, denn als höfliches Kompliment empfunden. Sein chinesischer Partner, der eine freundliche Reaktion bei dem Deutschen erwartete, wurde wiederum völlig unsicher, als er das Unbehagen seines Gegenübers merkte.[3]

Auch höfliche Floskeln können im Alltag sehr leicht schwere Verwirrung oder sogar Verärgerung hervorrufen:

---

[2] Ebenda, S. 400.
[3] Ebenda.

Beispiel 4:
> Da besuchte ein chinesischer Professor seinen deutschen Kollegen, um mit ihm über ein fachwissenschaftliches Thema zu diskutieren. Nach dem durchaus für beide Seiten interessanten Gespräch sagte der Chinese zum Abschied: *„Es ist mir peinlich, dass Sie so viel Zeit verschwendet haben."*[4]

Diese Floskel, die für den Chinesen im Grunde keinerlei Bedeutung hat, dürfte für den Deutschen sehr fremdartig gewirkt haben, da er vermutlich dazu tendiert, die Äußerung des Chinesen wörtlich zu interpretieren. Dabei könnte er leicht auf die Idee kommen, dass der chinesische Professor das vorher abgelaufene Gespräch gar nicht ernst genommen habe. Derartige Erfahrungen lassen sich für viele verschiedene Bereiche der Kommunikation zwischen Deutschen und Chinesen nachweisen. „Gut gemeinte" Höflichkeit wird immer wieder missverstanden. Warum? Was können wir aus den Beispielen ableiten? Wie bereits oben angedeutet, müssen wir davon ausgehen, dass es einen kulturübergreifenden Höflichkeitsbegriff gar nicht gibt. Höflichkeit, wie sie in einer Kultur begrifflich und pragmatisch definiert wird, entspricht in ihrem Inhalt, in ihrem gesellschaftlichen Stellenwert und ihrer Wirkungsweise nicht ohne Weiteres den tradierten und praktizierten Verhaltensweisen einer anderen Kultur. Kurz gesagt: Das, was in der deutschen Kultur als höflich angesehen wird, kann in der chinesischen Kultur möglicherweise ganz anders aufgefasst werden und umgekehrt. Höflichkeit ist demnach ein relativer Begriff.

Definitionen von Höflichkeit entsprechen einander häufig nicht

Aufgaben zum Abschnitt *Höflichkeit ist „relativ"*:

1. Diskutieren Sie im Plenum: *Welche Beispiele für unhöfliches Benehmen fallen Ihnen ein, wenn Sie an Deutsche oder andere „Ausländer" denken? Warum erscheint Ihnen das unhöflich?*

---

[4] Ebenda.

2. Arbeiten Sie in Gruppen heraus, was in den Beispielen 2 bis 4 geschehen ist. Stellen Sie die Ergebnisse der Gesamtgruppe vor! Gehen Sie dabei wie folgt vor:

a) Versuchen Sie sich in die Lage der jeweils unhöflich erscheinenden Personen hineinzuversetzen!
b) Warum haben die Personen so gehandelt?
c) Gehen Sie dabei von der Voraussetzung aus, dass die chinesische Seite tendenziell indirekte, nicht wörtlich zu verstehende Formulierungen gebraucht, die deutsche Seite jedoch tendenziell wörtliche Äußerungen erwartet.

❏ Die praktische Bedeutung von Höflichkeitsforschung

Warum ist das so problematisch? Wie wir in den Beispielen von Yong Liang gesehen haben, löst der kulturspezifische Ausdruck von Höflichkeit bei Vertretern anderer Kulturen häufig Befremden und Unbehagen aus. Diese „Fremdheitserfahrungen" führen oft zu stereotypen Interpretationen, vor allem, wenn man im Umgang mit den „unhöflichen Fremden" nicht mehr weiterweiß. Stereotypen sind verallgemeinerte Bewertungen und Zuschreibungen von Eigenschaften, die man beispielhaft an Vertretern einer Gruppe beobachtet hat. So kann es sein, dass ein Chinese mehrfach beobachtet hat, wie direkt Deutsche auf manche „nur höflich" gemeinte Einladungen oder Aufforderungen eingehen, wie etwa im Beispiel von der chinesischen Geschäftsfrau und ihren deutschen Freunden aus dem letzten Abschnitt. Daraus leitet er die Schlussfolgerung ab, Deutsche würden keine Bescheidenheit kennen und seien gierig. Weitere chinesische Stereotypen in bezug auf die Deutschen wären beispielsweise, dass Deutsche arrogant, verletzend direkt und grob seien. Umgekehrt existieren natürlich auch deutsche Stereotypen in bezug auf die Chinesen. So werden Chinesen als übertrieben höflich, schwer zu durchschauen und heuchlerisch beurteilt.

„Fremdheitserfahrungen" führen zu stereotypisierten Interpretationen

Zwei Stereotypen: „Deutsche sind arrogant und verletzend" – „Chinesen sind heuchlerisch"

Höflichkeit wird im eigenen kulturellen Umfeld als selbstverständlich vorausgesetzt. Bestimmte sprachliche oder nichtsprachliche Handlungen werden einfach erwartet (vgl. den Abschnitt *Rituale* in 2.1, S. 50f). Höflichkeit in unserer – praktisch orientierten – Definition ist die Fähigkeit, in Situationen „angemessen" zu agieren und zu reagieren. Es handelt sich sogar um eine unausgesprochene Verpflichtung, sich angemessen zu verhalten. Diese Erwartung einer Verpflichtung wird jedoch oft gar nicht bewusst wahrgenommen, sie bildet den kulturellen Hintergrund vieler Kommunikationssituationen. Wird diese Erwartung nicht erfüllt, so kann es leicht zu negativen Emotionen gegenüber der Person kommen, die diese Enttäuschung „ausgelöst" hat. Dass diese Angemessenheit von Reaktionen relativ ist, kann man erst feststellen, wenn man mit Menschen aus anderen Kulturen und ihren anderen Formen der Höflichkeit in Kontakt kommt und dabei beobachtet, wie sehr sich diese von den eigenen unterscheiden.

> Erwartungen, was höflich ist, sind oft nicht bewusst – so kommt es bei „enttäuschten Erwartungen" schnell zu Missstimmungen

Ein qualifizierter Umgang mit Vertretern anderer Kulturen verlangt eine besonders große Sensibilität, und zwar nicht gegenüber dem Verhalten der anderen, sondern auch gegenüber dem eigenen Verhalten. Außerdem ist es sinnvoll, sprachliches und kulturpragmatisches Wissen zu erwerben. Damit verbunden sind Kenntnisse von kulturell verschiedenen Denkverfahren und Wertschätzungen, die sich wiederum in konkreten Regeln für das Verhalten niederschlagen. Es reicht jedoch nicht aus, Benimm-Regeln auswendig zu lernen, um stets angemessen reagieren zu können. Andererseits sollte man die augenfälligsten Unterschiede im Ausdruck von Höflichkeit kennen, um keine vermeidbaren Fehler zu begehen und um einordnen zu können, was bestimmte Handlungen der anderen bedeuten sollen. Auf solche „Einzelheiten" werden wir im weiteren Verlauf des Buches immer wieder zu sprechen kommen. Da aber die Anzahl der Möglichkeiten, höflich zu sein, nahezu unbegrenzt ist, soll der Schwerpunkt nicht unbedingt darauf liegen. Vielmehr sind Kenntnisse darüber wichtig, nach welchen anderen Prinzipien die Menschen aus anderen Kulturen handeln und die Welt beobachten. Erst aus diesen kann man situationsspezifische Handlungsanweisungen ableiten (vgl. *Interkulturelle Managementkompetenz* in 5.1, S. 180ff). Ebenso wichtig wie solche Kenntnisse ist jedoch die Fähigkeit, sich selbst in bestimmten Situationen „zurückzunehmen", obwohl man rein

> Qualifizierter Umgang mit Höflichkeit erfordert Sensibilität für das eigene Verhalten und das Verhalten anderer

gefühlsmäßig von der Richtigkeit seines eigenen Standpunktes und seines eigenen Empfindens überzeugt ist. Die unbewusste Erwartung, dass bestimmte Handlungsmuster auftreten, ist so stark, dass sie nicht immer durch bewusstes Wissen um mögliche Andersartigkeiten kontrolliert werden kann. Diese Fähigkeit ist allerdings eher ein Persönlichkeitsmerkmal als eine erlernbare Fähigkeit.

Aufgaben zum Abschnitt *Die praktische Bedeutung von Höflichkeitsforschung*:

1. Bilden Sie zwei Gruppen. Eine Gruppe vertritt den Standpunkt: *„Deutsche sind arrogant und verletzend"*, die andere Gruppe vertritt den Standpunkt: *„Chinesen sind ausweichend und legen sich nie fest"*. Jede Gruppe soll Argumente für die eigene These sammeln und gleichzeitig versuchen, die andere These zu widerlegen!
2. Diskutieren Sie in der Gruppe über das Thema: *Glauben Sie, es genügt zu wissen, dass andere Kulturen andere Formen der Höflichkeit haben, um solche Fremdheitserlebnisse beim Umgang mit Menschen aus anderen Kulturen zu verhindern? Was gehört noch dazu?*
3. Erklären Sie den Satz: *Höflichkeit wird im eigenen kulturellen Umfeld als selbstverständlich angesehen.* Geben Sie ein oder mehrere Beispiele davon, was Sie als unhöflich ansehen und vergleichen Sie Ihre Definition von Unhöflichkeit miteinander!

Wiederholungstest

Verbinden Sie die bereits bekannten Schlüsselbegriffe in der linken Spalte mit den passenden Paraphrasen in der rechten Spalte! Welche Aussage auf der linken Seite stimmt mit welcher Aussage auf der rechten Seite überein?

Höflichkeit ist nicht überall gleich	Man muss davon ausgehen, dass ein kulturübergreifender Höflichkeitsbegriff nicht existiert
Definitionen von Höflichkeit entsprechen einander häufig nicht	Überall gleiche, charakteristische Züge von Höflichkeit existieren nicht
„Fremdheitserfahrungen" führen zu stereotypisierten Interpretationen	Nur wenn man von sich selbst absehen kann und seine eigenen und die „fremden" Rollenerwartungen erkennt, kann man es vermeiden, in „Fettnäpfchen zu treten"
Zwei Stereotypen: „Deutsche sind arrogant und verletzend" – „Chinesen sind heuchlerisch"	Es kann leicht zu negativen Emotionen gegenüber „unhöflichen Fremden" kommen, da die eigenen Vorstellungen von Höflichkeit meist nicht relativiert werden
Erwartungen, was höflich ist, sind oft nicht bewusst – so kommt es bei „enttäuschten Erwartungen" schnell zu Missstimmungen	Negative Einzelerfahrungen verfestigen sich sehr leicht zu schematischen Vorurteilen
Ein qualifizierter Umgang mit Höflichkeit erfordert Sensibilität für das eigene Verhalten und das Verhalten anderer	Deutschen wird gerne allzu direktes Verhalten, Chinesen dagegen wird häufig Unehrlichkeit vorgeworfen

3. Interkulturelle Trainings

3.0 外派人员文化适应阶段和跨文化的企业培训
3.1 Akkulturation und „Kulturschock"
3.2 Warum interkulturelles Training – Bedarf und Ziele
3.3 Formen interkultureller Trainings
3.4 Der Culture Assimilator

3.0 外派人员文化适应阶段和跨文化的企业培训

❏ 简介：

　　第一节介绍外派人员文化适应的不同阶段及几种文化适应类型。环境的转换常常会引起"文化休克"。文化休克一般分三个阶段：兴奋阶段，失望阶段和学习阶段。可以把外派人员的文化适应情况划分为以下几种类型：<u>同化型</u>，指完全摒弃本文化，吸收异文化，主要表现在一些外在方面，如服饰、举止等，但内在的一些源于本文化的东西，如价值观、道德规范等仍存在一定的影响作用。<u>抵制型</u>，顾名思义与上一种相反，完全不能接受异文化。<u>边缘型</u>，介于两者之间，很难说是适应还是不适应某一种文化。<u>融合型</u>，是最理想的类型，即合理地融合两种文化，有取有舍。对于一个外派人员来说，不能简单地把他归为某一类型，因为在不同情况下他表现的类型不尽相同，既可能是同化型，又可能是边缘型，存在很多影响因素。

　　第二节介绍跨文化企业培训的原因和目的。国际化的市场使得跨国企业员工构成也愈来愈国际化，一个工作小组常常由来自好几个国家和好几种文化的人员组成。另外，要开拓和扩展国外市场，必然会遇到不同的政策法规、商业惯例、不同的历史文化、价值观念等。这是开展跨文化的企业培训的根本原因。本节重点介绍对外派人员的跨文化培训。由于员工外派的费用很高，在人员挑选时只考虑他的专业水平是不够的，还应考虑他在国外的适应、应变能力及个性等因素。跨文化的企业培训对外派员工十分必要，但培训是否有效，因人而异，主要取决于外派人员个人的素质。跨文化能力的传授一般包括三个部分：跨文化的知识（认知方面）、跨文化的敏感性（情感方面）和跨文化的处理应付能力（行为方面）。<u>认知</u>就是了解异文化的基础知识，培养最基本的文化意识，例如异文化的价值观、风俗习惯，等等。因为文化的大部分是看不见、摸不着的，培训时一定要抓住异文化的核心价值观。<u>情感</u>是指培养对异文化的敏感性，以正确的态度对待异文化，减少恐惧，接受陌生的思维、行为方式，消除某些偏见。<u>行为</u>是指在了解并对异文化有敏感性的基础之上，在异文化环境中恰当的交际处事行为，是认知、感知结合个人性格特征的综合体现。

在这一节里编者还阐述了与跨文化能力相关的两个概念："歧义宽容"和"角色距离"，前者是指能够冷静和坦然地接受不同的意见和看法，在各种交际场合、面对各种行为方式都能够容忍歧义和矛盾，而不会简单从事或不知所措；后者是指不要把对异文化一些负面的印象"个人化"，要意识到每种文化都具有相对性，应有距离地、客观地把个人与自己在本文化中所扮演的"角色"分开。

第三节阐述的是跨文化企业培训的几种类型，常见的划分依据有：学习内容、教学方法、培训目的和培训时间。按学习内容分为两种：个别文化或总体文化敏感性的培训。个别文化敏感性培训是指传授某一地域有关的价值观、行为准则和历史文化等方面的知识；而总体文化敏感性的培训则是培养可适用于各种文化的跨文化能力，侧重于本文化与异文化之间的关联。按教学方法分为以教练为中心或以小组为中心的两种培训，又称被动式或主动式培训。教练式培训大多采用研讨课或做报告的形式讲授知识，常用方法诸如讨论案例、观看电影等；与此相反，小组式的培训是通过自身参与模拟跨文化的情景练习来收集经验，例如角色游戏、模拟企业练习等。按培训目的可分为向培训者传授异文化的知识或长期性地改变培训者的观念、行为方式这两种。按培训时间可分为员工外派之前、之后或外派期间的培训，主要介绍每个阶段培训的意义。

除了传统的跨文化企业培训以外，还有其他一些措施可以避免或解决跨文化企业管理中出现的矛盾和冲突，形式有：咨询，教练和调解。咨询是指企业外派人员回国后承担起本公司在跨文化业务方面的咨询工作。教练是请教练通过观察参与者的实际行为及他们的互动反应指明整个团队和个人的优劣势，与参与者共同制定改进方案，这种教练很像足球教练的工作。调解这个概念来源于心理学领域，转化到跨文化上是指一种解决冲突的特殊方式。当一个跨文化小组明显产生了矛盾冲突时，调解员找出并确定造成冲突的原因，在冲突双方之间进行调解。

第四节通过实践练习来说明跨文化企业培训中的一种方式：文化适应练习，针对练习中出现的跨文化问题开展讨论并找出相应的解决方案。在本节的结尾还有一个概括性的练习，让学生自己规划企业外派人员的准备工作，并论证培训目的，阐明为什么建议用这种培训方式等，最后以小组作报告的形式汇报给案例中的"企业领导"。

学习本章内容需注意的是，尽管跨文化的企业培训是培养跨文化能力的主要方法，但并不是唯一的决定因素，往往还受个人性格和综合能力的影响，所以企业人事部门在甄选外派人员时必须考虑到这一点。

读者在本章应主要掌握以下内容：
1. 跨文化交际过程中形成哪些文化适应类型？
2. 为什么跨文化的企业培训对跨国企业如此重要？
3. 跨文化的能力都包括哪几方面？通过跨文化的企业培训是否一定就能具备这种能力？
4. 跨文化的企业培训有几种常见类型，划分标准？书中是如何用一种模型把它们归类的？
5. 为什么跨文化的企业培训在员工外派期间或归国之后仍然重要？
6. 有哪些非传统的跨文化企业培训方式？

读者在本章应掌握以下主要概念：
- 文化适应类型（Akkulturationstypen）：同化型（Assimilationstyp）、边缘型（Grenztyp）、融合型（Synthesetyp）、抵制型（Kontrasttyp）
- 文化休克的阶段（Phasen des Kulturschocks）
  "歧义宽容"（Ambiguitätstoleranz）和"角色距离"（Rollendistanz）
- 跨文化的知识（interkulturelles Wissen），跨文化的敏感性（interkulturelle Sensibilität），跨文化的处理应付能力（interkulturelle Handlungskompetenz）
- 个别文化与总体文化知识（kulturspezifisches und kulturallgemeines Wissen）
- 以教练为中心和以小组为中心的培训（Trainer- und gruppenzentrierte Trainings）
- 咨询（Consulting），教练（Coaching）和调解（Mediation）

3.1 Akkulturation und „Kulturschock"

❑ **Phasen eines Auslandseinsatzes – Akkulturationsstrategien**

Man könnte vermuten, dass ein Mensch, der sich längere Zeit in einem anderen Kulturraum aufhält, mit der Zeit eine mehr oder minder große interkulturelle Handlungskompetenz erwerben wird. Er wird sich, so die Vermutung, zu einem Spezialisten für den jeweiligen Kulturraum, für das jeweilige Land entwickeln. Die Forschung widerlegt diese Annahme jedoch. Häufig entwickeln Expats[1], trotz intensiver Erfahrungen mit der anderen Kultur, keine echte interkulturelle Handlungskompetenz. Woran liegt das? Kommt ein Mensch in einen unvertrauten Kulturraum, so stellt sich ein Gefühl des „Anders-Seins" ein, das sich häufig nicht klar definieren lässt. Die Menschen sehen anders aus, sprechen eine unverständliche Sprache, man weiß nicht, was sie über einen denken, die anderen kulturellen Artefakte erzeugen ein unvertrautes Gefühl. *Der* Mensch kann darauf mit einem „Kulturschock" reagieren. (Vgl. Grafik: *Der Verlauf des Kulturschocks*, S. 109). Auf jeden Fall wird die Veränderung seiner Umwelt die Person dazu zwingen, eine Strategie für den Umgang mit der neuen Situation zu entwickeln. Diesen Prozess der Annäherung an eine andere Kultur bezeichnet man als „Akkulturation". Forscher haben nun festgestellt, dass die Reaktion der Menschen auf die Umweltveränderung sich in unterschiedliche Typen einteilen lässt. Sie unterscheiden vier Typen: Den Assimilationstyp, den Kontrasttyp, den Grenztyp und den Synthesetyp.

Ein Wechsel der Umgebung kann einen „Kulturschock" hervorrufen

---

[1] „Expat" ist die Kurzform für das englische Wort *expatriate*. Dabei handelt es sich um eine Person, die im Ausland als Spezialist arbeitet.

中德跨文化交际与管理

Grafik 9: Akkulturationstypen   Quelle: eigene Abbildung

❏ Akkulturationstypen

Der Assimilationstyp übernimmt die Zielkultur ohne sie zu kennen

Der Assimilationstyp ist von der neuen Situation und der anderen Kultur begeistert und übernimmt diese ohne sie wirklich zu kennen. Er lehnt die eigene Heimatkultur ab und ersetzt die bekannten Werte und Normen mit denen der anderen Kultur. Dies tut er jedoch, ohne darüber nachzudenken. Man könnte sagen, er flieht vor seiner eigenen Kultur in die andere Kultur. Er lehnt die kulturellen Symbole seiner eigenen Kultur ab und ersetzt sie durch die kulturellen Symbole der anderen Kultur. Er passt sich in Kleidung, Verhalten und Geschmack (Musik, Kunst, Alltagskultur) an die neue Kultur an. Da er die Symbole seiner eigenen Kultur ablehnt, kommt es zum – zumindest äußerlichen – Verlust der eigenen kulturellen Identität. Das ist jedoch problematisch, da er viele Werte und Normen seiner Herkunftskultur unbewusst in sich trägt, er hat sie „verinnerlicht" (Vgl. 3.2 *Hauptziele von IK-Trainings*, S. 118ff). So kann es zu Widersprüchen zwischen den außen gelebten kulturellen Symbolen, die auf anderen, ihm häufig unbekannten Grundannahmen beruhen, und den in seinem Inneren noch vorhandenen Werten und Normen kommen. Dies führt möglicherweise zu der verrückten Situation, dass sich innerhalb einer Person interkulturelle Konflikte abspielen.

Der Kontrasttyp lehnt die Zielkultur ab

Der Kontrasttyp wehrt sich gegen die „fremde" Kultur um ihn herum. Er erlebt die Unterschiede zwischen seinem Heimat- und dem Gastland sehr deutlich. Er

3.1 Akkulturation und „Kulturschock"

lehnt die Gastkultur ab und betont den Wert seiner eigenen Kultur. Hierzu ein kleines Beispiel: Ein Deutscher, der seit einiger Zeit in China lebt, macht die Beobachtung, dass die meisten Chinesen ein anderes Verhältnis zur Straßenverkehrsordnung haben als er. Aus seiner Heimatkultur ist er es gewohnt, dass (fast) alle Autos anhalten, sobald die Ampel auf Rot schaltet. In China macht er nun die Erfahrung, dass viele Autofahrer die Ampeln häufig nicht beachten, sondern fahren, sobald sie eine Möglichkeit dazu sehen. Weiterhin beobachtet er, dass es oft zu Verkehrsstaus kommt. Er leitet nun daraus die Schlussfolgerung ab, dass es den Chinesen im Vergleich zu den Deutschen an Verkehrsdisziplin mangele. Dies bestärkt ihn nun in der Ansicht, dass das deutsche Verhalten dem chinesischen überlegen sei. Er wird unter Umständen deutscher als in Deutschland sein. Er geht nur mit Deutschen in die deutsche Kneipe, schaut deutsches TV, liest deutsche Zeitungen und versucht sich zu Hause ein „kleines Deutschland" aufzubauen, in das er sich zurückziehen kann (Gettobildung). Er versucht „das Fremde" aus seiner Erfahrungswelt „auszuklammern". Er verhält sich extrem ethnozentristisch.

Der Grenztyp erkennt die Gleichwertigkeit beider Kulturen an. Ihm ist klar, dass beide Kulturen auf gültigen Werten beruhen. Allerdings gelingt es ihm nicht, beide miteinander zu verbinden. Er schwankt zwischen den verschiedenen Auffassungen und kann sich nie richtig entscheiden. Dieser Typ wird große Schwierigkeiten haben, sich anzupassen. So kann es sein, dass er „zwischen zwei Stühlen sitzt" und letzten Endes kommt es zum Identitätsverlust.

Der Grenztyp schwankt zwischen beiden Kulturen

Der Synthesetyp versteht im Idealfall die fremden Werte genauso wie die eigenen. Er erkennt die kulturellen Unterschiede und macht sie sich bewusst. Dann ändert er seine Ansichten, ohne dabei seine eigenen kulturellen Wurzeln zu vergessen. Es gelingt ihm, beide Welten für sich zu verschmelzen. So kann er auch den größten Grad an Integration zustande bringen. Der Synthesetyp ist in der Lage, für ihn wichtige Elemente beider Kulturen miteinander in Einklang zu bringen und sich auf diese Weise zu entwickeln. Er hat die besten Aussichten auf Erfolg im Ausland.

Der Synthesetyp verschmilzt die beiden Kulturen in sich

> **Aufgaben zu den Abschnitten** *Phasen eines Auslandseinsatzes – Akkulturationsstrategien im interkulturellen Lernen* sowie *Akkulturationstypen*:
>
> 1. Welche Akkulturationstypen gibt es? Schlagen Sie die Wörter *Assimilation*, *Kontrast* und *Synthese* im Wörterbuch nach!
> 2. Bilden Sie vier Gruppen. Jede Gruppe hat die Aufgabe, einen der vier Akkulturationstypen als „lebendes Standbild" vor der Gesamtgruppe darzustellen (Lesen Sie dazu die unten stehende Erläuterung „Wie gestaltet man ein „lebendes Standbild"!). Beschreiben Sie hinterher Ihre Empfindungen während der „Vorstellung"!

Erläuterung: Wie gestaltet man ein „lebendes Standbild"

Die Aufgabe lautet, durch pantomimische Mittel einen Sachverhalt darzustellen. Es handelt sich allerdings nicht um einen stummen Sketch oder Theaterstück, sondern um eine relativ statische Vorstellung. Unter Zuhilfenahme von Requisiten (z. B. von Stühlen oder anderen Gegenständen) und mit keinen oder wenigen Bewegungen soll den Zuschauenden vermittelt werden, was gemeint ist.

❑ Ungleicher Verlauf der Akkulturation

Eine Person kann verschiedene Akkulturationstypen in sich vereinen

Die oben beschriebenen Akkulturationstypen sind nicht unbedingt starr auf ein bestimmtes Verhalten festgelegt. Ein und dieselbe Person kann in verschiedenen Situationen oder zu verschiedenen Zeitpunkten ihres Auslandsaufenthaltes jeweils einem anderen der vier Akkulturationstypen entsprechen. Beispielsweise lässt sich bei Praktikanten bzw. Studierenden aus Entwicklungsländern in Situationen des beruflichen Lernens der Assimilationstyp beobachten. Das bedeutet, dass sie sich am Arbeitsplatz oder an der Universität an ihre Umwelt komplett anpassen. Im Gegensatz dazu verhalten sie sich jedoch in ihrem alltäglichen sozialen Handlungsumfeld möglicherweise wie der Kontrast- oder Grenztyp.

3.1 Akkulturation und „Kulturschock"

Häufig werden interkulturelle Begegnungen, die dem beruflichen oder akademischen Lernen oder der fachlichen Weiterbildung dienen, von den Betroffenen als Herausforderung, aber auch als Bereicherung der eigenen Persönlichkeit empfunden. Der „Zwang", mit Vertretern anderer Kulturen zu einem Ergebnis kommen zu müssen, fördert unter Umständen die Bereitschaft, das andere und anfänglich „Fremde" in die eigene Persönlichkeit und in das eigene Denken zu integrieren.

Bei genauerem Hinsehen lässt sich erkennen, wie vielschichtig die Einflüsse sind, die das interkulturelle Lernen bedingen. Neben der Persönlichkeit (Lebensgeschichte, Sozialisation) spielen die Handlungsorientierung (der „Zwang" etwas zu erreichen) sowie die kulturelle Überschneidungssituation (das subjektiv erlebte Handlungsumfeld) eine wichtige Rolle.

Interkulturelles Lernen ist von vielen Einflüssen abhängig

❏ Der Verlauf des „Kulturschocks"

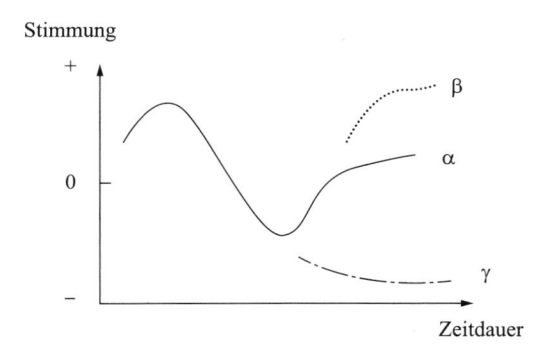

Grafik 10: Der Verlauf des Kulturschocks　　　　　Quelle: eigene Abbildung

Die Reaktion auf das „fremde" Land, das heißt auf den oben bereits erwähnten *Kulturschock* kann sehr unterschiedlich verlaufen. Der Kulturschock lässt sich in verschiedene Phasen aufteilen. Wir folgen der Darstellung des Spezialisten für interkulturelles Management Ekkehard Wirth. Normalerweise geht der Entsandte ja freiwillig ins Ausland. Daher herrscht zu Beginn seines Einsatzes häufig Euphorie und ein Glücksgefühl vor. Er sieht alles aus dem Blickwinkel eines Touristen und beurteilt die Dinge auch so. Neues ist primär interessant, anders, aber

Kulturschock: 1. Phase – Euphorie

positiv. Die Menschen im anderen Land scheinen freundlich zu sein und zu helfen, wo immer sie können.

2. Phase – Enttäuschung

Dieser ersten Phase folgt eine Zeit der Ernüchterung und Enttäuschung. Dinge, die man anfänglich primär als anders und interessant angesehen hatte, führen nun zu Demotivierung. Die Menschen des anderen Landes scheinen unflexibel an ihren Verhaltensweisen festzuhalten und der Expat hat das Gefühl, deren fremde Mentalität nie verstehen zu können. Hinzu kommt ein Gefühl, mit seinen Problemen allein gelassen zu werden.

3. Phase – Lernphase

Je nach Personentyp folgt erst dann die eigentliche Lernphase. Erst in dieser Konfrontation ist es möglich die Unterschiede zu sehen und damit auch zu akzeptieren. Bei einer gelingenden Anpassung versucht der Expat nicht, das Land und die anderen zu ändern. Vielmehr ändert er sich selbst und passt sich an die Umgebung an. Der typische („ideale") Verlauf des Kulturschocks lässt sich als Kurve darstellen. Dabei stellt die α-Linie den „Normalverlauf" dar. Es kann letztendlich aber auch zu einer gehobeneren (Kurve β) oder einer schlechteren (Kurve γ) Stimmungslage kommen.

Aufgabe zum Abschnitt *Der Ablauf des Kulturschocks*:

1. Beschreiben Sie die oben stehende Grafik. Setzen Sie dabei die im Text enthaltenen Informationen um und verwenden Sie dazu folgende Redemittel:

Die Grafik stellt … dar.
Es gibt zwei Achsen. Die eine Achse zeigt …, die andere stellt … dar.
Der Kurvenverlauf verdeutlicht, wie …
Dabei unterscheiden wir drei Verläufe: Verlauf α (gesprochen „alpha") …, Verlauf β (gesprochen „beta") …, Verlauf γ (gesprochen „gamma") …
Zusammenfassend kann man sagen, dass …

Wiederholungstest

Füllen Sie die Lücken mit den Wörtern aus dem unten stehenden Kasten!

Anpassung, Enttäuschung, ersten, kennen, Seite, Reaktion, Situation, Synthesetyp

Ein Wechsel der Lebensumgebung kann bei der Person, die diesen erlebt, einen so genannten „Kulturschock" hervorrufen. Es handelt sich dabei um eine _____ auf die veränderte Umwelt. Diese Reaktion läuft in der Regel nach einem bestimmten Muster ab. In der _____ Phase herrscht meist Euphorie über die neue Situation. In der zweiten Phase kommt es zur Ernüchterung und zur _____. In der dritten Phase, der Lernphase schließlich, kommt es zur _____ an die neue Umwelt.

Unterschiedliche Menschen reagieren in unterschiedlicher Weise auf die Belastungen des Kulturschocks. Nach ihren Reaktionen kann man die Menschen in Akkulturationstypen einteilen: In den Assimilationstyp, den Kontrasttyp, den Grenztyp und den _____.

Der Assimilationstyp übernimmt die Zielkultur ohne sie wirklich zu _____. Im Gegensatz dazu lehnt der Kontrasttyp die Zielkultur ab, allerdings ebenfalls ohne sie wirklich zu kennen. Der Grenztyp wiederum schwankt zwischen beiden Kulturen ohne sich für eine _____ entscheiden zu können. Er „sitzt zwischen den Stühlen". Der Idealfall ist der Synthesetyp. Er verschmilzt die beiden Kulturen in sich und handelt der _____ angemessen.

Jeder Mensch kann, je nach Situation, verschiedene Akkulturationstypen in sich vereinen. Man kann in einer Situation (Job) ein Assimilationstyp, in einer anderen (Freizeit) ein Kontrasttyp sein.

3.2 Warum interkulturelles Training – Bedarf und Ziele

*Man kann nicht erwarten, dass ein rundlicher Mann gleich in ein viereckiges Loch passt.
Man muss ihm Zeit geben, sich anzupassen.*

*Mark Twain (1835–1910),
eigentlich Samuel Langhorne Clemens, US-amerikanischer Erzähler und Satiriker*

*Sag es mir, und ich werde es vergessen,
zeig es mir, und ich werde mich daran erinnern,
beteilige mich, und ich werde es verstehen.*

aus China

Was sind interkulturelle Trainings? Warum ergibt sich in einer international tätigen Organisation wie einer Unternehmung ein Bedarf an interkulturellen Trainings (IK Trainings)?

❑ **Internationale Märkte und internationale Teams**

<small>Erhöhte Mobilität in Unternehmen fördert interkulturelle Kontakte</small>

Die „Pluralisierung" der Gesellschaften und damit zusammenhängend Veränderungen in der Zusammensetzung der Belegschaft, technische Entwicklungen, z.B. in den Medien, vor allem aber der Austausch und die erhöhte Mobilität von Personal in internationalen Unternehmungen fördern den gegenseitigen Kontakt von Menschen aus verschiedenen Kulturen. Dies ergibt sich auch aus den Bedingungen des bereits lange internationalisierten Wettbewerbs. Firmen, die als „global player" international Geschäfte machen, haben es mit unterschiedlichen Rahmenbedingungen zu tun, die ihnen bei der Erfüllung ihrer Ziele gesetzt sind. So herrschen in verschiedenen Ländern verschiedene politische Systeme, verschiedene Rechtssysteme, Wirtschaftspraktiken (Geschäftsgewohnheiten) usw. Für die Unternehmung ist die Unternehmensumwelt ein „Markt", auf dem es gilt, möglichst erfolgreich zu sein. Hier wird sie besonders mit verschiedenen Kulturen, Geschichten, Werten, sozialen Systemen (Arten des gesellschaftlichen Zusammenlebens) und Sprachen konfrontiert. Im Rahmen internationaler

<small>Häufig werden internationale Teams gebildet</small>

Zusammenarbeit kommt es auch oft zur Bildung so genannter interkultureller Teams und Arbeitsgruppen. Da deren Mitglieder oft aus mehreren unterschiedlichen Kulturen kommen, ist wegen der größeren kulturellen Vielfalt die Zusammenarbeit möglicherweise schwieriger. Interkulturelle Teams und Arbeitsgruppen sind in einer internationalen Unternehmung also die Gruppen, für die interkulturelles Training besonders wichtig ist.

Aufgabe zum Abschnitt *internationale Märkte und internationale Teams*:

1. Was wissen Sie über die unterschiedlichen Rahmenbedingungen in Deutschland und China? Versuchen Sie die Besonderheiten in kurzen Stichworten einander gegenüberzustellen. Sichten Sie dazu landeskundliches Material aus Deutschland (z.B. *Tatsachen über Deutschland*, Internetseiten der deutschen Regierung). Ziehen Sie auch Kapitel 2 dieses Lehrbuches zu Rate, um die unterschiedlichen kulturellen Gepflogenheiten klarer herausarbeiten zu können. Übertragen Sie die unten stehenden Tabellen an die Tafel und füllen Sie diese in der Gruppe aus!

Kultur		Werte	
DE	CH	DE	CH

Geschichte		Wirtschaftspraktiken	
DE	CH	DE	CH

Sozialsystem		Rechtssystem	
DE	CH	DE	CH

❑ Auslandsentsendungen

Bei einer so genannten Auslandsentsendung, d. h. der Entsendung eines Mitarbeiters zur Arbeit ins Ausland für begrenzte Zeit, ist es von Vorteil, ja sogar unumgänglich, den Entsandten auf eine andere Umwelt vorzubereiten. Auslandsentsendungen können verschiedenen Zwecken dienen, sei es zur Durchführung von Projekten im Ausland, zur Verbesserung der Kommunikation zwischen Hauptsitz und Auslandsniederlassung, zur Sicherung bzw. Ausübung von Kontrolle oder Fortbildung des eigenen Personals (Auslandserfahrung) usw. In der Praxis haben bei der Vorbereitung eines Auslandseinsatzes in der Regel fachliche Aspekte Vorrang. Im Heimatland muss die Stelle an einen Nachfolger erfolgreich übergeben werden, die neue Stelle im Ausland erfolgreich übernommen werden (Einarbeitung). All dies ist mit hohem Aufwand und Stress verbunden. Hat der Entsandte eine Familie, die mit ins Ausland geht, so entsteht neben der Arbeit ebenfalls eine große Belastung, durch einen Umzug, Schulwechsel der Kinder etc. Generell wird eine solche Ortsveränderung von den Beteiligten meist als sehr anstrengend empfunden.

> Bei der Wahl Auslandsentsendeter steht oft allein die fachliche Qualifikation im Vordergrund

> Auslandsentsendungen sind für alle Beteiligten sehr stressig

Neben diesen organisatorisch formalen Aspekten ist auch eine kulturelle Vorbereitung notwendig; aufgrund der eben aufgeführten fachlichen Aspekte eines Auslandseinsatzes wird diese aber oft vernachlässigt. In Kapitel 1 haben wir gesehen, wie Kultur das Verhalten von Menschen ganz unbemerkt bestimmen kann. Das Potenzial für Missverständnisse und Konflikte bei einer Auslandsentsendung ist groß. Nicht selten führen sie zum Scheitern des Auslandseinsatzes, wodurch einer Unternehmung hohe Kosten entstehen können. Gründe für ein Scheitern können Anpassungsschwierigkeiten an die fremde Kultur oder private Probleme sein. Aber natürlich kann es auch mangelnde Aufgabenerfüllung sein, die zu einem Abzug zurück ins Stammhaus führen kann. So kommen bei einem Auslandseinsatz neben der meist größeren Aufgabenlast auch noch spezielle Anforderungen interkultureller Interaktions- bzw. Führungssituationen hinzu (siehe 5.1 *Interkulturelle Managementkompetenz*, S. 180ff).

> Kulturelle Vorbereitung ist notwendig

> Gründe für das Scheitern von Auslandseinsätzen: Anpassungsschwierigkeiten, mangelhafte Aufgabenerfüllung, private Probleme

Interkulturelles Training kann dazu beitragen, den Erfolg eines Auslandseinsatzes zu sichern. Neben der Vermittlung „interkultureller Kompetenz" (weiter

3.2 Warum interkulturelles Training – Bedarf und Ziele

unten in diesem Abschnitt) durch interkulturelle Trainings hängt der Erfolg einer Auslandsentsendung auch von vielen anderen Faktoren, nicht zuletzt vom Entsandten selbst ab. Von Seiten der Personalabteilung kann lediglich versucht werden, durch eine gute Auswahl, Vorbereitung und Betreuung der Entsandten auf einen Erfolg hinzuarbeiten. Die Dynamik und Komplexität von interkulturellen Situationen, nicht zuletzt auch die Abhängigkeit von den Persönlichkeiten der einzelnen Beteiligten machen es aber unmöglich, einen Erfolg zu garantieren.

Der Erfolg von Trainings hängt sehr von den Entsendeten ab

Aufgaben zum Abschnitt *Auslandsentsendungen*:

1. Nennen Sie die wichtigsten Gründe für ein Scheitern von Auslandseinsätzen!
2. Mit welchen Mitteln versuchen Firmen ein solches Scheitern zu verhindern?
3. Was für ein (nur schwer einschätzbarer) Faktor spielt beim Erfolg von Auslandseinsätzen eine besonders wichtige Rolle?

❑ Interkulturelle Kompetenz

Um die Vermittlung interkultureller Kompetenz zu analysieren oder zu planen ist es sinnvoll, sich an den Komponenten interkultureller Kompetenz auszurichten:

```
                    Interkulturelle Kompetenz
  ┌─────────────────┬──────────────────────┬──────────────────────┐
  │ Interkulturelles│ Interkulturelle      │ Interkulturelle      │
  │ Wissen          │ Sensibilität         │ Handlungskompetenz   │
  │ (kognitiv)      │ (affektiv)           │ (handlungsorientiert)│
  └─────────────────┴──────────────────────┴──────────────────────┘
```

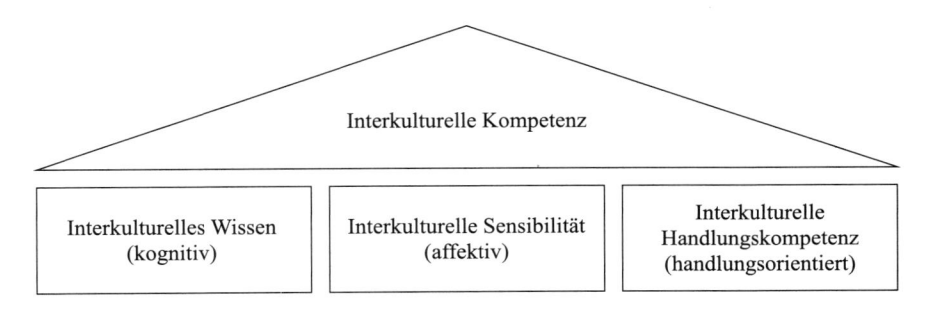

Grafik 11: Bausteine interkultureller Kompetenz   Quelle: eigene Abbildung

Kognitiv: Wissen über die andere Kultur

Am Anfang der Vermittlung von interkultureller Kompetenz steht interkulturelles Wissen, das bedeutet **kognitives Wissen** über die Kultur, in die der Mitarbeiter entsandt wird (Zielkultur). Neben landeskundlichen Aspekten zählen hierzu Wissen über Tischsitten, die richtige Begrüßung, so genannte „dos and don'ts"; allgemein gesagt also Wissen über kulturelle Fakten. Man hofft, dass der Mitarbeiter durch ein größeres Wissen über die Zielkultur mehr Sensibilität für ihre Eigenarten und Besonderheiten entwickelt. Dies ist die **affektive Dimension**, die man auch interkulturelle Sensibilität nennen kann. Interkulturelle Sensibilität wiederum soll dem Mitarbeiter dabei helfen, sich in bestimmten Situationen richtig zu verhalten. Diese **handlungsorientierte Fähigkeit** nennt man interkulturelle Handlungskompetenz. In diesem Zusammenhang sei auf die in Kapitel 1 erwähnten Kontextualisierungshinweise hingewiesen. Ist der Mitarbeiter in der Lage, eine Situation richtig zu „kontextualisieren", so wird er auch eher ein angemessenes Verhalten an den Tag legen. Beim Erwerb von interkultureller Kompetenz ergänzen sich die kognitive, affektive und verhaltensorientierte Dimension gegenseitig und gehen fließend ineinander über.

Affektiv: Sensibilität für Zielkultur

Handlungsorientiert: Das Richtige tun

Ambiguitätstoleranz: Mit zweideutigen, unklaren Situationen klarkommen

Es soll an dieser Stelle nicht der Eindruck entstehen, allein durch ein geeignetes Training ließe sich interkulturelle Kompetenz automatisch bei jedem beliebigen Mitarbeiter „erzeugen". Der im Zusammenhang mit interkultureller Kompetenz oft auftauchende Begriff der „Ambiguitätstoleranz" legt nahe, dass hier auch persönliche Eigenschaften eine Rolle spielen, die „interkulturelle Kompetenz" zumindest begünstigen oder bevorteilen. Ambiguität lässt sich vereinfacht mit Uneindeutigkeit, also Zwei- bis Mehrdeutigkeit übersetzen. So bedeutet der Begriff „Ambiguitätstoleranz" die Fähigkeit, mit kulturell zweideutigen Situationen fertig zu werden. Gerade bei Höflichkeit (siehe 2.3 *Höflichkeit*, S. 92ff) kann es oft zu Missverständnissen kommen. So sind – wie wir bereits wissen – von Chinesen höflich gemeinte „Kennenlern-Fragen" wie die nach dem monatlichen Einkommen in den Augen von Deutschen unangemessen und etwas zudringlich. Diese Unterschiede zu erkennen, Bedeutungen richtig in kulturelle Hintergründe einzuordnen und in einer Situation „einen kühlen Kopf" zu bewahren, kann für den Betroffenen großen Stress bedeuten, da sie den eigenen kulturellen Gewohnheiten zuwiderlaufen. Im Extremfall kann die betroffene Peron dies als einen Angriff auf die eigene kulturelle Identität empfinden.

Wie gut ein Mensch mit Stress umgehen kann, hängt ganz zweifellos von persönlichen Eigenschaften ab. Auch der Begriff der „Rollendistanz" hängt mit diesen Eigenschaften zusammen. Rollendistanz bedeutet, persönliche kulturelle Fremderfahrungen, vor allem negative, mit gewissem Abstand zu betrachten, persönliche Erfahrungen im Berufsalltag nicht „persönlich zu nehmen", und das eigene Verhalten in der jeweiligen Situation zu reflektieren (Selbstbeobachtung). Es gehört also ein großes Maß an Bewusstheit dazu, solche interkulturellen Erfahrungen richtig einzuordnen und von sich selbst „Abstand zu nehmen". Es ist demnach wichtig, sich selbst und seine eigene Kultur kennen zu lernen, um sich die Relativität der eigenen, aber auch der anderen Kultur bewusst zu machen (kognitives Wissen). Dies ist in einigen Formen von interkulturellen Trainings auch explizites Trainingsziel.

Rollendistanz: Negative Erfahrungen nicht persönlich nehmen

Sieht man sich selbst und andere als Vertreter ihrer jeweiligen Kultur (Rollenvertreter von Kultur), so lässt sich aus einer Meta-Perspektive kulturell unterschiedliches Verhalten leichter distanziert betrachten. So kann man aus dieser Perspektive die chinesischen Kennenlern-Fragen nach dem Einkommen einfach als das nehmen, was sie sein sollen, nämlich als Ausdruck von Interesse an der Person des anderen. Mit zudringlicher Neugier oder Indiskretion hat diese scheinbare „Reizfrage" nicht zu tun. Es wäre natürlich etwas anderes, wenn einem Deutschen diese Frage von einem Deutschen gestellt würde. Ausgehend von den zu Beginn dieses Abschnittes genannten drei Dimensionen interkultureller Kompetenz lassen sich die drei Trainingsziele interkultureller Trainings ableiten, die im folgenden Abschnitt behandelt werden.

Aufgaben zum Abschnitt *Interkulturelle Kompetenz*:

1. Aus welchen drei Bestandteilen besteht interkulturelle Kompetenz?
2. Erklären Sie den Begriff interkulturelle Kompetenz mit eigenen

Worten und finden Sie Beispiele für jeden Bestandteil!
3. Was bedeuten die Begriffe „Ambiguitätstoleranz" und Rollendistanz?
4. Sind diese Fertigkeiten erlernbar? Wie kann man sie trainieren?

❑ Hauptziele von IK Trainings

Kognitives Trainingsziel: Basiswissen vermitteln

Analog zu den drei Bestandteilen der interkulturellen Kompetenz gibt es drei Hauptziele von interkulturellen Trainings. Das *kognitive Trainingsziel* ist die Vermittlung von interkulturellem Wissen. Dabei muss man zwischen kulturallgemeinem und kulturspezifischem Wissen unterscheiden. Am Anfang eines Trainings sollte zunächst Basiswissen und ein Grundbewusstsein über Kultur stehen. Oft wird hierzu ein Kulturmodell eingeführt. Im Bereich der interkulturellen Trainings ist das so genannte Eisberg-Modell sehr beliebt.

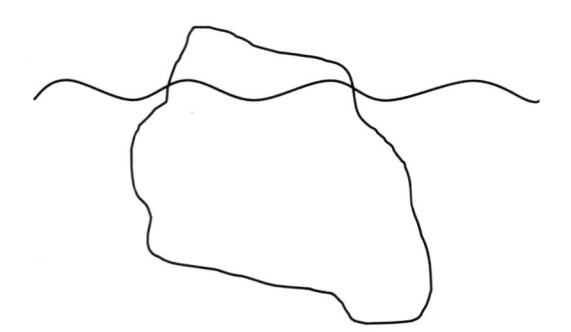

Grafik 12: Das Eisbergmodell der Kultur Quelle: eigene Abbildung

Kultur ist größtenteils „unsichtbar"

Wie der größte Teil eines Eisbergs liegt auch der größte Teil einer Kultur (auch der eigenen Kultur) im Verborgenen, nur ein kleiner Teil ist sichtbar. Wahrnehmung, Denken, Fühlen und Handeln sind von der eigenen Kultur bestimmt, ohne dass man dies bemerkt. Kultur hat eine verborgene Dimension, durch die man oft veranlasst wird, die eigene Kultur als selbstverständlich anzusehen (siehe 2.1 *Werte*, S. 48ff). Dieses Modell ist noch sehr einfach und unkonkret, trotzdem schafft es einen guten ersten Zugang zur Reflexion über Kultur. Neben dem Bewusstsein und Wissen über andere Kulturen ist das Bewusstsein und Wissen über die eigene kulturelle Prägung von großer Bedeutung. Außer der Kenntnis eines Kulturmodells und dem Wissen über die eigene Kultur sind des Weiteren kulturspezifische Kenntnisse über zentrale Werte der Zielkultur und die Kommunikationsgewohnheiten ihrer Mitglieder, Wissen über die Problempotenziale interkultureller Kommunikation, Wissen über den Anpassungsprozess in einer fremden Kultur (siehe dazu 3.1 *Phasen eines Auslandseinsatzes*, S. 105) und länderspezifisches Wissen von Bedeutung.

Zentrale Werte der Zielkultur müssen bekannt sein

Das *affektive Trainingsziel* (Interkulturelle Sensibilität) beinhaltet grundsätzlich die Sensibilisierung für kulturell bedingte Unterschiede in Bezug auf Denken und Handeln, und das sich daraus ergebende Konfliktpotenzial. Aber auch das Positivpotenzial (Synergie-Möglichkeiten) sollte thematisiert werden. Auf der affektiven Ebene möchte man weiterhin eine positive Einstellung gegenüber anderen Kulturen, die Reduktion von Angst, eine Akzeptanz von fremden Denk- und Verhaltensweisen, Sensibilität für kulturbedingte Unterschiede im menschlichen Denken und Handeln, realistische Erwartungen an das Leben in einem kulturell fremden Umfeld und den Abbau von Stereotypen bei Mitarbeitern und Vorgesetzten erreichen. Außerdem erhofft man sich vom Mitarbeiter ein erhöhtes Maß an Unvoreingenommenheit, Weltoffenheit und Toleranz.

Affektives Trainingsziel: Positive Einstellung gegenüber der Zielkultur

Hat der Mitarbeiter genügend Wissen und Bewusstsein für die Besonderheiten der anderen Kultur erworben, so fehlt noch die Befähigung zum angemessenen Handeln in der fremden Kultur (Interkulturelle Handlungskompetenz – *verhaltensorientiertes Trainingsziel*). Darunter fallen Handlungssicherheit, kulturadäquates Kommunikationsverhalten und die Fähigkeit zum Umgang mit Konfliktsituationen. Sich in verschiedenen Situationen angemessen zu verhalten (Handlungssicherheit) bedeutet, bestimmte Verhaltensweisen zu zeigen (z. B. die richtige Begrüßung) und Verhaltensspielräume zu erkennen, in denen man ein bestimmtes Verhalten an den Tag legen kann. Zum kulturadäquaten Kommunikationsverhalten zählen neben Kenntnissen in der Fremdsprache auch Wissen über para- und nonverbale Dimensionen von Kommunikation (siehe dazu 1.2 *Kommunikation*, S. 19ff).

Handlungsorientiertes Trainingsziel: Sich richtig verhalten können

Interkulturelle Kompetenz ist also eine Kombination einer Vielzahl von

Kenntnissen und Fähigkeiten sowie auch persönlichen Eigenschaften und Einstellungen. Weiß man, welche Ziele mit interkulturellem Training verfolgt werden, so lassen sich auch Trainingsmethoden zur Erreichung dieser Ziele entwickeln. Es ist festzustellen, dass eine Vorbereitung durch interkulturelle Trainingsmaßnahmen immer alle Bereiche interkultureller Kompetenz abdecken sollte. In der Praxis haben sich hierbei verschiedene Arten von interkulturellen Trainings entwickelt (siehe 3.3 *Formen interkultureller Trainings*, S. 124ff). Je nach Zielsetzung und Bedürfnissen der Trainierten (Klientengruppe) lassen sich sodann geeignete Trainingstypen auswählen.

Interkulturelle Kompetenz ist eine Kombination von Kenntnissen, Fähigkeiten und persönlichen Eigenschaften

Aufgaben zum Abschnitt *Hauptziele von IK Trainings*:

1. Tragen Sie in der Gruppe zusammen, welche Hauptziele interkulturelle Trainings verfolgen!
2. Welche Spezifika haben die Ziele der interkulturellen Trainings? Beschreiben Sie die Ziele!
3. Welche besondere Eigenschaft hat ein Eisberg und warum ist in der Theorie der interkulturellen Trainings das Kulturmodell des Eisbergs so beliebt?
4. Was symbolisiert der verborgene Teil des Eisbergs?

Wiederholungstest

Abschnitte eins und zwei

Füllen Sie die Lücken in den folgenden Aussagen mit den Wörtern aus dem unten stehenden Kasten!

> *Anpassungsschwierigkeiten, Entsendeten, fachliche,*
> *internationale, kulturelle, Mobilität, Stress,*

1. Die erhöhte _____ in den Unternehmen fördert die interkulturellen Kontakte.

2. Häufig werden heutzutage zur Lösung größerer Aufgaben _____ Teams gebildet.

3. Bei der Wahl Auslandsentsendeter steht oft allein die _____ Qualifikation im Vordergrund.

4. Auslandsentsendungen sind für die Entsendeten und deren Angehörige mit sehr viel _____ verbunden.

5. Von besonderer Wichtigkeit ist dabei neben der fachlichen Vorbereitung eine _____ Vorbereitung, damit die Entsendeten sich bereits vorher auf die Situation einstellen können.

6. Gründe für das Scheitern von Auslandseinsätzen gibt es jede Menge: _____, mangelhafte Aufgabenerfüllung, private Probleme.

7. Der Erfolg von interkulturellen Trainings hängt sehr von den _____ und ihrer Persönlichkeit ab.

Abschnitt drei

Verbinden Sie die bereits bekannten Schlüsselbegriffe in der linken Spalte mit den passenden Paraphrasen in der rechten Spalte! Welche Aussage auf der linken Seite stimmt mit welcher Aussage auf der rechten Seite überein?

Interkulturelle Kompetenz beginnt mit dem Erwerb von „kognitivem Wissen" über die andere Kultur	Es ist wichtig, in allen Situationen genau zu wissen, worauf man hinarbeiten will und was man erreichen will
Mit „affektiver Kompetenz" ist die Sensibilität für die Zielkultur gemeint	Ausgangspunkt für den richtigen Umgang mit anderen Kulturen ist es, Kenntnisse zu erwerben
Möglichst in jeder Situation das Richtige zu tun, nennt man „Handlungsorientierung"	Man muss nicht immer alles „verstehen wollen", manchmal muss man auch akzeptieren, dass man etwas, was die „anderen" tun, nicht versteht
„Ambiguitätstoleranz" ist die Fähigkeit, auch mit unklaren, zweideutigen Situationen zurechtzukommen	Nicht alle unangenehmen Erlebnisse haben mit der eigenen Person zu tun. Häufig „spielt man nur eine Rolle"
Die Fähigkeit, negative Erfahrungen nicht persönlich zu nehmen nennt man „Rollendistanz"	Eine Form von Kompetenz ist es, aufmerksam in Bezug auf die „andere Kultur" zu sein

3.2 Warum interkulturelles Training – Bedarf und Ziele

Abschnitt vier

Suchen Sie in den unten stehenden Aussagen die unterstrichenen Antonyme zu den folgenden Begriffen und schreiben Sie den Buchstaben der entsprechenden Aussage in die Klammer hinter den folgenden Begriffen!

negative ( )
überindividuellen Eigenheiten ( )
peripher ( )
differenziertes Fachwissen ( )
das Falsche ( )
deutlich zu erkennen ( )

a) Das wichtigste kognitive Trainingsziel ist es, Basiswissen über die andere Kultur zu vermitteln.
b) Kultur, „eigene" wie „andere" ist zum größten Teil „unsichtbar", daher wird in diesem Zusammenhang gerne die Metapher vom Eisberg gebraucht.
c) Will man in einer anderen Kultur erfolgreich handeln, so müssen einem die zentralen Werte dieser Kultur bekannt sein.
d) Eine positive Einstellung gegenüber der Zielkultur ist eines der wichtigsten affektiven Ziele interkultureller Trainings.
e) Das Trainingsziel der Handlungsorientierung wird häufig mit den Worten, *„das Richtige tun"* definiert.
f) Interkulturelle Kompetenz ist eine Kombination von Kenntnissen, Fähigkeiten und persönlichen Eigenschaften.

3.3 Formen interkultureller Trainings

Interkulturelle Trainings lassen sich nach Lerninhalten, Lehrmethoden und Lernzielen einteilen

Interkulturelle Trainings basieren auf der Grundannahme, dass die „eigene Kultur" nichts Angeborenes, sondern etwas Erlerntes ist. Nur aus diesem Grunde kann man auch neue „fremde Kulturen" lernen und trainieren. Interkulturelle Trainings lassen sich nun nach verschiedenen Kriterien einteilen. Allerdings gibt es keine einheitliche Kategorisierung. Allgemein gesagt, lassen sie sich nach ihren Lerninhalten, nach den Lehrmethoden, nach den Lernzielen und nach organisatorischen Kriterien einteilen.

❑ *Klassifikation nach Inhalten*

Kulturspezifische und kultursensibilisierende Trainings

Die inhaltliche Klassifikation unterscheidet zwischen kulturspezifischen und allgemein kultursensibilisierenden Trainings. Kulturspezifisch bedeutet, dass ein Training konkret auf eine bestimmte Ausgangs- bzw. Zielkultur „zugeschnitten" ist. Solche kulturspezifischen Trainings vermitteln konkrete Kenntnisse über Werte, Sachverhalte, Verhaltensregeln und kulturgeschichtliche Zusammenhänge in einer bestimmten Zielregion. Die kultursensibilisierenden Trainings hingegen arbeiten kulturübergreifend und sollen eine allgemeine interkulturelle Verhaltenskompetenz trainieren. Daher wird in diesen Wert darauf gelegt, den Zusammenhang zwischen der eigenen kulturellen Prägung und den Erfahrungen mit anderen Kulturen deutlich zu machen. Beispielsweise werden Selbst- und Fremdbilder, also Vorstellungen über die „anderen" reflektiert. Weiterhin versuchen solche Trainings die Fremdheitserfahrung, das „Fremdheitsgefühl", das häufig während eines Auslandseinsatzes auftritt, vorwegzunehmen. Durch Reflektion, also Nachdenken über diese Erfahrungen sollen schon vor dem Auslandsaufenthalt individuelle Lösungsstrategien entwickelt werden.

❑ *Klassifikation nach Lehrmethoden*

Trainer- und gruppenzentrierte Trainings

Die Einteilung nach den Lehrmethoden stellt trainerzentrierte Ansätze gruppenzentrierten Trainingsformen gegenüber. Die letzteren kann man auch als erfahrungsorientierte Formen bezeichnen. Andere Autoren klassifizieren diese Ansätze als „passiv" (also trainerorientiert) und „aktiv" (erfahrungsorientiert). Die trainerzentrierten Formen sind meistens als Vorträge oder Seminare aufgebaut und vermitteln Kenntnisse. Dabei werden häufig kognitive Methoden wie die Diskussion von Fallbeispielen, Filme oder Culture Assimilator eingesetzt (Vgl. 3.4 *Culture Assimilator*, S. 138ff). Der Culture Assimilator arbeitet mit Fallbeispielen, die typische Konfliktsituationen im Kontakt mit verschiedenen Kulturen darstellen. Diese typischen Situationen nennt man auch *critical incidents*. Zu jedem Fallbeispiel gibt es mehrere Lösungsmöglichkeiten. Aber nur eine davon ist wirklich ganz passend. Das Durcharbeiten dieser gesammelten critical incidents soll die Trainingsteilnehmenden für interkulturelle Unterschiede sensibilisieren und somit zu einer erfolgreicheren Kommunikation zwischen Menschen verschiedener Kulturen beitragen. Am Ende des Unterkapitels findet sich ein Beispiel für den Culture Assimilator.

> Critical incidents sind Fallbeispiele von typischen Konfliktsituationen

Gruppen- oder erfahrungsorientierte Ansätze hingegen versuchen die Emotionalität der Trainingsteilnehmer mit einzubeziehen. Hierbei werden beispielsweise Rollenspiele, Simulationen von interkulturellen Situationen oder Planspiele eingesetzt. Ein Beispiel für eine Simulation ist ein Bafa-Bafa genanntes Training, in dem zwei künstlich konstruierte „Kulturen" in einem mehrstündigen Rollenspiel aufeinander treffen. Die dabei gemachten Erfahrungen werden im Anschluss von den Teilnehmenden diskutiert und reflektiert. Auch können in Planspielen Verhandlungen simuliert werden, indem für die „Verhandlungspartner" konkrete Handlungsvorgaben und Verhandlungsziele vorgegeben werden, von denen diese nicht abrücken dürfen.

> Gruppenorientierte Trainings beziehen die Teilnehmer emotional mit ein

❏ *Klassifikation nach Lernzielen*

Bei der Unterteilung nach den Lernzielen kann man zum einen Trainings nennen, die es zum Ziel haben, den Trainierten Kenntnisse zu vermitteln. Zum anderen gibt es Trainings, welche die Einstellungen und Verhaltensweisen der Trainierten auf lange Frist verändern sollen. Die ersteren nennt man auch kognitive Trainings. Bei den kognitiven Trainings bestehen die Lernziele vor allem im Erlernen von „Fremdkulturwissen", also Wissen über die Kultur des Landes, auf

> Kognitives Ziel: Wissen
>
> Affektives Ziel: Andere Einstellung
>
> Verhaltensorientiertes Ziel: Handlungskompetenz

welches das Training vorbereiten soll. Die Trainings, die auf die Veränderung der Einstellung der Trainierten abzielen, nennt man auch affektiv orientierte Trainings. Dabei sollen Persönlichkeitsmerkmale, wie Empathie, Offenheit und Toleranz entwickelt werden. Die verhaltensorientierten Trainings bauen auf diesen beiden Lernzielen auf. Bei diesen sollen die kognitiv erworbenen Kenntnisse sowie die persönlichen Fähigkeiten kombiniert werden und zu einer interkulturellen Handlungskompetenz ausgebaut werden, also der Fähigkeit, in interkulturellen Problemsituationen richtig zu handeln.

Aufgaben zum Abschnitt *Typen interkultureller Trainings*:

1. Nach welchen Kriterien lassen sich interkulturelle Trainings einteilen?
2. Welche Trainingsformen kann man als „aktiv", welche kann man als „passiv" bezeichnen?
3. Welche Trainingsformen kann man als „kognitiv", welche kann man als „affektiv" orientiert bezeichnen?

❏ Einordnungsmodell für interkulturelle Trainings

Um verschiedene Typen interkultureller Trainings besser einordnen zu können, haben Wissenschaftler versucht, eine Klassifikation interkultureller Trainings mittels zweier Achsen vorzunehmen.

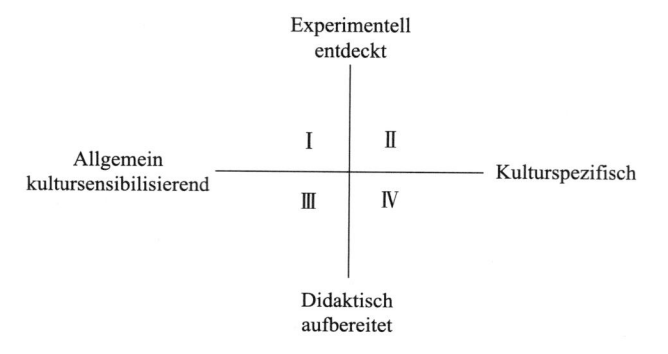

```
                    Experimentell
                       entdeckt
                          │
                      I   │  II
  Allgemein              │              Kulturspezifisch
  kultursensibilisierend ─┼─────────────
                     III   │  IV
                          │
                    Didaktisch
                    aufbereitet
```

Grafik 13: Dimensionen interkultureller Trainings

Quelle: nach Gudykunst/Hammer, 1983, 126

Die waagrechte Achse zeigt die inhaltlichen Kriterien, die senkrechte die methodischen Kriterien. Dabei nimmt auf der waagerechten Achse von links nach rechts das Ausmaß der Kulturspezifität zu. Trainings, die nur wenig auf eine konkrete Zielkultur zugeschnitten sind, stehen also eher auf der linken Seite, Trainings, die auf eine bestimmte Kultur zugeschnitten sind, also auf der rechten Seite. Auf der senkrechten Achse nimmt von oben nach unten das Ausmaß der didaktischen Aufbereitung durch die Lehrenden zu. Trainings, die sehr von der Lehrperson bestimmt werden, sind also weiter unten zu finden, Trainings, in denen die Lernenden viel durch eigene Erfahrungen und durch eigene Reflexion lernen sollen, stehen weiter oben. Aus diesem Modell lassen sich vier Trainingstypen ableiten, die in der Grafik mit Typ I bis Typ IV bezeichnet werden.

Trainings vom Typ I sind vorwiegend kulturübergreifend und erfahrungsorientiert. Es handelt sich überwiegend um Simulationen und Rollenspiele wie „Barnga" und das bereits erwähnte „Bafa-Bafa". Mit solchen Trainings können in Bezug auf die affektiven Lernziele und die Verhaltensorientierung gute Erfolge erzielt werden. Dennoch werden sie von den Entsendeten bzw. den entsendenden Unternehmen am wenigsten akzeptiert, da diese Trainings die konkrete Wirtschaftskommunikation vernachlässigen und der Bezug zur Realität nur schwer zu erkennen ist.

Typ I ist wirksam für die affektive Vorbereitung

Trainings vom Typ II sind eher kulturspezifisch und erfahrungsorientiert. In ihnen werden Gruppen gebildet, die aus Vertretern beider beteiligter Kulturen bestehen. In direkter Interaktion setzen sich die Teilnehmenden mit ihren Vorurteilen, Stereotypen und ihren eigenen für selbstverständlich gehaltenen Verhaltensweisen auseinander. Dies geschieht mittels Planspielen, Bearbeitungen von Fallstudien und so genannten „Sensitivity Trainings". Bei diesen handelt es sich um eine Art gruppendynamischer Trainings, die an interkulturelle Situationen angepasst ist. Die Teilnehmenden lernen unter Anleitung der Lehrenden, sich mit den eigenen Verhaltensweisen und den Verhaltensweisen anderer auseinanderzusetzen. Die Funktion des Lehrenden besteht vor allem darin, zu moderieren und zu organisieren. So kann er vielleicht den Teilnehmenden eines Trainings zuerst eine Trainingsaufgabe stellen und diese dann hinterher mit ihnen zusammen analysieren.

Typ II ist erfahrungsorientiert

Typ III stellt Sachverhalte abstrakt und akademisch dar	Typ III sind kulturübergreifende auf den Trainer ausgerichtete Trainings. Solche Veranstaltungen sind in der freien Wirtschaft selten. Dieser Trainingstyp ist eher an Universitäten in Veranstaltungen zu finden. Beispielsweise in Seminaren zum Thema Kulturanthropologie, kulturvergleichender Psychologie und Interkultureller Kommunikation. Hier werden die Themen und Sachverhalte relativ abstrakt dargestellt. Es handelt sich um stark kognitiv ausgerichtete Trainingsformen.
Typ IV stellt „Sitten und Bräuche" vor	Die häufigste Variante interkultureller Trainings ist der Typ IV. Solche Trainings werden den Entsendeten von den Unternehmen am häufigsten angeboten. Dabei handelt es sich um kulturspezifische auf den Trainer ausgerichtete Trainings. In diesen Trainings werden landeskundliche Informationen und „Sitten und Gebräuche" thematisiert. Solche Veranstaltungen sind immer in Gefahr, durch allzu sehr vereinfachende kulturhistorische Betrachtungsweisen Stereotypen zu fördern, die sie eigentlich beseitigen sollen.

Aufgabe zum Abschnitt *Einordnungsmodell für interkulturelle Trainings*:

1. Versuchen Sie die unten beschriebenen Trainings anhand des obigen Einordnungsmodells zu klassifizieren!

❏ Beispiel 1

„Cultural Awareness" – Interkulturelle Sensibilisierung
Inhalte und Ziele

Das „Cultural Awareness" Training ist ein kulturallgemeines Training. Es bereitet Sie auf die Begegnung mit Menschen aus anderen Kulturen vor, ohne ein bestimmtes Zielland zu fokussieren. Dabei wird besonders das eigene Erleben fremdkultureller Begegnung in den Vordergrund gerückt. Welche Gefühle tauchen auf, wenn der fremdkulturelle Partner offensichtlich völlig andere Verhaltensweisen zeigt und auch erwartet, als man gewohnt ist? In diesem

Training kommen verstärkt interaktive Methoden zum Einsatz. Im Mittelpunkt steht

- das Gefühl der Verunsicherung im Umgang mit fremdkulturellen Partnern,
- die Notwendigkeit der Neu- und Umorientierung,
- die Schwierigkeit, das fremdartige Verhalten zu deuten und verstehen,
- die Herausforderung, in unsicheren Situationen klare Entscheidungen zu treffen,
- der Umgang mit Problemen, die mit der Durchsetzung von Entscheidungen verbunden sind, wenn die „andere Seite" nicht mitspielt, ohne dass man dafür die Gründe kennt.

Zielgruppe
Fach- und Führungskräfte, die in internationalen Teams arbeiten.
Fach- und Führungskräfte, die mit zahlreichen internationalen Geschäftspartnern in Kontakt stehen.
Trainees, die auf interkulturelle Aufgaben vorbereitet werden sollen.

Dauer
Wir bieten „Cultural Awareness" als ein- oder zweitägiges Seminar an.

❏ Beispiel 2

Landeskundliche und interkulturelle Vorbereitung – China
Zielsetzung:
Das Seminar vermittelt wichtige Grundlagen zum Verständnis der chinesischen Kultur und der damit zusammenhängenden Verhaltensmuster.

Zielgruppe:
Das Vorbereitungsseminar richtet sich an Teilnehmer aus Wirtschaftsunternehmen, Institutionen, privaten und staatlichen Organisationen, Austauschstudenten, Praktikanten, mitausreisende Partner etc.

Inhalte:
Die chinesische Sprache
Historische und kulturhistorische Hintergründe
Politischer und wirtschaftlicher Wandel in China
Entscheidungsmechanismen in Deutschland und China
Kulturschock – was ist das? Wie gehe ich damit um? – Wege zur Bewältigung.
Praktische Tipps zum Leben in China.

❏ Durchführung:

Seminarvorträge, Workshops, Diskussionen und Erfahrungsberichte.

❏ Kleiner Exkurs – Vorsicht bei zu einfachen Erklärungen

Wie weit eine solche Reduktion komplizierter historischer und/oder sozialer Sachverhalte gehen kann, zeigt der unten stehende Text, der von einer Homepage stammt, die interkulturelles Management zum Thema hat. Durch solche „historischen" Erklärungen werden Vorurteile nicht wirklich erklärt, sondern vielmehr verfestigt. Der Text ist demnach für interkulturelle Trainings überhaupt nicht geeignet.

> Die Geschichte eines Landes prägt ebenso das Verhalten der Menschen.
>
> **Deutsche** entwickelten durch ihre Geschichte vieler kleiner Staaten und Fürstentümer einen Hang zum **sachbezogenen** und logisch nachvollziehbaren Austausch von Informationen. Pünktlichkeit und Gründlichkeit waren für das Funktionieren der Wirtschaft in den **Kleinstaaten** unabdingbar.
>
> **Franzosen** in ihrem **zentralistisch regierten** Land hingegen sind **hierarchiegeprägt.** So wie die Eisenbahnen über Paris fahren müssen, um von Westen nach Osten zu gelangen, sind Entscheidungsstrukturen ebenfalls hierarchisch geprägt. Der Generaldirektor ist die anerkannte Führungspersönlichkeit, die ihre Entscheidungen alleine trifft.

3.3 Formen interkultureller Trainings

> **Briten** sind wiederum in ihrem Land als „cradle of democracy" [Wiege der Demokratie] demokratisch, bzw. **teamorientiert**. Die gemeinsame Erziehung in Internaten prägt. [Hervorhebungen im Original][1]

Schauen wir uns einmal die Erklärung an, warum die Deutschen so „sachlich" sind. Angeblich sind die deutschen Kleinstaaten, die bis ins 19. Jahrhundert existiert haben, die Ursache für dieses Phänomen. Nur durch eine sachliche Kommunikation sei die Wirtschaft in der Lage gewesen, zu funktionieren. Zum ersten ist nicht erkennbar, welchen logischen Zusammenhang die genannten Argumente haben, zum anderen gibt es auch in Ländern, die zentral und nicht kleinstaatlerisch organisiert waren sehr sachlich orientierte Denkweisen. So etwa in Großbritannien oder den USA, damit ist das Argument gänzlich hinfällig.

Was die Eigenschaften der Franzosen bzw. der Briten betrifft, so werden hier diese im Grunde mit sich selbst erklärt. Reduziert man die Argumentation bezüglich der Briten auf ihren Kerngehalt so lautet sie: Die Briten sind demokratisch, weil sie Demokraten sind. Außerdem seien sie teamorientiert, weil sie in Internaten aufwüchsen. Das sind wissenschaftlich völlig unzulässige Verallgemeinerungen. Beispielsweise sind längst nicht alle Briten während ihrer Schulzeit in Internaten untergebracht. Bezüglich der Franzosen könnte man mit gleicher Berechtigung sagen, dass sich in Frankreich zentralistische Strukturen entwickelt haben, weil die Franzosen hierarchiegeprägt seien. Die Umkehrung dieses Arguments funktioniert also genauso gut, erklärt aber auch genauso wenig.

❑ Organisatorische Kriterien – Zeitpunkt

Interkulturelles Training kann vor, während und nach dem Auslandseinsatz erfolgen. Vorbereitende Trainings sollen den Entsendeten möglichst viele berufliche und private Schwierigkeiten ersparen. Ohne entmutigend zu wirken, sollen solche Trainings ein Bewusstsein dafür schaffen, dass während des Auslandseinsatzes wahrscheinlich Schwierigkeiten entstehen werden. Sie sollen Problem-

Interkulturelle Trainings sind vor, während und nach dem Auslandseinsatz sinnvoll

---
[1] http://www.4managers.de/01-Themen/..%5C10-Inhalte%5Casp%5Cinterkulturellesmanagement.asp?hm=1&um=I aufgerufen am 11.4.2004.

und Konfliktpotenziale zukünftiger Situationen aufzeigen und praktische Strategien zur Verfügung stellen, mit denen diese Situationen bewältigt werden können.

Auch während der Auslandsentsendung sind interkulturelle Trainings sinnvoll. Mit ihnen kann der interkulturelle Lernprozess im Zielland unterstützt werden. Da die interkulturellen Probleme erst an Ort und Stelle und sehr spontan auftreten, das heißt situativ geprägt sind, kann man gar nicht alle möglichen Problemquellen vorhersehen. Daher ist es auch nicht möglich, die Entsendeten bereits vor dem Auslandsaufenthalt auf diese Situationen vorzubereiten. So ist es sehr sinnvoll, durch ein begleitendes Training vor Ort dabei zu helfen, konkrete Konflikte zu bewältigen und zum Ausgangspunkt eines Lernprozesses zu machen. Diese realen Probleme sind für die Trainingsteilnehmer ohnehin eine viel stärkere Motivation, sich lernend mit interkulturellen Schwierigkeiten auseinanderzusetzen. Studien haben ergeben, dass die vorzeitige Rückkehrquote bei Unternehmen, die begleitende Trainings anbieten, weitaus geringer sind, als bei solchen, die dies nicht tun.

> Man kann nicht alle Probleme vorhersehen: Daher ist begleitendes Training sinnvoll

Die Wissenschaftler sind sich weitgehend einig darüber, dass es nicht genügt, die Entsendeten vor und während ihres Auslandsaufenthaltes zu betreuen. Auch nach der Rückkehr in die „eigene Kultur" kommt es häufig zu Problemen und Eingewöhnungsschwierigkeiten. Diesen zu begegnen ist die Aufgabe von Trainings nach der Rückkehr. Häufig wenden die Rückkehrer auch bald der eigenen Firma den Rücken zu oder gehen sogar wieder ins Ausland, da sie ihre dort erworbene Kompetenz missachtet sehen.

Aufgaben zum Abschnitt *Organisatorische Kriterien – Zeitpunkt*:

1. Zu welchem Zeitpunkt sind interkulturelle Trainings bei einer Auslandsentsendung sinnvoll? Begründen Sie Ihre Aussage!

2. Befragen Sie nach einem längerem Auslandsaufenthalt zurückgekehrte Personen, z. B. Lehrende, nach ihren Erfahrungen mit dem Zurückkommen und fassen Sie die Ergebnisse in einem kurzen Referat zusammen! Beachten Sie dabei die „10 Tipps für ein gelungenes Referat" am Ende von Abschnitt 1.1!

❏ Weitere Formen der Behandlung interkultureller Probleme

Neben den „klassischen" interkulturellen Trainings gibt es noch weitere Maßnahmen, die Konflikten im interkulturellen Management vorbeugen sollen bzw. Konflikte lösen sollen, wenn sie dennoch entstehen. Die Wissenschaft unterscheidet: Consulting, Coaching und Mediation. Das englische Wort *consulting* wird mit Unternehmensberatung übersetzt. Consulting ist eine Dienstleistung, bei der Experten Problemlösungen in den verschiedensten Aufgabenbereichen anbieten. Beim interkulturellen Consulting können beispielsweise Rückkehrer von Auslandseinsätzen Beratungsaufgaben in der eigenen Firma übernehmen. So können sie dabei beraten, wenn es darum geht, wichtige Positionen im Ausland zu besetzen oder internationale Teams zu bilden. Consulting findet in der Regel *inhouse*, also im eigenen Unternehmen, und *on-the-job,* das heißt bei der Arbeit, statt.

Weitere Trainingsformen: Consulting, Coaching und Mediation

Beim Coaching (*coach* engl. *Trainer*) beobachtet der Coach reale Handlungen und Interaktionen in interkulturellen Teams und analysiert die Schwachpunkte. So kann es dabei um verdeckte Konflikte zwischen den Teammitgliedern gehen, welche die Zusammenarbeit behindern. Auf der Basis dieser Beobachtungen entwickelt er in Zusammenarbeit mit den Teammitgliedern Pläne, wie effizienter zusammengearbeitet werden kann. Man kann den interkulturellen Coach mit einem Fußballtrainer vergleichen, der die Stärken und Schwächen seiner Spieler und der gesamten Mannschaft beobachtet und analysiert und auf diese Beobachtungen seine Taktiken aufbaut.

Ein Coach arbeitet wie ein Fußballtrainer

Der Begriff der Mediation stammt aus dem Bereich der Psychologie. Es

> Mediation ist ursprünglich eine psychologische Methode der konfliktlösung

handelt sich um eine Kommunikationsmethode innerhalb der psychologischen Beratung mit dem Schwerpunkt Konfliktlösung. Der Vermittler wird auch Mediator genannt. Er bemüht sich, die im Streit liegenden Parteien dabei zu unterstützen, ihren Streit durch eine Kompromissfindung zu überwinden und somit eine Kommunikation zwischen ihnen in Zukunft wieder möglich zu machen. Übertragen auf den interkulturellen Kontext bedeutet dies, eine spezielle Art der Konfliktvermittlung, da sie sich auf die kulturelle Herkunft der einzelnen Teammitglieder bezieht. Ein Mediator tritt im Gegensatz zu einem Coach erst dann in Aktion, wenn in einem interkulturellen Team Konflikte offen ausbrechen. Er versucht, die kulturellen Ursachen für den Konflikt zu bestimmen und zwischen den Konfliktpartnern zu vermitteln. Diese Maßnahmen finden *on-the-job* und *inhouse* statt.

Einen kurzen Überblick über die verschiedenen Möglichkeiten und Maßnahmen zum Umgang mit interkulturellen Problemen gibt die folgende Tabelle:

Tabelle 5: Überblick über die Möglichkeiten der Behandlung interkulturelle Probleme

Maßnahmen off-the job	Maßnahmen on-the job
Interkulturelle Trainings Konventionelle kognitive und sensitive Trainings *Interkulturelle Planspiele* Berufsfeldbezogene Planspiele, in denen interkulturelle on-the-job-Situationen simuliert werden	*Interkulturelle Mediation* Mittlertätigkeit bei offenen und verdeckten Konflikten in multikulturellen Teams
Interkulturelles Consulting Interkulturelle Beratung des Personalmanagements bei Fragen der Besetzung internationaler Teams sowie bei Entsendungs- und Reintegrationsprozessen	*Interkulturelles Coaching* Betreuung und Supervision multikultureller Teams mit dem Ziel, eigenes kulturspezifisches Handeln bewusst zu machen, zu thematisieren und Synergiepotentiale als Zielvorgaben zu formulieren

Quelle: Bolten 2001

Aufgabe zum Abschnitt *Weitere Formen der Behandlung interkultureller Probleme:*

1. Beschreiben Sie die oben stehende Tabelle. Verwenden Sie dazu folgende Redemittel:

   Die Tabelle mit dem Titel … beschreibt …
   Dabei unterscheiden wir zwei Bereiche …
   Im ersten Bereich, …, kann man zwischen …, …, und … sowie … unterscheiden.
   Bei … handelt es sich um …
   Bei hingegen … handelt es sich um …
   Zusammenfassend kann man sagen, dass es …

Wiederholungstest

Richtig oder falsch? Kreuzen Sie an und begründen Sie Ihre Entscheidung! Diskutieren Sie ihre Begründungen in der Gruppe!

1. Interkulturelle Trainings lassen sich nach Lerninhalten, Lehrmethoden und Lernzielen einteilen.

☐ richtig ☐ falsch

2. Es gibt außerdem die Unterscheidung in kulturspezifische und kultursensibilisierende Trainings.

☐ richtig ☐ falsch

3. Eine weitere Aufteilungsmöglichkeit ist die Aufteilung in trainer- und personenorientierte Trainings.

☐ richtig ☐ falsch

4. Critical incidents sind heftige Äußerungen von Ärger und Kritik in Konfliktsituationen.

☐ richtig ☐ falsch

5. Gruppenorientierte Trainings beziehen auch die Emotionen der Teilnehmer mit ein.

☐ richtig ☐ falsch

6. Es gibt drei große Ziele von interkulturellen Trainings: Kognitive Ziele, verhaltensorientierte Ziele und psychologische Ziele.

☐ richtig ☐ falsch

7. Interkulturelle Trainings sind nur vor der Entsendung ins Ausland sinnvoll, danach ist es zu spät.

☐ richtig ☐ falsch

8. Andere Formen interkultureller Trainings sind: Consulting, Coaching und Mediation.

☐ richtig   ☐ falsch

9. Ein Coach arbeitet ein bisschen wie ein Fußballtrainer. Er muss die Leistungen und die Zusammenarbeit der einzelnen und der Gruppe beurteilen und lenken.

☐ richtig   ☐ falsch

10. Mediation ist ursprünglich eine Methode aus der Diplomatie, um Konflikte zu entschärfen.

☐ richtig   ☐ falsch

3.4 Der Culture Assimilator

als ein Beispiel für eine Form des interkulturellen Trainings

Ein Culture Assimilator erklärt die Zielkultur

Problem: zu starke Vereinfachung

Auf Grund seiner leichten Durchführbarkeit ist der Culture Assimilator bei Führungskräften in der Wirtschaft sehr beliebt. Er zählt zu den *kulturspezifisch-informatorischen Trainingsformen*. Die Stärke dieses Trainingskonzeptes liegt vor allem in seiner Fähigkeit, Besonderheiten einer anderen Kultur nicht nur zu beschreiben, sondern auch zu erklären. Damit wird ein tief gehenderes Verständnis der anderen Kultur ermöglicht. Allerdings besteht durch eine allzu sehr vereinfachende und verallgemeinernde Darstellung und Erklärung von kulturellen Besonderheiten die Gefahr, die Interaktion in und mit der anderen Kultur lediglich auf Faustregeln und Patentrezepte zu reduzieren. Dies wird der Unvorhersehbarkeit und Vielfalt von interkulturellen Kontaktsituationen nicht gerecht und birgt stets die Gefahr der Bildung bzw. der Verstärkung von Stereotypen. Im Folgenden ist ein solcher Culture Assimilator beispielhaft wiedergegeben.

Arbeitshinweis: Bei der Bearbeitung des nachfolgenden Culture Assimilators ist zunächst das Fallbeispiel durchzulesen. Unter „Warum?" werden dem Leser vier Möglichkeiten zur Erklärung der geschilderten Situation angeboten, aus der die passendste ausgewählt werden soll. Ob man die richtige gewählt hat, lässt sich im Abschnitt „Antworten" nachprüfen. Man kann dann dort zu dem gewählten „Warum?" die entsprechende Auflösung finden. Die Nummerierung hilft bei der Orientierung. Dabei wird zu jeder Antwortmöglichkeit erläutert, ob sie passt (oder auch nicht) und warum. So lässt sich im Selbststudium überprüfen, ob man die richtige Einschätzung gegeben hat oder nicht.

3.4 Der Culture Assimilator

> **Aufgabe zum Abschnitt** *Der Culture Assimilator als ein Beispiel für ein interkulturelles Training*:
>
> 1. Bearbeiten Sie den unten stehenden Culture Assimilator in Einzelarbeit. Besprechen Sie danach Ihre Eindrücke im Plenum! Welche Probleme sehen Sie bei einer solchen Trainingsform?

❏ Culture Assimilator – Eine Entscheidung überdenken

Grafik 14: Eine unverstandene Ablehnung   Quelle: eigene Abbildung

Lerouge ist ein französischer Ingenieur, der für eine japanische Firma in Frankreich arbeitet. Eines Tages lässt Tanaka, der Geschäftsführer des Unternehmens, Lerouge in sein Büro kommen, um ein neues Projekt im Mittleren Osten zu besprechen. Tanaka teilt ihm mit, dass das Unternehmen sehr zufrieden mit seiner Arbeit ist und ihn gerne als Chefingenieur für dieses neue Vorhaben sehen würde. Er müsste zwei oder drei Jahre seine Heimat verlassen, aber seine

Familie könnte ihn begleiten und er hätte angemessene finanzielle Vorteile in der neuen Position. Außerdem würde er natürlich seiner Firma einen wertvollen Dienst erweisen. Lerouge dankt Tanaka für sein Vertrauen in ihn, aber er sagt, er müsse dies zunächst mit seiner Frau besprechen, ehe er eine Entscheidung treffen könne. Zwei Tage später kommt er zurück und teilt Tanaka mit, dass weder seine Frau noch er Frankreich verlassen wollen und er daher das Angebot nicht annehmen könne. Tanaka sagt nichts, ist aber auch erstaunt, ja fast sprachlos angesichts dieser Entscheidung.

❑ Warum?

1. Er denkt, es sei dumm von Lerouge, all die finanziellen Vorteile der neuen Stellung abzulehnen.
2. Er kann nicht verstehen, dass Lerouge die Meinung seiner Frau auch nur in Betracht zieht.
3. Er glaubt, Lerouge versucht vermutlich zu bluffen, um ein besseres Angebot auszuhandeln.
4. Er hält es für unangebracht, dass Lerouge seine persönlichen Belange über seine Pflichten als Beschäftigter des Unternehmens stellt.

❑ Antworten:

1. Es gibt wenig Anhaltspunkte dafür in der Geschichte. Obwohl die finanziellen Vorteile wichtig sind, stehen sie für Tanaka in dieser Situation wahrscheinlich nicht im Zentrum seiner Überlegungen.
2. Es ist ziemlich wahrscheinlich, dass Tanaka, der aus Japan, einer Gesellschaft mit deutlich männlicher Dominanz, stammt, es für eigenartig hält, dass Lerouge die Meinung seiner Frau in Erwägung zieht. Die Entscheidung, nicht in den Mittleren Osten zu gehen, scheint jedoch Lerouges persönlicher Neigung zu entsprechen, so dass damit Tanakas Befremden nur teilweise erklärt werden kann.
3. Es ist unwahrscheinlich, dass Tanaka dies in Betracht zieht.
4. Das ist die passendste Erklärung. In Japan wie auch in vielen anderen kollektiven Gesellschaften wird eine Person viel mehr über eine Reihe von

Rollen (Eltern, Angestellter, Bediensteter...) definiert als über ihre persönliche Identität. Daher wird es als wichtiger erachtet, den Anforderungen dieser Rollen zu entsprechen, als seinen persönlichen Neigungen nachzugehen. Folglich würde Tanaka es als Teil der Verantwortung Lerouges seinem Unternehmen gegenüber verstehen, die Stelle anzunehmen, egal ob er persönlich darüber glücklich ist. Lerouges Weigerung ist deshalb befremdend und lässt Tanaka denken, dass sein Glaube an Lerouge vollkommen deplatziert war. Lerouge kommt dagegen aus einer Gesellschaft, in der individuelle Freiheiten einen hohen Wert darstellen und so seine Weigerung auf keinerlei Verwunderung stoßen würde. Der interkulturelle Konflikt liegt also in dem verschiedenen Gewicht, das dem Rollenverhalten einer Person in der jeweiligen Kultur zugemessen wird.[1]

Zusammenfassende Anwendungsaufgabe
Planung einer Auslandsentsendung

Eine chinesische Firma will eine Handelsvertretung für kunsthandwerkliche Objekte (z. B. Modelle der Terracotta-Armee, tibetische Möbel etc.) in Deutschland aufbauen. Sie sind in der Personalabteilung für die Auswahl und kulturelle Vorbereitung der Entsendeten zuständig. Welche Maßnahmen schlagen Sie vor und wie begründen Sie diese gegenüber der Firmenleitung? Geben Sie eine kurze Darstellung der für eine Auslandsentsendung bedeutsamen Faktoren. Bearbeiten Sie diese Fragestellung in Kleingruppen! Stellen Sie dar, welche negativen oder positiven Einflüsse diese auf eine Auslandsentsendung haben können und welche Schlussfolgerungen daraus hervorgehen!

Richten Sie sich für die Planung nach den Vorgaben dieses Kapitels. Wichtige Stichworte sind dabei:

a) Welche Ziele hat die Vorbereitung?
- Kognitive Trainingsziele
- Affektive Trainingsziele

---

[1] Dieses Beispiel stammt aus: http://www.andreas.de/ca/index.html aufgerufen am 10.04.2004.

- Handlungsorientierte Trainingsziele

b) Welche Maßnahmen bzw. welche Trainingsformen kommen dafür in Frage? Ziehen Sie dabei alle Möglichkeiten in Betracht und suchen Sie die aus, die Ihnen am geeignetesten erscheinen. Dabei können Sie sich an der Tabelle: *Überblick über die Möglichkeiten der Behandlung interkulturelle Probleme* orientieren.

Stellen Sie im Anschluss Ihre Ergebnisse gruppenweise in einer kurzen Präsentation der Großgruppe vor, die dabei als Firmenleitung agiert und daher kritische Fragen stellt.

4. Delegationen, Dolmetschen und Übersetzen, Empfänge, Verhandlungen

4.0 跨文化的谈判

4.1 Delegationen

4.2 Dolmetschen und Übersetzen

4.3 Empfänge

4.4 Verhandlungen

4.0 跨文化的谈判

❑ 简介：

这一章转向实践应用领域，编者通过商业谈判剖析中德商业文化差异，提供一些切实可行的解决跨文化交际问题的建议。

本章有四小节。第一节首先讲解什么是"商业行为规范"，接着就中德企业商务谈判的组团情况展开跨文化问题的讨论。德方代表团通常人数很少，在人数略多的情形下总有一人负责到底。情况证明，其成员不仅应具备专业知识、与中国人交往的经验，还要具有相当好的体力和精力去应对社会交际。中方代表团往往人数过多，并且不固定，因此谈判目的会变得模糊不清，尤其让对方费解的是中方代表团的领导文化，其权力等级、长幼排序原则以及"面子"问题等都会让对方不解和产生误解，有时甚至导致谈判受挫或失败。

第二节阐述翻译工作在谈判过程中的重要性。翻译不纯粹是指语言能力、翻译技巧（例如必须能够把表达含蓄、模糊的事情非常清楚、明确地翻译出来，能领会字里行间所隐藏的深层含义），更重要的是指跨文化的交际能力和对异文化的敏感性。目前在中国高素质的翻译人员还很少。一个好的翻译不但应对谈判主题、双方观点有明确的理解和认识，了解东西方人之间的差异，还要能调节谈判场上的气氛，使谈判友好且顺利地进行，因此一个翻译还应是文化的中介。另一方面，谈判者也应尽量顾及到翻译工作，如放慢语速，尽量避免用生僻的词语、笑话等，以免造成不必要的误解。在本节的最后通过一个例子向读者介绍翻译中常见的误区。

第三节讲述代表团的接待工作。由于中德双方代表团对接待的期待不同，所以本节着重介绍在接待工作中应注意的一些事项。中国人的接待一般隆重得超过德国人的预期，让他们常常不解其意、疲于应付，感觉私人业余时间被侵占过多，因为他们更习惯将公事和私事分开。反之，中方代表团会觉得在德国受到对方的怠慢。在接待中方代表团时，德国人应注意很多中国人常重视的"小细节"，如给中方代表团在德国的旅行安排好业余活动、实行分级别待遇以及在安排餐桌座位时要考虑到他们的"面子"等。

因为人们在接触外国文化时很难脱离根深蒂固的本国文化，所以第四节介绍谈判过程中应注意的具体问题。在这里引入了"换位思想"的概念，即站在对方的角度看待自己及谈判中的文化问题。目前在西方对中国人的谈判策略有两种看似矛盾的观点：一是信任在与中方建立商业关系时非常重要，因而谈判耗时较长，所以耐心是与之谈判必不可少的前提；二是中国人有时却又无所顾忌，既不顾及对方也不遵守国际上通用的谈判惯例，只为尽快取得谈判结果。这是为什么呢？尽管建立长期互利的商业合作是中国人经商的重要思想，但有时牵扯到个人意愿或认为有机可乘时，情况就会发生变化。中国人常常认为，商业上的承诺与某某个人有关，因而期望与谈判代表搞好个人关系来促成谈判，这与论事不论人的西方人的办事原则相左，由此不仅会产生许多误解，而且影响中方的声誉。另一个常被忽视却值得注意的问题，是在书写文件时反映出的文化与语言习惯的不同，不仅年代、姓名、地址等的顺序在中文中与德文正好相反，都是由大到小，而且在文件的内容方面，也是由大至小、由一般到具体。中国人习惯在谈判时先寒暄，接着泛泛而谈，然后才进入具体话题，给德国人留下说话兜圈子和文不对题的不好印象；而中国人却感觉德国人办事过于直截了当，一点不考虑谈判的良好气氛。

读者在本章应主要掌握以下内容：
1. 中德代表团组成各有什么特点？
2. 翻译在谈判中的任务是什么？
3. 作为一个合格的翻译应具备什么样的素质？
4. 中德谈判时，接待工作容易出现的问题？
5. 西方人对与中国人的谈判持何种看法？
6. 中国人与德国人在撰写文件上有何不同？

读者在本章应掌握以下主要概念：
- 商业行为规范（Business-Knigge）
- 换位思想（Fremdstellung）
- 文化中介（Kulturmittlung）

4.1 Delegationen

Sei nicht ungeduldig, wenn man deine Argumente nicht gelten lässt.

*Johann Wolfgang von Goethe (1749–1832),
deutscher Dichter der Klassik, Naturwissenschaftler und Staatsmann*

Vulgär ist immer das Benehmen anderer.

*Oscar Wilde (1854–1900),
eigentlich Oscar Fingal O'Flahertie Wills,
irischer Lyriker, Dramatiker und Bühnenautor*

❑ Zusammenstellung von Delegationen

Ein Großteil dieses Buches befasst sich eher theoretisch mit interkultureller Kommunikation. Natürlich ist es zur Einführung neuer Sachverhalte, gerade bei solch komplexen und abstrakten Begriffen wie Kultur, Kommunikation und IKK unumgänglich, einige Begriffe „zu wälzen", d. h. zu theoretisieren. Denn das Wälzen von Begriffen ist notwendig, um in der Praxis auf Basis der Theorie einen ausreichenden Überblick und Handlungskompetenz zu entwickeln. Um nun aber auch die Praxis nicht zu vernachlässigen, besteht das folgende Kapitel aus von konkreten Erfahrungen abgeleiteten Handlungsanweisungen und sofort umsetzbaren Vorschlägen. Es handelt sich also um eine Art von interkulturellem Business-„Knigge" mit praktisch verwertbaren Tipps (zum Begriff „Knigge" siehe untenstehenden Kasten).

> **Was bedeutet „Knigge"?**
>
> Adolph Franz Friedrich Ludwig Freiherr von Knigge (geboren am 16. Oktober 1752 bei Hannover; gestorben am 6. Mai 1796 in Bremen). Er studierte von 1769–72 Jura in Göttingen. 1788 erschien die erste Ausgabe seines wohl bekanntesten Werkes „Über den Umgang mit Menschen". Eigentlich, so

> war Knigges Idee, sollte es eine Aufklärungsbroschüre für die gehobenen Gesellschaftsschichten darstellen. Es wurde allerdings als Benimmbuch missverstanden. Heute wird das Wort „Knigge" in Zusammensetzung mit verschiedensten Wörtern synonym für eine Art von Verhaltenskatalog gebraucht, z. B. Business-Knigge, Handwerker-Knigge, Kinder-Knigge, usw.

Die Perspektive ist dabei die Perspektive westlicher China-Reisender. Im Umkehrschluss kann diese auch genutzt werden, um westliche Denkweisen und Handlungsmuster aus asiatischer Sicht zu analysieren und zu verstehen. Weiterhin könnte man dieses Kapitel auch als Versuch ansehen, die chinesische Geschäftskultur aus deutscher Sicht zu betrachten, um aus diesem Perspektivenwechsel neue Einblicke zu gewinnen.

❏ **Die deutsche Seite**

Reist eine deutsche Delegation nach China, so wird sie meistens in der Minderzahl sein. Allgemein sind die Gruppen recht klein (ein oder zwei Personen) und die Delegationszusammensetzung spielt daher keine große Rolle; wenn doch, dann sollte es in größeren Verhandlungsteams nur *einen* verantwortlichen Verhandlungsleiter geben. Dies ist aus chinesischer Sicht notwendig, um ein langfristiges Vertrauensverhältnis und darauf aufbauend dauerhafte Geschäftsbeziehungen zu etablieren. Damit dem chinesischen Hierarchiedenken (vgl. 2.1 *Werte*, S. 48ff) Rechnung getragen wird sowie im Sinne einer vereinfachten Kommunikation sollte eine klare Rangordnung festgelegt werden. Um Fragen und Probleme von chinesischer Seite aus angemessen zu begegnen, sollte unabhängig von der Hierarchie ein Delegationssprecher bestimmt werden, der kontinuierlich allen Verhandlungsrunden beiwohnt und auf keinen Fall wechseln darf. Der Delegationssprecher begegnet Fragen von chinesischer Seite und darf verbindlich Aussagen für seine Delegation treffen.

Deutsche Delegationen sind aus Kostengründen meist relativ klein

Ein verantwortlicher Ansprechpartner sorgt für mehr Vertrauen auf der Seite der Chinesen

Die Mitglieder einer Delegation sollten fachlich und sozial qualifiziert sein, daneben auch noch Chinaerfahrung haben und physisch und psychisch belastbar

Delegationsmitglieder sollten sowohl fachlich als auch sozial qualifiziert sein

sein. Diese letzten zwei Punkte sind nicht zu unterschätzen, da zu den Anstrengungen einer Geschäftsreise (physische und psychische Belastungen durch Zeitumstellung) und veränderten Klimabedingungen sich auch noch weitere ungewohnte Notwendigkeiten ergeben. Zum Beispiel wird in China von den deutschen Gästen erwartet, dass sie auf Banketten viel essen und trinken. Neben einer dazu geeigneten körperlichen Konstitution ist auch darauf zu achten, dass sie in der Firmenhierarchie hoch genug stehen, um in der Verhandlung ausreichende Entscheidungskompetenz zu haben, sodass nicht unentwegt mit dem Stammhaus Rücksprache gehalten werden muss. Letzteres mag für Chinesen selbstverständlich sein, für Deutsche ist es aber nicht unüblich, einen Vertreter zu Verhandlungen zu schicken (Verhandlungsvertreter).

Körperliche Belastbarkeit – eine wichtige Voraussetzung, um in China zu verhandeln

Aufgabe zum Abschnitt *Die deutsche Seite*:

1. Sind die folgenden Aussagen korrekt, nicht korrekt oder wird dazu im Text gar nichts gesagt? Was muss, wenn die Aussagen nicht zutreffen, geändert werden, damit sie richtig sind? Vergleichen Sie die Ergebnisse in der Gruppe!

   a) Es ist typisch für die Deutschen, große Verhandlungsdelegationen zu senden, um möglichst viele Fachkräfte in den Verhandlungsprozess einbinden zu können.
      ( ) richtig   ( ) falsch   ( ) wird im Text nicht gesagt

   b) Deutsche legen Wert darauf, einen Verhandlungsleiter zu bestimmen, dessen Rolle nie wechselt.
      ( ) richtig   ( ) falsch   ( ) wird im Text nicht gesagt

   c) Für Deutsche spielt im Team die Hierarchie keine große Rolle.
      ( ) richtig   ( ) falsch   ( ) wird im Text nicht gesagt

4.1 Delegationen

d) Die chinesische Seite betrachtet häufige Rückfragen des deutschen Verhandlungspartners in die eigene Firma als ein Zeichen von geringem Rang und nimmt diesen daher nicht wichtig.
( ) richtig   ( ) falsch   ( ) wird im Text nicht gesagt

e) Die Delegationssprecher der deutschen Seite sollten je nach dem behandelten Verhandlungsthema ausgewählt werden, damit der chinesischen Seite stets ein kompetenter Ansprechpartner zur Verfügung steht.
( ) richtig   ( ) falsch   ( ) wird im Text nicht gesagt

❑ **Die chinesische Seite**

Hier gestaltet sich eine eindeutige Beschreibung etwas schwieriger. Allgemein werden chinesische Delegationen wohl in der Überzahl sein. Dabei ist es in China durchaus üblich, dass sich die Zusammensetzung einer Delegation bisweilen ändert. Dies dient aus Sicht der Chinesen vor allem dazu, möglichst viele Kontakte zu möglichst vielen Gesprächspartnern aufzubauen. Dabei wird es auch notwendig, dass bereits besprochene Themen wiederholt aufgegriffen werden müssen. Zum einen ergibt sich die Notwendigkeit dazu aus dem Personenwechsel, zum anderen sollen damit den Verhandlungspartnern möglichst viele Informationen entlockt und bereits Besprochenes noch einmal abgesichert werden. Bezüglich der Rangordnung finden sich „Westler" dadurch oft in der Situation „im Dunkeln zu tappen", denn die Hierarchie ist für Außenstehende nur sehr schwer ersichtlich.

Chinesische Delegationen verhandeln mit wechselnden Ansprechpartnern

Themen müssen manchmal mehrfach durchgesprochen werden

Kleine Hinweise können sich etwa aus der Sitzordnung ergeben, denn meist sitzt der offizielle Leiter (offiziell hat hier nichts mit Staatswesen zu tun, sondern bedeutet denjenigen, der die Delegation nach außen hin vertritt) einer Delegation in der Mitte eines langen Tisches. Darüber hinaus besteht aber durchaus die Möglichkeit, dass sich noch andere, vielleicht sogar höher Gestellte

Die Hierarchie lässt sich möglicherweise aus der Sitzordnung ablesen

im Raum aufhalten. Diese greifen dann typischerweise nicht aktiv ins Verhandlungsgeschehen ein, steuern die Verhandlungen aber aus dem Hintergrund. Der Aufbau einer Hierarchie folgt in China weit gehend dem so genannten Senioritätsprinzip, d. h. der Ältere hat Vorrang. So überlassen die Älteren den Jüngeren die Führung der Gespräche nur scheinbar. Dies hat zum einen den Zweck, den Jüngeren Gelegenheit zu geben, sich zu qualifizieren und ihr Können unter Beweis zu stellen. Für den westlichen Verhandlungsteilnehmer lassen sich aus dem Verhalten der Jüngeren gegenüber den Älteren unter Umständen Hinweise auf die Hierarchie erschließen. Zum anderen ist es angesichts eines möglichen Gesichtsverlustes durch ein Scheitern der Verhandlungen von hierarchisch höher Gestellten bewusst arrangiert, nicht direkt an den Verhandlungen beteiligt zu sein. Auch ist der inoffizielle Leiter einer Delegation oft fachlich nicht ausreichend qualifiziert.

Hierarchie folgt in China meistens dem Senioritätsprinzip

Der oben bereits angesprochene Personalwechsel und augenscheinlich unzusammenhängende unterschiedlich Interessen einzelner Delegationsmitglieder (beste Technik, bester Service, beste Kosten, etc.) vermitteln dem westlichen Gesprächspartner oft einen Eindruck von Inkompetenz. Allerdings ist es gefährlich, die chinesische Seite zu unterschätzen, da dieser Eindruck täuscht. Da ranghöhere Vertreter keineswegs die qualifiziertesten einer Delegation sind, laufen westliche Verhandlungsführer oft Gefahr, sich einseitig mit den besser Qualifizierten zu beschäftigen, da die Kommunikation leichter und das Vertrauen größer ist. Dies ist deswegen problematisch, weil Manager sich dann rein aus Gründen des „Gesichts" gegen Entscheidungen und Empfehlungen der Techniker stellen, da dadurch die Hierarchie untergraben würde. Einer so (unbewusst) herbeigeführten Spaltung der chinesischen Delegation ist unbedingt vorzubeugen, da sie im schlimmsten Fall zu einem Abbruch der Gespräche führen kann. In jeder Situation ist es für Westler daher dringend angeraten, dafür zu sorgen, dass alle Beteiligten ihr Gesicht wahren können.

Häufiger Wechsel und widersprüchliche Interessen einzelner Mitglieder erwecken den falschen Anschein von Inkompetenz

Die Deutschen sollten die Hierarchie der Chinesen auch bei offenbar mangelnden Kompetenzen nicht missachten

Aufgabe zum Abschnitt *Die chinesische Seite*:

1. Sind die folgenden Aussagen korrekt, nicht korrekt oder wird dazu im Text gar nichts gesagt? Was muss, wenn die Aussagen nicht zutreffen, geändert werden, damit sie richtig sind? Vergleichen Sie die Ergebnisse in der Gruppe!

   a) Die chinesische Delegation besteht aus vielen Mitgliedern, um möglichst viele fachliche Fragen sofort zu behandeln, da dies oberste Priorität hat.
   ( ) richtig   ( ) falsch   ( ) wird im Text nicht gesagt

   b) Die Sitzordnung ergibt keinerlei Hinweise auf die Hierarchie innerhalb der Delegationen.
   ( ) richtig   ( ) falsch   ( ) wird im Text nicht gesagt

   c) Die wichtigsten Verhandlungspartner der chinesischen Seite sind nicht immer direkt an der Diskussion beteiligt.
   ( ) richtig   ( ) falsch   ( ) wird im Text nicht gesagt

   d) Die nur indirekte Teilnahme an den Verhandlungen durch ranghöhere Personen soll bei möglichen Misserfolgen einem „Gesichtsverlust" vorbeugen.
   ( ) richtig   ( ) falsch   ( ) wird im Text nicht gesagt

   e) Der ständige Wechsel der chinesischen Verhandlungspartner und deren unterschiedliche Interessen bzw. Verhandlungsschwerpunkte vermitteln den deutschen Partnern oft einen Eindruck von Inkompetenz.
   ( ) richtig   ( ) falsch   ( ) wird im Text nicht gesagt

f) Es ist sinnvoll, alles detailliert durch die Fachleute absprechen zu lassen und die „fertigen" Ergebnisse dann den ranghöheren chinesischen Verhandlungspartnern zu präsentieren, da sich diese nicht für die Einzelheiten interessieren.
( ) richtig ( )falsch ( )wird im Text nicht gesagt

❏ Kombinierte Aufgabe zu den Abschnitten *Die deutsche Seite* und *Die chinesische Seite:*

Aus den Anforderungen an die Mitglieder einer Delegation bzw. auch aus der Beschreibung einer „fremden" Situation kann man im Umkehrschluss herausfinden, auf welche Dinge von einer Seite (der deutschen oder der chinesischen) besonders Wert gelegt wird oder auch nicht. Versuchen Sie herauszufinden, welche verborgenen Vorstellungen über die Zusammensetzung einer Delegation hinter den Anforderungen und Darstellungen stehen. So heißt es im Text „Die deutsche Seite" beispielsweise: *„Damit dem chinesischen Hierarchiedenken (*vgl. *2.1 Werte,* S. *48ff) Rechnung getragen wird sowie im Sinne einer vereinfachten Kommunikation sollte eine klare Rangordnung festgelegt werden."* Der Umkehrschluss daraus könnte lauten: *Bei der Zusammensetzung der deutschen Delegation wird nicht unbedingt Wert auf eine Rangordnung gelegt. Unter Umständen ist* (hier kann Wissen aus dem Kapitel 2.2 *Beziehungen* angewendet werden) *der deutschen Seite der fachliche Aspekt an den Verhandlungen wichtiger als Fragen der Hierarchie und der Beziehungen zwischen den Firmen.*

Versuchen Sie, weitere Aussagen aus dem Text zu isolieren und entsprechende Umkehrschlüsse zu ziehen.

4.1 Delegationen

Wiederholungstest

Verbinden Sie die bereits bekannten Schlüsselbegriffe in der linken Spalte mit den passenden Paraphrasen in der rechten Spalte! Welche Aussage auf der linken Seite stimmt mit welcher Aussage auf der rechten Seite überein?

Erster Abschnitt

Deutsche Delegationen sind aus Kostengründen meist relativ klein	Verhandlungen in China sind auch eine Sache der physischen Konstitution
Ein verantwortlicher Ansprechpartner sorgt für mehr Vertrauen auf der Seite der Chinesen	Es ist den deutschen Unternehmen oft zu teuer, mit vielen Delegationsteilnehmern anzureisen
Delegationsmitglieder sollten sowohl fachlich als auch sozial qualifiziert sein	Es genügt in China nicht, wenn die Verhandlungsteilnehmer über ihr Fachgebiet Bescheid wissen, sie müssen auch mit anderen Menschen umgehen können
Körperliche Belastbarkeit – eine wichtige Voraussetzung, um in China zu verhandeln	Es ist besser, wenn nicht zu viele Personen auf deutscher Seite für Nachfragen zuständig sind

Zweiter Abschnitt

Chinesische Delegationen verhandeln mit wechselnden Ansprechpartnern	Die Rangordnung der chinesischen Seite lässt sich an der Sitzposition ablesen
Themen müssen manchmal mehrfach durchgesprochen werden	Wenn auf chinesischer Seite zu viele Ansprechpartner an den Verhandlungen teilnehmen und dabei jeweils unterschiedliche Aspekte betonen, erweckt das auf deutscher Seite manchmal den Eindruck, die Verhandlungspartner wüssten nicht Bescheid
Die Hierarchie lässt sich möglicherweise aus der Sitzordnung ablesen	Der Älteste ist in China in der Regel die wichtigste Person
Hierarchie folgt in China meistens dem Senioritätsprinzip	Oft werden Themen von Chinesen auch dann wieder aufgegriffen, wenn die Deutschen diese bereits für „abgehakt" halten
Häufiger Wechsel und widersprüchliche Interessen einzelner Mitglieder erwecken den falschen Anschein von Inkompetenz	Die Zusammensetzung der chinesischen Delegation wechselt häufiger als die der deutschen Delegation

4.2 Dolmetschen und Übersetzen

Vorentlastung: Haben Sie bereits Erfahrungen als Dolmetscher? Diskutieren Sie über Ihre Erfahrungen, welche Schwierigkeiten hatten Sie beim Dolmetschen?

Häufig wird die Rolle des Dolmetschers unterschätzt. Sprachkompetenz alleine ist noch keine Garantie für Dolmetscherkompetenz. Diese umfasst vielmehr, wie man nicht unbedingt sofort vermuten würde, eine kulturmittelnde und -vermittelnde Fähigkeit. Kulturmittlung umfasst Aspekte die zum Nutzen beider Seiten (gegenseitige Verständigung) beitragen, ist also eher neutral und idealistisch. Vermittlung bedeutet in diesem Kontext eine eher subjektive, in eine einzige Richtung gerichtete Vermittlung von Bedeutungen. So kann der Dolmetscher etwa bestimmte konnotative (implizite) Bedeutungen in den Äußerungen eines Chinesen für den Deutschen verständlich machen, indem er sie denotativ (explizit) macht und umgekehrt.

_{Sprachkenntnisse allein befähigen nicht zum Dolmetschen}

_{Dolmetscher müssen implizierte Dinge explizit erklären}

Neben speziellen Dolmetscherfähigkeiten, wie Verstehen, Speichern des Verstandenen (Notation), simultanes Verstehen und Produzieren von Texten, Fähigkeit unter Zeit- und Öffentlichkeitsdruck zu arbeiten, Wissen über die Erwartungen beider Seiten etc., und allgemeiner Kommunikationsfähigkeit ist die so genannte interkulturelle Kommunikationsfähigkeit unabdingbar. Um all diese Fähigkeiten zu entwickeln, ist eine lange und komplexe Ausbildung erforderlich. Daher ist ein guter Dolmetscher weder in Deutschland noch in China billig. In Deutschland ist die Ausbildung von zugelassenen Dolmetschern offiziell geregelt. Es existiert eine ganze Reihe von Nachweisen für deren Qualifikation wie spezielle Hochschuldiplome, gerichtliche Vereidigungen sowie IHK-Zertifikate (IHK = Industrie- und Handelskammer). Vergleichbar geregelte Ausbildungen zum Dolmetscher sind in China weniger verbreitet. Häufig werden deshalb solche wichtigen Aufgaben Dolmetschern übertragen, die keine offizielle Qualifikation aufweisen, sondern oft nur über Kenntnisse in beiden Sprachen verfügen, z. B. durch das Studium der Philologie. Allerdings kann es

Neben „rein handwerklichen" Fähigkeiten, sind auch allgemeine und interkulturelle Kommunikationsfähigkeiten nötig

Literaturstudien ersetzen keine Fachkenntnisse

dadurch zu fachlichen und Kommunikationsproblemen kommen, da Kenntnisse der deutschen Literatur nicht unbedingt dazu befähigen, Geschäftsvorgänge zu dolmetschen.

Ein Dolmetscher muss sich in zwei Kulturen auskennen

Zusammenfassend kann man sagen, dass viele Geschäftsleute in China schon die unangenehme Erfahrung gemacht haben, dass ein Dolmetscher trotz aller Mühen nicht in der Lage war, technisches Fachvokabular zu dolmetschen oder Zahlen korrekt wiederzugeben. Außerdem muss ein guter Dolmetscher zwei Kulturen „beherrschen". Eine Sensibilität für die Kulturen, zwischen denen man sich bewegt, ist unbedingt erforderlich.

Aufgabe zum Abschnitt *Dolmetschen und Übersetzen*:

Grafik 15: In zwei Kulturen „zu Hause sein"   Quelle: eigene Abbildung

1. Interpretieren Sie das Schaubild. Malen Sie das Bild an der Tafel nach. Beschreiben Sie es und fügen Sie eine Beschriftung hinzu! Welche Eigenschaften muss Ihrer Ansicht nach ein guter Dolmetscher und Kulturmittler haben?

❑ Kulturmittlungsaufgaben

Ein Kulturmittler muss die Informationen „zwischen den Zeilen" deutlich machen

Neben dem reinen Dolmetschen sollte ein guter Dolmetscher auch darauf hinweisen, welche Stimmung beim jeweils anderen Verhandlungspartner herrscht. Kommt es zu Verstimmung und Andeutungen, die man „zwischen den Zeilen" lesen muss, so sollte er dies aufzeigen und Hinweise dafür geben, wie man in dieser Situation handeln könnte bzw. sollte. Er muss sozusagen „spüren", was die Verhandlungspartner einander zu sagen haben. Es ist eben auch eine seiner wichtigsten Aufgaben, so genannte Fettnäpfchen zu vermeiden und falls es dazu zu spät sein sollte, diese Fehler möglichst wieder „auszubügeln".

Häufig muss ein guter Dolmetscher auch in Bereichen handeln, die aus Gründen der Gesichtswahrung nicht offen angesprochen werden, so z. B. bei kleinen „Aufmerksamkeiten", die eine still stehende Verhandlung unter Umständen wieder in Schwung bringen können. Gerade für solche doch sehr heiklen und schwierigen Bereiche des Geschäftslebens und von Verhandlungen muss nicht nur ein gutes Einvernehmen zwischen Dolmetscher und Auftraggeber bestehen, sondern auch ein tieferes Verständnis des Dolmetschers für die Ein- und Vorstellungen beider Seiten in Bezug auf diese. So muss man im Umgang zwischen Westlern und Asiaten wissen, dass z. B. gerade in Bezug auf Geschenke die Auffassung, was ein angemessenes Geschenk oder was bereits als Bestechung angesehen werden könnte, sehr unterschiedlich ist und leicht missverstanden werden kann.

Ein guter Dolmetscher kennt die Einstellungen beider Seiten

Solche Dinge können von weitaus größerer Bedeutung sein, als reines Faktenwissen bzw. eine fehlende Vokabel. Hinzu kommt, dass Geschäftsleute sich die Zeit nehmen sollten, ihren „Dolmetscher" vor Beginn der Kontaktaufnahme kennen zu lernen. Das hat neben der Vertrauensbildung auch rein praktische Gründe. So kann man sich bereits vorher an die Aussprache und Darstellungsgewohnheiten der jeweils anderen Seite gewöhnen.

Man sollte „seinen" Dolmetscher schon vor dem Einsatz kennen lernen

❑ **Was sollte man im Umgang mit dem Dolmetscher beachten?**

Besonders wichtig ist es für Deutsche, auf den Dolmetscher Rücksicht zu nehmen, vor allem wenn es sich um einen Chinesen handelt, was in der Regel der Fall sein dürfte. Die deutschen Gesprächsteilnehmer sollten darauf achten, sich im Sprechtempo und Vokabular an den Dolmetscher anzupassen. Man sollte es vermeiden, übermäßig viele lateinisch-griechische Fremdwörter und Anglizismen in seinen Redetext einzubauen. Ebenso sollte man sich mit Witzen und „geistreichen" Bemerkungen zurückhalten, da viele dieser

Man sollte Rücksicht auf den Dolmetscher nehmen

Ungünstig: Fremdwörter, Anglizismen, Witze

Nuancen im Prozess des Dolmetschens sich „in Luft auflösen". Der erwünschte Effekt, nämlich besonders klug oder eindrucksvoll „herüberzukommen" geht ohnehin verloren. Unter Umständen erreicht man sogar das Gegenteil, was zu Kommunikationsproblemen führen kann.

Vor allem im Süden Chinas sollte man darauf achten, dass der Dolmetscher mit der regionalen Sprache/dem Dialekt vertraut ist. „Last but not least", sollte man auch an solche „Kleinigkeiten", wie die unterschiedlichen Zahlensysteme denken. Bei komplizierteren und größeren Zahlen, wie sie in Verhandlungen an der Tagesordnung sind, kann es sehr leicht zu Missverständnissen kommen. Man sollte darauf achten, solche Zahlen auch schriftlich parat zu haben und auch zu präsentieren.

Zahlen sollte man schriftlich bereit haben

Aufgabe zu den Abschnitten *Kulturmittlungsaufgaben* und *Was sollte man im Umgang mit dem Dolmetscher beachten?*

1. Was können Sie aus diesem Text für den **Dolmetscher** als Handlungsanweisungen herauslesen?

Beispiellösung für die Aufgabe zu den Abschnitten *Kulturmittlungsaufgaben* und *Was sollte man im Umgang mit dem Dolmetscher beachten?*

1. Es ist sinnvoll, die Person, für die man dolmetscht (das ist nicht immer der Auftraggeber), vor Beginn der Dolmetschsituation kennen zu lernen. So kann man sich rechtzeitig an die Aussprache und Darstellungsgewohnheiten anpassen.
2. Ein Dolmetscher sollte sich mit den Vorstellungen des Auftraggebers und seinen Absichten vertraut machen. Auch sollte er über generelle kulturelle Kenntnisse nicht nur in der eigenen Kultur verfügen.
3. Man sollte unter Umständen den nicht-chinesischen Auftraggeber darum bitten, auf den Dolmetscher Rücksicht zu nehmen und keine lateinisch-

griechischen Fremdwörter oder Anglizismen zu verwenden.
4. Bemerkt ein Dolmetscher Anzeichen für Missverständnisse und Verstimmungen zwischen den Verhandlungspartnern, so sollte er seinen **Auftraggeber** darauf hinweisen. Außerdem sollte er Tipps geben, wie man die Situation wieder entschärfen kann.
5. Man sollte bei Witzen darauf hinweisen, dass diese sehr häufig nicht übersetzbar sind und die Empfehlung aussprechen, diese zu vermeiden.
6. Man sollte darauf achten, mit der regionalen Sprache/dem Dialekt der Gegend, in der man arbeitet, vertraut zu sein.
7. Zahlen sollte man mitschreiben oder möglichst vorher schon um ein Handout bitten.

Zum Roman *Baiyun oder die Freundschaftsgesellschaft* von Adolf Muschg, verfasst im Jahr 1980.

Der Roman schildert China, wie es sich vorsichtig westlichem Denken öffnet. 1978, kurz nach dem Tod Mao Zedongs und der Verhaftung der „Viererbande", besucht eine Schweizer Delegation auf Einladung der „Freundschaftsgesellschaft" China. Prominentester Gast ist der Schriftsteller Rütter, den eine sehr heterogene „Expertengruppe" von Wissenschaftlern, Wirtschafts- und Kulturfachleuten begleitet. Während der Reise stirbt unter mysteriösen Umständen der Gruppenleiter, der Agronomieprofessor Stappung, der in der Gruppe durch sein unsensibles Verhalten und bei den Gastgebern durch seinen unbezähmbaren Forscherdrang unangenehm aufgefallen war. Vieles deutet auf Mord hin. Auf der Suche nach dem Motiv oder dem Schuldigen erscheinen die politischen und kulturellen Reiseerfahrungen in einem neuen Licht. Stappungs Tod ist eigentlich ein Zufall, „ein Missverständnis mit tödlichem Ausgang". Unter dem Aspekt eines unvermeidlichen Missverständnisses des Fremden und des Eigenen steht die ganze Reise.

Der Roman wurde in seiner politischen Brisanz sowohl im deutschsprachigen Raum als auch in China mit großem Interesse wahrgenommen. Er entwirft trotz seiner Nähe zur Zeitgeschichte auch ein zeitloses Bild von der Konfrontation europäischen und asiatischen Denkens.

Eine Geschichte zum Nachdenken und Diskutieren!

Anmerkung: In diesem Text geht es darum, dass zwei Menschen aus unterschiedlichen Kulturen sich manchmal gar nicht verstehen können, obwohl sie beide in einer Sprache miteinander sprechen, da ihre Vorstellungen und Definitionen von Begriffen kulturell unterschiedlich geprägt sind. Der deutsche Erzähler macht eine Betriebsbesichtigung in China. Da er kein Chinesisch und der Fabrikleiter, Herr Kong, kein Deutsch versteht, werden sie von einem Dolmetscher, von Herrn Tung, begleitet. Das Gespräch wendet sich der Frage nach dem Beruf des Erzählers zu ...

[...] Kong blieb stehen und fragte, ob ich vergleichbare Betriebe in meiner Heimat kenne. – Weder vergleichbare noch andere, bat ich zu übersetzen, ich hätte es in meinem Beruf nur mit den Folgen der Industriegesellschaft zu tun. – Welchen Beruf ich habe? ließ Kong fragen. – Was sagte ich hier am besten? Ich sei psychologischer Berater. – Kong lächelte nicht mehr, er schien meinem Beruf ein Gewicht zu unterstellen, das einen Mann erdrücken musste. – Was ich arbeite? ließ er nachfragen. – Ich beriete Leute, wie sie ihre Schwierigkeiten am besten lösen könnten. – In welchem Betrieb? – In keinem Betrieb, ich unterhielte eine freie, ich wollte sagen: private Praxis. – Um welche Produktionsschwierigkeiten es sich handle? [...] – Die Schwierigkeiten, mit denen ich es zu tun habe, seien [...] vorwiegend privater Natur. Jedenfalls würden sie in meinem Land so erklärt. Es handle sich um menschliche Beziehungen, z.B. die zwischen Mann und Frau. – Er habe gehört, dass es Eheberater gebe, sagte Kong, ob ich ein solcher sei. – Ein solcher sei ich nicht, bat ich Tung zu übersetzen. Beziehungen, für die ich als Berater tätig sei, stellten ein so weitläufiges Problem dar, dass es mit Eheschließung allein nicht zu lösen sei. Oft stelle die Ehe sogar selbst ein Problem dar, jedenfalls erschiene es meinen Klienten so. – Hier fragte Tung aus eigenem Antrieb zurück, ob ich Jurist sei. – Nein, wie er darauf komme. – Ich hätte von Klienten geredet, aber vielleicht sei sein Deutsch mangelhaft. – Ich hätte vielleicht eher von Patienten reden sollen. – Aha, sagte Tung wie erleichtert, und begann wieder zu übersetzen. Ich sei also Arzt. – Das wieder nicht, ich versuchte den Leuten, die zu mir kämen, vielmehr den Arzt zu ersparen. – Damit leiste ich meinen Beitrag zur Produktion, ließ Kong sagen,

> *je weniger Krankheiten, desto besser die Leistung. – Viele meiner Patienten seien gerade wegen zu viel Leistung krank geworden, sagte ich, denn in gewissen Sinn krank könne man sie schon nennen. Aber die Art der Krankheit sei so, dass schon das Eingeständnis, es könne sich um eine solche handeln, meine Patienten einerseits belaste, andererseits aber auch ihre Gesundung einleiten könne. Dieses Eingeständnis, dass sie eigentlich krank seien, falle den Menschen bei uns sehr schwer, besonders Männern. – Tung blickte in tiefer Verlegenheit vor sich zu Boden, er wusste nicht, ob er recht verstanden habe, und Kong schien doch recht dringend auf seine Übersetzung zu warten. [...]*
>
> Ein kurzer Kommentar zum Text:
>
> Beim Gespräch findet zwar Kommunikation statt, aber kein echtes Verstehen. Beide Seiten versuchen einen „common ground" eine gemeinsame Basis für ein Verstehen zu finden. Aber dies ist ihnen auf Grund ihrer ganz unterschiedlichen kulturellen Herkunft und der unterschiedlichen Vorerfahrungen bzw. Vorstellungen über Begriffe wie *Krankheit* und *Arbeit* nicht möglich. Vermutlich könnte der Fabrikleiter mit dem Wort „Arbeitspsychologie" nichts anfangen, selbst wenn er eine korrekte Übersetzung präsentiert bekäme.

Aufgaben zum Lesetext *Baiyun*:

1. Unterstreichen Sie alle Konjunktivformen im Text und formen Sie die Sätze der indirekten Rede in direkte Rede um!
2. Was glauben Kong bzw. Tung, welche Berufe sein Besucher ausübt?
3. Wie versucht der Autor den chinesischen Gesprächspartnern seinen Beruf zu erklären?
4. Lesen Sie den Kommentar! Welche Hindernisse gibt es für die im Text dargestellten Personen beim Verstehen?

Wiederholungstest

Suchen Sie in den unten stehenden Aussagen die Antonyme zu den folgenden unterstrichenen Begriffen und schreiben Sie den Buchstaben der entsprechenden Aussage in die Klammer hinter den folgenden Begriffen!

leicht verständlich ( )
spezielle Kommunikationsfähigkeiten ( )
direkt mitgeteilte Informationen ( )
Allgemeinbildung ( )
rücksichtslos sein ( )
mündlich ( )
Grundkenntnisse in der Sprache haben ( )
Einstellung einer beteiligten Seite ( )
explizierte Dinge ( )

a) Es genügt nicht, gute Sprachkenntnisse zu haben, um gut dolmetschen zu können.
b) Dolmetscher müssen implizierte Dinge, also Dinge, die gemeint, aber nicht gesagt werden, explizit erklären.
c) Neben „rein handwerklichen" Fähigkeiten sind auch allgemeine und interkulturelle Kommunikationsfähigkeiten nötig.
d) Beim Dolmetschen ersetzen Literaturstudien keine Fachkenntnisse.
e) Ein Kulturmittler muss die Informationen „zwischen den Zeilen" deutlich machen.
f) Ein guter Dolmetscher kennt die Einstellungen beider Seiten, ohne diese vorher erfragen zu müssen.
g) Beim Reden sollte man Rücksicht auf den Dolmetscher nehmen.
h) Es ist ungünstig, Fremdwörter und Anglizismen zu verwenden oder Witze zu machen. Diese sind zum einen schwer zu verstehen und ebenfalls schwer oder gar nicht übersetzbar.
i) Zahlen sollte man schriftlich bereit haben. Das spart viele Missverständnisse.

4.3 Empfänge

Eine gelungene interkulturelle Interaktion und gelungene Geschäftsverhandlungen beginnen nicht im Verhandlungssaal. Schon der erste Kontakt ist von großer Bedeutung. Die Erwartungen von Chinesen und Deutschen bezüglich des Empfangs der Gäste sind sehr unterschiedlich. Im Gegensatz zu den Deutschen achten Chinesen im Bereich der persönlichen Beziehungen sehr auf so genannte „Kleinigkeiten", die von Deutschen unter Umständen gar nicht bemerkt werden. Das beginnt bereits bei der Ankunft am Flughafen. So ist es nicht schicklich, bei der Ankunft des Gastes nur einen Chauffeur zum Flughafen zu entsenden. In China ist es vielmehr üblich, dass die empfangende Person im Rang der höchsten empfangenen Person gleichsteht. Dies ist im Sinne der Höflichkeit und hilft allen Beteiligten, das Gesicht zu wahren. Daran sollte man denken, wenn man Chinesen in Deutschland empfängt.

In China wird auf „Kleinigkeiten" geachtet, die oft Deutschen unwichtig erscheinen

Chinesen betreuen ihre Gäste rund um die Uhr, selbst dann, wenn diese dies gar nicht erwarten. Die „Intensität" dieser Betreuung kann auf deutscher Seite anfänglich zu einer gewissen Verwirrung oder sogar zu dem Gefühl der Überbeanspruchung führen. Deutsche trennen Berufliches und Privates häufig strenger als Chinesen. Sie könnten die intensive Betreuung möglicherweise als übertrieben und lästig empfinden, da sie außerhalb der geschäftlichen Vorgänge wie Verhandlungen und Konferenzen und Banketten großen Wert auf private Freiräume legen, in denen sie sich von den Strapazen der Geschäfte erholen können. Nicht zu vergessen ist dabei auch, dass die Reise für die Ankömmlinge auch rein körperlich schon relativ anstrengend ist und ein umfangreiches Programm außerhalb der Geschäftskontakte „zu viel des Guten" sein könnte. Nichtsdestotrotz sollte immer die Option auf Betreuung bestehen, falls dies ausdrücklich gewünscht wird.

In China werden Gäste viel intensiver betreut als in Deutschland

Für Deutsche ist diese intensive Betreuung manchmal „zuviel des Guten"

Umgekehrt sollten deutsche Gastgeber bei der Betreuung ihrer chinesischen Gäste sehr auf eine intensive Betreuung achten, da von den unterschiedlichen

Chinesen fühlen sich in Deutschland oft vernachlässigt

163

Geschäftsgewohnheiten abgesehen es den chinesischen Gästen oft an Praxis und Routine beim Aufenthalt in fremden Ländern fehlt. Nicht zuletzt schon auf Grund von Sprachproblemen kann leicht ein Gefühl von Vernachlässigung, Verunsicherung und Unwohlsein auf der chinesischen Seite aufkommen. Dies gilt es natürlich unter allen Umständen zu verhindern. Beliebt sind Fußballspiele, ein gemütliches Essen im Kreis der Gastgeberfamilie oder einfach die Möglichkeit shoppen zu gehen. Gerade dies ist für chinesische Geschäftsreisende von besonderer Bedeutung, da Geschenke und Mitbringsel für Familie und Freunde in China von großer Wichtigkeit sind. Natürlich sind auch Besuche auf saisonal abhängigen Veranstaltungen wie Jahrmärkten, Weihnachtsmärkten, Weinfesten, Karneval und ähnliches von großem Interesse. Andererseits sollte den Gästen aus China durchaus der Freiraum eingeräumt werden, ihr „eigenes Freizeitprogramm" zu gestalten, falls dies gewünscht wird.

Freizeit-Programme für chinesische Deutschlandreisende werden gerne akzeptiert

Vor der Ankunft der chinesischen Delegation sollte möglichst eine genaue Liste der Teilnehmer beschafft werden, allein schon um Aufschluss über die Hierarchie der zu empfangenden Gäste zu bekommen. Meist sind die Mitglieder einer Delegation in der Reihenfolge ihres Ranges in der Hierarchie aufgelistet. Die Einhaltung der Hierarchie ist insofern von großer Bedeutung, als es sehr schnell zu einem Gesichtsverlust der Höherrangigen vor den Untergebenen kommen könnte. Dies ist selbstverständlich dem Verhandlungsklima auf jeden Fall nicht zuträglich.

Man sollte sich schon vor der Ankunft über die Hierarchie der chinesischen Delegation informieren

Damit im Zusammenhang stehen auch aus deutscher Perspektive relativ unwichtige Dinge wie die Sitzordnung am Tisch während eines Banketts. So sitzt der Gastgeber in der Regel mit Blick zur Tür und rechts ihm neben sollte der wichtigste Gast platziert werden, neben diesem folgt dann der Dolmetscher. Entsprechend werden dann die zweitwichtigsten Gastgeber bzw. Gäste gesetzt.

Die Hierarchie kann in China oft an der Sitzordnung bei Banketten abgelesen werden

4.3 Empfänge

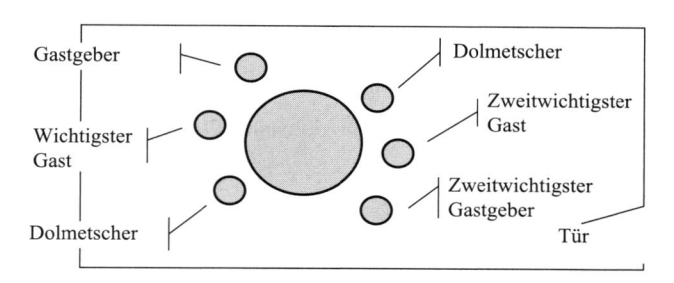

Grafik 16: Die Sitzordnung beim chinesischen Bankett   Quelle: eigene Abbildung

Umgekehrt ist es für Chinesen, die im Ausland empfangen werden, unter Umständen von großer Bedeutung zu wissen, dass auf derartige Details wie die Sitzordnung bei einem Essen nicht immer so geachtet wird wie in der eigenen Kultur. Dies sollte man möglichst bereits vor der Reise deutlich machen, um so unnötige Missverständnisse vermeiden zu helfen.

<small>In Deutschland spielt die Sitzordnung bei Banketten keine so große Rolle</small>

Zusammenfassend lässt sich also sagen, dass in China auf so genannte „protokollarische Details" wesentlich mehr Wert gelegt wird, als dies in Deutschland im Allgemeinen der Fall ist. Das soll jedoch nicht heißen, dass das „Protokoll" für die Deutschen keine Bedeutung hat, aber gewisse Formalitäten haben in China bei Nichtbeachtung ein weitaus größeres Gewicht. Nun soll nicht der Eindruck entstehen, dass die Hierarchie in Deutschland keine Rolle spiele. Allerdings tritt sie zu Gunsten von sachlichen Aspekten häufig für eine gewisse Zeit in den Hintergrund. Vor allem der formale Ausdruck von Hierarchien ist nicht so stark ausgeprägt wie dies in China der Fall ist (vgl. 2.1 *Werte*, S. 48ff).

<small>In China sind „protokollarische Details" wichtiger als in Deutschland</small>

Aufgaben zum Abschnitt *Empfänge*:

1. Sie sind für die Betreuung einer chinesischen Delegation zuständig, die von einer deutschen Firma empfangen wird. Worauf achten Sie bei der Organisation und wie bereiten Sie Ihre Vorgesetzten – vor allem in Zusammenhang mit Empfang und Bewirtung – auf den

Besuch der Chinesen vor? Vergleichen Sie Ihre Ergebnisse mit den unten stehenden Hinweisen für deutsche Gastgeber, die Chinesen empfangen wollen!

2. Wie reagieren Sie, wenn ein protokollarisches Detail von deutscher Seite versehentlich missachtet wird?

❏ **Mögliche Hinweise, die man Deutschen in Bezug auf Empfänge für Chinesen geben könnte:**

1. Schon bevor die chinesische Delegation ankommt, sollte eine genaue Liste der Teilnehmer beschafft werden. So kann man Einblicke in die Hierarchie der Gäste bekommen.
2. Chinesen erwarten eine ihrer Stellung in der Hierarchie entsprechende Behandlung: Es genügt nicht, einen Fahrer zur Ankunft der chinesischen Gäste zu schicken. Es muss eine Person dabei sein, die einen Rang innehat, der dem Status der in der Hierarchie am höchsten stehenden Person entspricht.
3. Chinesische Gäste sollten sehr intensiv betreut werden, da es den chinesischen Gästen oft an Praxis und Routine beim Aufenthalt in fremden Ländern fehlt.
4. Auf die Sitzordnung bei Einladungen und Bankette sollte geachtet werden, da sie für Chinesen die hierarchische Stellung ausdrückt.
5. Man sollte von deutscher Seite versuchen, eine gewisse Sensibilität für den formalen Ausdruck von Hierarchien auf chinesischer Seite zu entwickeln.

Wiederholungstest

Welche der beiden Aussagen ist richtig, welche ist falsch? Lösen Sie die Aufgabe in Einzelarbeit und vergleichen Sie danach in Partnerarbeit Ihre Ergebnisse und begründen Sie Ihre Meinung!

1. In China wird auf „Kleinigkeiten" geachtet, die Deutschen oft ...
   a) ... unwichtig erscheinen.
   b) ... ebenfalls sehr wichtig sind.

2. In China werden Gäste in der Regel ...
   a) ... viel intensiver betreut als in Deutschland.
   b) ... viel weniger betreut als in Deutschland.

3. Für Deutsche ist diese intensive Betreuung manchmal ...
   a) ... „zuviel des Guten".
   b) ... „zu schön, um wahr zu sein"

4. Chinesen fühlen sich in Deutschland oft ...
   a) ... überfordert.
   b) ... vernachlässigt.

5. Freizeit-Programme für chinesische Deutschlandreisende werden ...
   a) ... als überflüssig angesehen.
   b) ... gerne akzeptiert.

6. Man sollte sich schon vor der Ankunft über ...
   a) ... die Wünsche der chinesischen Delegation informieren.
   b) ... die Hierarchie der chinesischen Delegation informieren.

7. Die Hierarchie kann in China oft ...
   a) ... an der Sitzordnung bei Banketten abgelesen werden.
   b) ... an der Kleidung der Anwesenden abgelesen werden.

8. In Deutschland spielt die Sitzordnung bei Banketten ...

   a) ... eine ähnliche Rolle.

   b) ... keine so große Rolle.

9. In China sind „protokollarische Details" ...

   a) ... wichtiger als in Deutschland.

   b) ... unwichtiger als in Deutschland.

4.4 Verhandlungen

❑ Verhandlungsführung

Für den „Westler" birgt die chinesische Kultur auch nach der (wirtschaftlichen) Öffnung Chinas und trotz vieler Erfahrungen im Umgang mit Chinesen immer noch viele Rätsel. Dies trifft umgekehrt auch für Chinesen zu, die mit Westlern zu tun haben. Trotz einer gewissen Kenntnis über den anderen und dem Bemühen des Gastgebers, es seinem Gast so angenehm wie möglich zu machen, ist man immer den Sitten und Gepflogenheiten des Gastlandes unterworfen, wenn man zu geschäftlichen Verhandlungen ins Ausland reist. Zweifellos wird von den Gastgebern versucht werden, auf Gewohnheiten und Bedürfnisse seiner Gäste einzugehen. Doch wie wir bereits gelernt haben, ist vieles kulturell so tief in einem Menschen verwurzelt, dass er „nicht aus seiner Haut kann". Ein Deutscher kann sich nicht immer verhalten wie ein Chinese, sondern bleibt deutsch und umgekehrt.

Die Menschen können im Umgang mit anderen Kulturen nicht immer „aus ihrer Haut"

Der vorliegende Abschnitt gibt Tipps und Handlungsanweisungen zur Gestaltung von Geschäftsverhandlungen – und zwar konkret im chinesisch-deutschen Kontext. Die Perspektive ist dabei die der Deutschen. Dies soll es dem chinesischen Leser ermöglichen, sich besser in die Lage der Deutschen versetzen zu können und sich auch wiederum im Umkehrschluss durch die Fremdperspektive auf die Chinesen besser mit „dem Eigenen" auseinanderzusetzen. Diese Methode der „Fremdstellung", die fremde Perspektive auf sich selbst, erfolgt hier sehr frei nach Sunzi: „Kenne deinen Gegner und dich selbst, und du bleibst unbesiegt in hundert Schlachten."

Methode der „Fremdstellung" – eine „fremde" Perspektive auf sich selbst einnehmen

Aufgabe zum Abschnitt *Verhandlungsführung*:

1. Was soll mit der fremden Perspektive auf sich selbst, der so genannten Fremdstellung, erreicht werden?

❑ Vorinformationen für westliche Verhandelnde (die westliche Sicht)

<small>Über Geschäfte mit Chinesen haben Deutsche viele Vorurteile</small>

In Bezug auf Geschäftsverhandlungen existieren im westlichen Ausland viele Mythen und Vorurteile über den „Chinesen an sich" (d. h. der allgemeinen Vorstellung vom Durchschnittschinesen), der angeblich undurchschaubar ist. Gegenwärtig gibt es hinsichtlich der Verhandlungstaktiken der Chinesen zwei Ansichten. Die erste Ansicht lautet, dass Geschäftsbeziehungen in China immer langfristig sind, weswegen Vertrauen ein wichtiger Faktor ist. Geduld wird somit zu einer wichtigen Voraussetzung, um in China Geschäfte zu machen. Die andere Meinung ist, dass Chinesen rücksichts- und skrupellos sowie unfair verhandeln. International übliche Gepflogenheiten bei Verhandlungen werden ignoriert, es zähle lediglich der Verhandlungserfolg, wobei der Partner außer Acht gelassen werde. Das scheint auf den ersten Blick ein Widerspruch zu sein. Wie lässt sich dieser erklären?

<small>Zwei widersprüchliche Auffassungen: zum einen sei Vertrauen für Chinesen wichtig, zum anderen seien sie skrupellos</small>

<small>Vertrauen kann sich in China nur langfristig bilden</small>

Allgemein spielt eine langfristige und Gewinn bringende Kooperation im Geschäftsdenken der Chinesen durchaus eine große Rolle. Diese Kooperation weicht aber der Unnachgiebigkeit und Härte, wenn persönliche Interessen die Verhandlung bestimmen oder wenn die Gegebenheiten dazu zwingen. Einmalige Geschäftsvorgänge verleiten dazu, den Partner nach allen Regeln der Kunst „über den Tisch zu ziehen" (d. h. mit einem unfairen Verhandlungsergebnis zu betrügen). Nur wenn die Perspektive einer langfristigen Geschäftsbeziehung besteht, lässt sich Vertrauen etablieren. Erst dann können beide Seiten profitieren. So haben beide oben genannten Verhandlungsstile eine erklärbare Grundlage und schließen sich daher nicht gegenseitig aus. Vielmehr sind beide direkt in der chinesischen Mentalität verwurzelt.

4.4 Verhandlungen

Aus der Sicht der Chinesen sind geschäftliche Zusagen häufig an Personen gebunden und damit auch beim Wechsel des Verhandlungspersonals neu verhandelbar. Für sachorientierte westliche Geschäftsleute, die in ihrer Rolle als Repräsentanten eines Unternehmens in eine Verhandlung gehen, vermittelt dies unter Umständen einen Eindruck von Inkompetenz, ja sogar von Unzuverlässigkeit. Auf Grund dieser völlig anderen Grundeinstellung kommt es auf beiden Seiten zu Missverständnissen. So können Chinesen dem Irrglauben anheim fallen, dass ein gutes persönliches Verhältnis zum Verhandlungspartner auch Einfluss auf den Gang der Verhandlungen hat. Dies kann auf Grund der Rollendistanziertheit der westlichen Geschäftsleute als unprofessionell, wenn nicht sogar als versuchte Korrumpierung missverstanden werden. „Westler" verzweifeln oft an einer für sie mangelnden klaren Verhandlungsposition der chinesischen Seite und dem häufigen inhaltlichen Richtungswechsel durch verschiedene Repräsentanten der anderen Seite.

Chinesen glauben, ein gutes persönliches Verhältnis habe Einfluss auf Sachfragen

„Westler" vermissen bei den Chinesen oft klare Positionen

Aufgaben zum Abschnitt *Vorinformationen für westliche Verhandelnde (die westliche Sicht)*:

1. Welche widersprüchlichen Vorstellungen über das chinesische Geschäftsgebaren existieren bei deutschen Geschäftsleuten?
2. Welche Gründe gibt es für diese Vorstellungen?
3. Chinesen glauben oft, dass ein gutes persönliches Verhältnis Einfluss auf die inhaltlichen Punkte der Verhandlungen hat. Westliche Geschäftsleute sehen deswegen allerdings chinesische Versuche durch Aufmerksamkeiten und Geschenke gute Beziehungen aufzubauen oft als Bestechungsversuche an. Lesen Sie in Abschnitt 2.2 *Pflege von Beziehungen – Kontakte und Geschenke* (S. 73ff) nach und versuchen Sie kulturelle Gründe dafür zu finden.

❏ Argumentationsstrukturen

Ein wichtiger vielfach stark unterschätzter Aspekt in Verhandlungen zwischen Chinesen und Deutschen ist der Aspekt der Informations- und Argumentationsstrukturierung. Informationsstrukturierung bedeutet die Art und Weise, wie Informationen zusammengefasst und dargestellt werden. Das bezieht sich auf Aspekte wie die Reihenfolge der Darstellung von Ursache und Wirkung, auf den Einsatz von Beispielen und Art und Weise, wie wichtige Dinge in den Vordergrund gestellt werden. Gerade diese Dinge können große Missverständnisse verursachen. Man könnte auch behaupten, dass diese Dinge, so unauffällig sie auf den ersten Blick sind, zu starken Irritationen führen können. Diese Phänomene liegen so tief in Sprache und Kultur verwurzelt, dass sie in der Regel überhaupt nicht wahrgenommen werden. Chinesen tendieren zu einer im Vergleich zu Europäern genau umgekehrten Struktur. Dabei handelt es sich um ein sehr generelles Phänomen, dass sich in vielen Aspekten der Sprache und der Rhetorik wiederfindet. Das beginnt bei so „banalen" Beispielen wie der Reihenfolge von Namen oder Daten. Im Chinesischen wird der Familienname dem persönlichen Namen vorangestellt, im Deutschen hingegen wird der persönliche Name dem Familiennamen vorangestellt. Auch bei der Datierung findet sich dieses Phänomen. Im Chinesischen beginnt man mit der größten Einheit, dem Jahr, dann folgt der Monat und am Ende der Tag. Im Deutschen ist die Reihenfolge genau umgekehrt. Das gleiche gilt für die Adressen auf Postsendungen. Im Chinesischen wird zunächst die Region oder Stadt, dann das Viertel, die Straße und dann die Person genannt. Bei deutschen Adressierungen ist die Abfolge genau umgekehrt. Das könnte man noch als belanglos bezeichnen. Bei genauerem Hinsehen erweist es sich jedoch als ein sehr durchgängiges Prinzip der Informationsdarbietung, vom Großen zum Kleinen, vom Allgemeinen zum Speziellen zu gehen. Häufig haben Deutsche im Gespräch mit Chinesen die Empfindung, diese würden „um den heißen Brei herumreden" und „nicht zur Sache kommen". Bevor man in China zur konkreten Sache kommt, wird in der Regel eine Small-Talk-Phase „absolviert". In dieser Phase machen beide Seiten den Versuch, den Gesprächspartner einzuschätzen. Erst nachdem über allgemeine Dinge gesprochen worden ist, wird man zu den spezifischen Fragen und Problemen übergehen. Im Umkehrschluss kann für Chinesen der Eindruck

Chinesen und Europäer strukturieren vieles unterschiedlich

Die Reihenfolge von Informationen ist oft gegensätzlich

entstehen, Deutsche seien übertrieben direkt und legten keinerlei Wert auf eine gute Gesprächsatmosphäre (vgl. Kapitel 2.2 *Beziehungen*, S. 65ff).

Aufgaben zum Abschnitt *Argumentationsstrukturen*:

1. Sensibilisierungsübung: Wählen Sie einige chinesische Namen, einige Datumsangaben und Adressen und strukturieren Sie diese auf deutsche Weise, aber in chinesischer Sprache! Diskutieren Sie darüber, wie Sie dies empfinden!
2. Argumentationsübung: Argumentieren Sie zu kontroversen Standpunkten! Beachten Sie dazu die Hinweise im Kasten: *Argumentationsübung*! Mögliche Themen sind: *Was ist für China, seine Wirtschaft und seine Menschen wichtiger, Produktion und Konsum oder Umweltschutz?* Ein anderes Thema könnte sein: *Ist es richtig, dass sich der Reichtum in China so unterschiedlich verteilt? Ist es richtig und normal, dass manche Menschen 600, andere aber 30 000 Yuan verdienen?* Richten Sie sich dabei nach den Vorgaben im Übungskasten *Argumentationsübung*!
3. Lassen Sie nun die Beobachtergruppe zu Wort kommen. Welche Formen der Argumentation wurden verwendet? Entdecken Sie typisch chinesische Argumentationsweisen?

Argumentationsübung

a) Zur Durchführung der Übung wird der vordere Teil des Unterrichtsraumes freigeräumt, um eine Seite zur „Ja"-Seite und die gegenüberliegende zur „Nein"-Seite zu erklären (am besten am linken bzw. rechten Flügel der Tafel anschreiben).
b) Die Studierenden werden in drei Gruppen eingeteilt. Eine, die für „Ja" argumentiert, eine, die für „Nein" argumentiert und eine neutrale Beobachtergruppe. Die Diskussionsteilnehmenden verteilen sich auf beiden

Seiten des Raumes. Die Beobachtergruppe bleibt im Hintergrund und macht sich Notizen.

c) Die Lehrperson liest nun die Thesen vor und fordert nun nacheinander ausgewählte Teilnehmende jeder Seite auf, ihre Entscheidung zu begründen.

d) Sich so entwickelnde Diskussionen sollten zugelassen werden. In der Praxis zeigt sich, dass die Lehrperson auch in dieser Phase diskussionsregelnd präsent sein sollte (ohne selbst an der Diskussion teilzunehmen oder zu kommentieren).

e) Die Lehrperson beendet die Übung, um die gemachten Erfahrungen mit Hilfe der Beobachtergruppe auszuwerten.

4.4 Verhandlungen

Wiederholungstest

Füllen Sie die Lücken in den folgenden Aussagen mit den Wörtern aus dem unten stehenden Kasten!

> *„aus ihrer Haut heraus", „außen", langfristig, Namen sowie Adressen und Datumsangaben, persönliches, vermissen, Vertrauen, Vorurteile*

1. Die Menschen sind im Umgang mit anderen Kulturen nicht immer flexibel. Sie können nicht immer _____.

2. Die Methode der „Fremdstellung" beruht darauf, eine „fremde" Perspektive auf sich selbst einzunehmen und sich so von _____ zu sehen.

3. Über Geschäfte mit Chinesen haben Deutsche viele _____.

4. Bei deutschen Geschäftsleuten gibt es in Bezug auf die Chinesen zwei widersprüchliche Auffassungen: Zum einen sei _____ für Chinesen wichtig, zum anderen seien sie skrupellos.

5. Vertrauen kann sich in China nur _____ bilden. Es handelt sich um einen Prozess, der sich über eine gewisse Zeit erstreckt.

6. Chinesen glauben, ein gutes _____ Verhältnis habe Einfluss auf Sachfragen.

7. „Westler" _____ bei den Chinesen oft klare Positionen.

8. Chinesen und Europäer strukturieren vieles unterschiedlich. Die Reihenfolge von Informationen ist oft gegensätzlich. So gibt es Unterschiede bei _____ _____.

5. Interkulturelles Management

5.0 跨文化的领导和人事管理

5.1 Interkulturelles Management

5.2 Führung im interkulturellen Kontext

5.3 Interkulturelles Personalmanagement

5.0 跨文化的领导和人事管理

❑ **简介：**

本章是把跨文化交际的有关知识具体应用于跨文化的企业管理之中。由于在跨国企业中跨文化问题经常出现在领导和人事管理层面，因此本章主要内容是这两个方面。

本章分三小节。第一节介绍什么是跨文化的管理能力，该能力不仅限于牢记相关的死知识，更重要的是能够在跨文化的交际场合中对自己和他人的行为进行解释。按照德国交际学专家约根·波尔顿的观点，成功的跨文化管理能力有两个前提，即交际意识和交际能力。交际意识指的是意识到交际在建立和维持社会关系中的必要性，注意交际过程，意识到不同文化会对交际产生一定的影响，等等；而交际能力指的是人们不但认识到不同文化的交际风格各异，而且能用有限的语言进行交际，并拥有避免产生误解及改正误解的方法。具备了这样的能力，跨文化的管理人员就能够在不同的、不可预计的跨文化交际场合中进行适当的交际。

第二节的内容是领导问题。领导是一种普遍的社会现象，是社会组织结构的核心，作为社会结构之一的企业当然也离不开领导。但在跨文化的企业中常常因为对领导的理解各异、对领导风格的不认同而产生冲突和矛盾。本文主要向读者介绍几种常见的领导风格，按照员工拥有自由的程度，领导风格依次为专制式、家长式、宗法制教育式、参与式、伙伴式和自我管理式等领导风格。

在跨国企业中人事管理尤为重要，领导应更加重视跨文化的因素，需要根据不同的对象选择不同的领导方式。中国员工一般期望领导人像一家之长，不仅在工作上给出明确的指示并不断提供支持，还要关心他们的生活问题；而对于德国员工来说领导人首先应具备专业能力，他不应该干涉员工的个人生活，在工作中要给员工独立的工作空间。

第三节主要以德国公司如何选派前往中国的员工为例，介绍跨国贸易人员的选择标准和要求。贸易在中国的成败与人际交往有着紧密的关系，因此被派往中国的员工首先要了解并且尊重中国。他应该是一个"多面手",不但能灵活应对各种事务,而且能向中国员工传授自己的知识,还能适应中国的社会习惯,比如适应日期约定的灵活性并且习惯参加聚餐类社交活动等。

读者在本章应掌握以下内容:

1. 为什么在跨国公司中跨国领导要重视文化差异?
2. 为了顺利地进行跨文化管理,人们应具备哪些能力?
3. 你知道哪些领导风格?
4. 在中德跨国企业中跨国领导应该如何调动员工的积极性?
5. 假如你是管理者,你会如何选派到中国或德国的员工?

读者在本章应掌握以下主要概念:

- 交际意识(Kommunikationsbewusstheit),交际能力(Kommunikationsfertigkeit)
- 领导(Führung)
- 领导风格(Führungsstile):专制的(despotisch)、家长式的(paternalistisch)、宗法制教育式的(pädagogisch)、参与式的(partizipativ)、伙伴式的(partnerschaftlich)、自我管理(Selbstverwaltung)

5.1 Interkulturelles Management

> Das sind die besten Führer, von denen – wenn sie ihre Aufgabe vollendet haben –
> alle Menschen sagen: „Wir haben es selbst getan."
>
> *Laotse (6. oder 4.–3. Jh. v. Chr.), eigentlich Laozi, nur legendenhaft*
> *fassbarer chinesischer Philosoph, Begründer des Taoismus*

❑ Interkulturelle Managementkompetenz

Wie lässt sich nun das, was wir über interkulturelle Kommunikation erfahren haben, konkret auf das interkulturelle Management anwenden? Welche Schlussfolgerungen lassen sich daraus für interkulturelle Geschäftsbeziehungen ableiten? Wie wir schon gesehen haben, hängen Kultur und Kommunikation eng zusammen (vgl. 1.2 *Kommunikation*, S. 19ff). Will man nun seine interkulturelle Handlungsfähigkeit entwickeln, genügt es nicht, sich auf das bloße Einüben und Auswendiglernen von Situationen und Fakten zu konzentrieren. Neben den erforderlichen praktischen Kommunikationsfähigkeiten ist auch eine allgemeine interkulturelle Kommunikationsbewusstheit notwendig. Schließlich kann in interkulturellen Management-Situationen, wie beim Verhandeln oder beim Umgang mit Mitarbeitern aus anderen Kulturen, nicht nur das eigene Kommunikationsverhalten zu Schwierigkeiten führen. Ebenso wichtig ist es, das Verhalten der Partner und seine Abhängigkeit von deren kulturellem Hintergrund analysieren zu können.

Interkulturelle Kompetenz ist mehr als auswendig gelerntes Wissen über Fakten und Situationen

Auch über die aktuelle Kommunikationssituation hinaus kann es Kommunikationsschwierigkeiten geben. So wird man möglicherweise das Verhalten der Kommunikationspartner im Nachhinein umdeuten und vereinfacht, schematisch bzw. klischiert interpretieren. Genauso kann es dazu natürlich in der aktuellen Kommunikation kommen. Aus diesen stereotypischen Interpretationen werden dann möglicherweise ebenso stereotypische Ursachenzuschreibungen abgeleitet, die das künftige Handeln und die künftigen Geschäftsbeziehungen

Es ist wichtig, das eigene und das andere Verhalten in interkulturellen Situationen deuten zu können

schädigen können. Um solche Fehldeutungen zu vermeiden, ist es erforderlich, das eigene sowie das kommunikative Handeln der Partner in interkulturellen Kontaktsituationen bewusst wahrzunehmen und angemessen deuten zu können.

Der Kommunikationswissenschaftler Jürgen Bolten sieht daher zwei Voraussetzungen für erfolgreiches interkulturelles Management, das heißt für erfolgreiche interkulturelle Kommunikation. Interkulturelle Kommunikationsfähigkeit setzt sich für ihn aus zwei Bestandteilen zusammen, aus **Kommunikationsbewusstheit** und aus **Kommunikationsfertigkeiten**. Zur **Kommunikationsbewusstheit** gehört die Bewusstheit, dass es kulturunabhängige, also kulturübergreifende Auswirkungen von Kommunikation geben kann. Dazu gehört beispielsweise die Einsicht, dass Kommunikation für die Herstellung und Aufrechterhaltung sozialer Beziehungen notwendig ist und wie dies geschieht. Dafür ist es notwendig, große Aufmerksamkeit auf diese Kommunikationsprozesse zu richten. Und zwar auch dann, wenn man nicht sofort erkennt, warum der Gesprächspartner auf eine bestimmte Art und Weise kommuniziert. Man könnte dies auch als die Fähigkeit bezeichnen, sich selbst von außen zu sehen und die für selbstverständlich betrachteten Formen der Kommunikation zu hinterfragen. Beispielsweise ist es für einen Vertreter einer Low-Context-Kultur einfach unverständlich, warum seine Geschäftspartner aus High-Context-Kulturen so viel Zeit dafür aufwenden, sich kennen zu lernen. Das ist aus seiner Perspektive verschwendete Zeit, die er lieber darauf verwenden würde, geschäftliche Details zu bereden.

Bolten: Kommunikationsbewusstheit und Kommunikationsfertigkeiten

Weiterhin muss man wissen, wie Prozesse der Unsicherheitsvermeidung funktionieren, also welche Strategien in bestimmten Kulturräumen angewendet werden, um unsichere Situationen „beherrschbar" zu machen (vgl. 2.1 *Unsicherheitsvermeidung*, S. 58ff). Auch ist es von Bedeutung, Einblick darin zu haben, welche kommunikative Basis Probleme bei interkulturellen Kontakten haben und welchen Beschränkungen interkulturelle Kommunikation generell unterliegt. Allein zu wissen, dass es solche Probleme gibt, ist ein wichtiger Teil der interkulturellen Kompetenz eines Managers.

Wissen um Prozesse der Unsicherheitsvermeidung

Wissen um die kommunikative Basis von interkulturellen Problemen

Neben diesem allgemeinen Wissen über Kommunikation, muss sich ein erfolgreich handelnder Manager auch seiner eigenen kulturellen Geprägtheit bewusst sein. Er muss die „Merkmale seines eigenen kulturellen Stils" kennen. Schließlich muss er noch wissen, welche unterschiedlichen Kulturdimensionen (vgl. 2.1 *Werte*, S. 48ff) in verschiedenen kommunikativen Stilen eine Rolle spielen.

Fähigkeit, kommunikative Stile zu erkennen

Die **Kommunikationsfertigkeit** beinhaltet folgende Fähigkeiten: Man muss zum ersten fähig sein, unterschiedliche kommunikative Stile in einer aktuellen Interaktion, also im direkten Umgang mit Vertretern einer anderen Kultur zu erkennen. Ein Beispiel dafür sind direkte und indirekte Kommunikationsstile in High- bzw. Low-Context-Kulturen. Weiterhin ist es erforderlich, auch mit eingeschränkten sprachlichen Mitteln zu kommunizieren, also zum Beispiel in einer Sprache, die nicht die Muttersprache ist. Zudem gehören zu diesen Kommunikationsfertigkeiten Strategien, um Missverständnisse erkennen und analysieren zu können. Diese Strategien basieren auf Kenntnissen über Kulturunterschiede, den speziellen Eigenschaften interkultureller Kommunikationsprozesse und deren Auswirkungen. Dies kann von Kultur zu Kultur natürlich unterschiedlich sein. Dafür ist es gegebenenfalls von besonderer Bedeutung, die kulturspezifischen Ausdrucksweisen des Nicht-Verstehens oder der Ablehnung rechtzeitig zu erkennen.

Zum Beispiel bedeutet eifriges Kopfnicken bei chinesischen Zuhörern, ganz im Gegensatz zu deutschen Gesprächsteilnehmern, nichts anderes als aufmerksames Zuhören. Es bedeutet nicht, dass der Sprecher auch tatsächlich versteht, wie dies ein Deutscher daraus schließen würde. Es kann geschehen, dass ein Deutscher auf Nachfrage, ob alles, was er sagt verstanden wurde, keinerlei verbale Rückmeldung erhält, obwohl die Zuhörer in Wirklichkeit nichts verstanden haben. Spricht der Deutsche nun immer weiter, da er meint, dass seine Zuhörer ihn gut verstehen, ist die Kommunikation zum Scheitern verurteilt. Daher ist es besonders wichtig, den nonverbalen Ausdruck des Nicht-Verstehens in China zu kennen. Nicht-Verstehen wird von chinesischen Zuhörern häufig mit einem leeren, „teilnahmslosen" Blick zum Ausdruck gebracht, der westlichen Rednern unter Umständen anfangs gar nicht auffällt und daher auch nicht als Ausdruck des Nicht-Verstehens gewertet wird (vgl. 1.2 *Kommunikation*, S. 19ff und 1.3 *Interkultur*, S. 36ff).

Ein chinesisches *„Darüber denken wir noch nach"*, wird hingegen von Deutschen häufig als Aufforderung gesehen, später nachzufragen. Nicht selten (wenngleich auch nicht immer) bedeutet es aber einfach, *„Nein"*. Auch das, samt der in China dazugehörenden Grauzone, also einer gewissen Unklarheit dieser Aussage, sollte dem Deutschen bekannt sein, um nicht schnell bei Verhandlungen in Schwierigkeiten zu kommen. Es kann auch für ihn selbst von Vorteil sein, seine Ablehnung nicht zu direkt und daher in einer für den Gesprächspartner möglicherweise beleidigenden Art zu äußern.

Nicht zuletzt sollte man über Strategien verfügen, Missverständnisse zu vermeiden oder, wenn sie dennoch aufgetreten sein sollten, diese zu „reparieren". Dazu gehört auch eine ausgeprägte Fähigkeit, sich selbst zu relativieren und „zurückzunehmen". Unter Umständen kann es wichtig sein, flexibel auf eine problematische Situation zu reagieren, auch wenn man selbst der Ansicht ist, dass dies nicht auf eigenes Verschulden zurückzuführen ist. Erst diese Fähigkeiten – die zum Teil auf soliden Sach- und Kulturkenntnissen, zum Teil aber auch auf einer bestimmten psychischen Eignung basieren – versetzen interkulturell tätige Manager in die Lage, in den unterschiedlichsten unvorhersehbaren interkulturellen Kontaktsituationen angemessen zu reagieren.

Strategien, um Missverständnisse zu vermeiden oder zu „reparieren"

Aufgaben zum Abschnitt *Interkulturelle Managementkompetenz*:

1a. Ordnen Sie die Begriffe *a* bis *j* den Oberbegriffen **Kommunikationsbewusstheit** und **Kommunikationsfertigkeit** zu!

   a) Mit eingeschränkten sprachlichen Mitteln kommunizieren ( )
   b) Kulturspezifische Ausdrucksweisen des Nicht-Verstehens bzw. der Ablehnung erkennen ( )
   c) Einsicht in die Notwendigkeit von Kommunikation für die Herstellung und Aufrechterhaltung sozialer Beziehungen ( )

d) Strategien, um Missverständnisse zu vermeiden bzw. zu reparieren ( )

e) Kommunikative Stile erkennen ( )

f) Bewusstheit von kulturunabhängigen, kulturübergreifenden Auswirkungen von Kommunikation ( )

g) Aufmerksamkeit für Kommunikationsprozesse ( )

h) Sich selbst zurücknehmen bzw. relativieren können ( )

i) Strategien, um Missverständnisse zu erkennen und zu analysieren ( )

j) Fähigkeit, sich „von außen zu sehen" ( )

1b. Füllen Sie die unten stehende Grafik mit den passenden Wörtern aus Aufgabe 1a) aus. Beachten Sie dabei, dass ein Begriff eine Brücke zwischen den beiden Oberbegriffen bildet (Beachten Sie hierzu den unten stehenden Hinweis)!

Die Fähigkeit, sich selbst von außen zu sehen und die Fertigkeit, sich selbst zu relativieren bilden die Brücke zwischen der Kommunikationsbewusstheit und den Kommunikationsfertigkeiten.

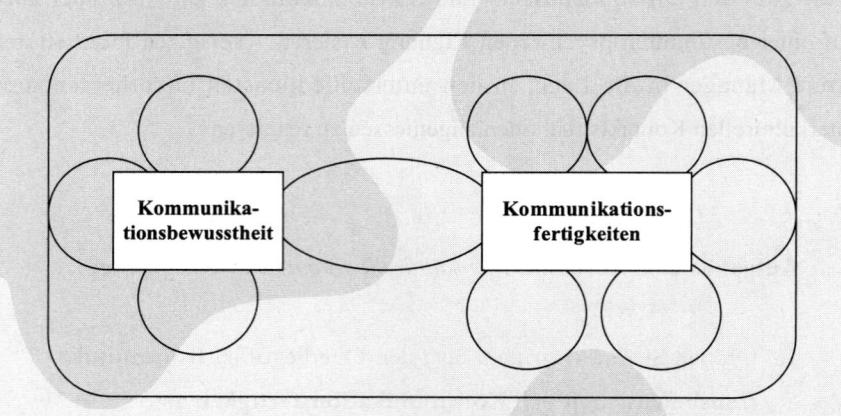

5.1 Interkulturelles Management

2. Füllen Sie die Lücken mit den Wörtern aus dem unten stehenden Kasten!

> *auswendig gelerntes, Beziehungsaufbau, Fremdsprache, interkulturellen Situationen, Kommunikationsbewusstheit, Kommunikationsfertigkeiten, kommunikative, „reparieren", Unsicherheitsvermeidung*

Interkulturelle Kompetenz ist mehr als _____ Wissen über Fakten und Situationen. Vielmehr ist es wichtig, das Verhalten der „anderen", aber auch das eigene Verhalten in _____ deuten zu können.

Der Kommunikationswissenschaftler Jürgen Bolten nennt zwei Voraussetzungen für erfolgreiches interkulturelles Management: Zum einen handelt es sich um _____, zum anderen um Kommunikationsfertigkeiten.

Er definiert Kommunikationsbewusstheit als das Wissen, dass Kommunikation zum _____ notwendig ist. Weiterhin sollte man wissen, dass es Prozesse der _____ gibt, die in verschiedenen Kulturen unterschiedlich ausgeprägt sind. Schließlich gehört dazu auch das Wissen, dass interkulturelle Probleme stets eine _____ Basis haben, die es zu erkennen gilt.

Bei den _____ geht es um die Fähigkeit, unterschiedliche kommunikative Stile zu erkennen. Außerdem ist es notwendig, mit einfachen sprachlichen Mitteln in der _____ effizient zu kommunizieren. Zudem gehören dazu auch Strategien, um Missverständnisse zu vermeiden oder diese zu _____, wenn es doch zu solchen gekommen sein sollte.

3. Verfassen Sie auf der Basis des Texts Ihre eigene Definition von interkultureller Managementkompetenz. Verwenden Sie dabei die Oberbegriffe „Kommunikationsbewusstheit" und „Kommunikationsfertigkeiten" und erklären Sie diese mittels der im Text vorhandenen Begriffen!

5.2 Führung im interkulturellen Kontext

Führung ist der Kern aller sozialen Strukturen

Was ist Führung und vor allem, wie funktioniert sie? Was bringt Menschen dazu, dem Willen eines anderen Menschen zu folgen und bestimmte Dinge zu tun? Führung ist der Kern aller sozialen Strukturen und taucht in allen Lebensbereichen auf, so etwa in der Politik, im Unterricht und an vielen anderen Orten. Jedes Unternehmen braucht Führung, sonst kann es seinen Zweck nicht erfüllen und nicht überleben. Das gilt besonders für Unternehmen, die mit kulturell gemischten Belegschaften arbeiten, wie zum Beispiel chinesisch-deutsche Firmen. Gerade in solchen „kulturell gemischten" Gruppen kann es schnell auf Grund von unterschiedlichen Auffassungen darüber, was Führung eigentlich ist und wie sich eine Führungsperson verhalten sollte, zu interkulturellen Problemen kommen. Eine wichtige Aufgabe für Kulturmittler ist es, solche kritischen Situationen zu erkennen und ihre Ursachen richtig zu analysieren. Nur so können sie angemessene Ratschläge zur Entschärfung der Problematiken geben. Um dies zu erreichen ist es notwendig einige grundlegende Kenntnisse über Führungsebenen und -aufgaben sowie über Führungsinstrumente und -stile zu besitzen, die bei den erwähnten Situationsanalysen verwendet werden können. In diesem Abschnitt wollen wir uns daher zunächst ein wenig theoretisch mit dem Begriff Führung auseinandersetzen, danach folgen Betrachtungen darüber, welche Auswirkungen interkulturelle Unterschiede beim Verständnis davon haben können, was Führung eigentlich ist

Unternehmen brauchen Führung

Kulturell unterschiedliche Auffassungen von Führung können eine Konfliktquelle sein.

❑ Führungsstile

Führungsstil hängt von der Grundeinstellung der Führungsperson zu seinen Mitarbeitern ab

Führungsstil ist das generelle Verhalten einer Führungsperson

Bei Führung sind immer verschiedene Personen beteiligt. Daher ist Führung nicht immer und überall gleich, sondern stark an Menschen gebunden. So gibt es strenge Chefs, die „hart aber gerecht" sind und Chefs, die sehr sachlich sind und viel Wert auf Leistung legen. Andere wiederum haben immer ein offenes Ohr für die Probleme und Bedürfnisse ihrer Mitarbeiter. Das generelle Verhalten eines Führenden bezeichnet man allgemein als **Führungsstil**. Dabei wird der Führungsstil als abhängig von den persönlichen Grundeinstellungen des Führenden gegenüber seinen Mitarbeitern angesehen. Man kann Führungsstile auf einem Kontinuum (Skala) zwischen demokratischer und autokratischer Grundhaltung gegenüber den Mitarbeitern (MA) einordnen. Diese Einteilungen sind als Typologien von der realen Praxis abstrahiert, sie liefern aber dennoch eine Orientierung. Die Bewertung des Führungsstils geht von despotisch (geringer Grad an Freiheit für die Mitarbeiter) bis hin zur Selbstverwaltung (maximaler Grad der Freiheit der Mitarbeiter), wobei mehr Freiheit von Seiten der Mitarbeiter selbstverständlich als positiv gewertet wird.[1]

- Despotisch
    - „Herr im Haus", Ausbeutung der MA durch Eigentum an Produktionsmitteln
- Paternalistisch
    - Despot mit sozialem Verantwortungsgefühl
- Pädagogisch
    - Patriarch, der MA durch Förderung und Erziehung zu mehr Selbstständigkeit erziehen will
- Partizipativ
    - Anerkennung des MA als werttragendes Subjekt; Wissen, Können und Interesse der MA werden in Entscheidungsprozess mit einbezogen
- Partnerschaftlich
    - Selbstbestimmung bei Aufgabenerfüllung, Teilnahme des MA bei Setzung der Unternehmensziele
- Selbstverwaltung
    - Arbeitnehmer sind in Rolle des Unternehmers

---

[1] Vgl. Tannenbaum, R.; Schmidt, W.H.: „How to Choose a Leadership Pattern", in: *Harvard Business Review* 36, 1958, S. 95–101.

Aufgaben zum Abschnitt *Führungsstile*:

1. Lesen Sie die Beschreibung der unterschiedlichen Führungsstile. Welche Vor- und Nachteile sehen Sie bei den unterschiedlichen Führungsstilen? Gibt es möglicherweise Unterschiede beim Führungsstil in Bezug auf chinesische und deutsche Arbeitgeber und -nehmer?
2. Kurzreferat: Was ist der Unterschied zwischen demokratisch und autokratisch? Schlagen Sie Demokratie und Autokratie nach! Was bedeuten die Wortbestandteile *demo-*, *auto-* und *-kratie*? Geben Sie Beispiele für diese Herrschaftsformen!

❏ Internationale Personalführung

> Führung muss im internationalen Kontext besonders auf interkulturelle Besonderheiten achten

Was sind die Besonderheiten von Personalführung in internationalen Kontexten? Für die Führungsperson hat der Umgang mit Menschen aus verschiedenen Ländern zur Folge, dass sie auf interkulturelle Besonderheiten achten muss, wenn sie ihre Rolle „spielt". Dies ergibt sich ganz einfach aus der veränderten Situation, denn im Vergleich zu nicht-interkulturellen Führungssituationen wird die Führungskraft mit unterschiedlichen (häufig sogar unbekannten) Erwartungen an ihr Führungsverhalten konfrontiert. Wie wir bereits wissen, ist Führung ein interaktionaler Prozess, in dem die Beteiligten ihre Rollen und Pflichten miteinander aushandeln. So gibt es bestimmte Rollenerwartungen an den Führenden. Dies kann von Situation zu Situation verschieden, also auch kulturell beeinflusst sein. Gerade in solchen Prozessen, in denen „Rollen ausgehandelt" werden, haben Kulturmittler eine besonders wichtige Funktion. Denn das Wissen um solche unterschiedlichen Konzepte und die Existenz dieser Rollen ist nicht sehr weit verbreitet.

> Im interkulturellen Kontext werden Rollen und Pflichten ausgehandelt

> „Aushandlungen" zu begleiten, ist eine wichtige Funktion von Kulturmittlern

Das Versagen von Führungstechniken hat viel mit den Rollenerwartungen beider Seiten (Mitarbeiter und Manager) zu tun. Chinesische Mitarbeiter können beispielsweise damit überfordert sein, wenn die Führungsperson einen partnerschaftlichen Führungsstil pflegt oder sogar die Selbstverwaltung der Mitarbeiter betont. Das kann dazu führen, dass sich chinesische Mitarbeiter von der Führungsperson „vernachlässigt" oder „nicht beachtet" fühlen. Die deutsche Führungsperson hingegen empfindet möglicherweise die verunsicherte, passive Reaktion der chinesischen Mitarbeiter als enttäuschend, da er sich von der größeren „Freiheit", die er den chinesischen Mitarbeitern gibt, eine bessere Motivation erhofft hat. Daher ist es unter Umständen gar nicht sinnvoll, einen zu partnerschaftlichen Führungsstil zu pflegen. Positiv ausgedrückt könnte man sagen, dass ein guter Manager in China auch pädagogische Fähigkeiten haben muss (vgl. 5.3 *Fachliche und persönliche Anforderungen*, S. 196f).

<small>Die „Kehrseite" der „Freiheit" ist die „Vernachlässigung"</small>

Ein anderes Beispiel für interkulturelle Probleme ist der Umgang mit Stellenbeschreibungen, die in deutschen Firmen dazu dienen, bereits vor den Vorstellungsgesprächen die ungeeigneten Bewerber auszulesen. Eine von einer deutschen Firma veröffentlichte Stellenbeschreibung beschreibt sehr konkret die Aufgaben sowie die Anforderungen einer Stelle, die besetzt werden soll. Ein Chinese oder eine Chinesin wird möglicherweise die Bedeutung dieser Informationen unterschätzen und sich nicht hinreichend damit beschäftigen und sich nicht entsprechend auf die genannten Fragestellungen vorbereiten. Im Interview wird er viel mehr Wert darauf legen, darzustellen, wie viel ihm oder ihr an einer guten Zusammenarbeit gelegen ist. Die deutsche Führungsperson, die auf Grund der in der Stellenbeschreibung gestellten konkreten Fragen konkrete Antworten erwartet, wird glauben, der Chinese oder die Chinesin sei nicht auf das Interview vorbereitet oder nicht qualifiziert. Natürlich kann man das nicht pauschal von allen Chinesen behaupten. Auch ist der Wandel in China zur Zeit gerade sehr groß, sodass solche Führungsinstrumente (z. B. auch Bewertungssysteme) immer mehr an Bedeutung gewinnen. Dennoch muss man stets damit rechnen, dass die in der Praxis einer bestimmten Kultur bewährten Führungsinstrumente und -techniken in einem anderen kulturellen Umfeld nicht automatisch gut funktionieren.

<small>Führungsinstrumente sind „relativ". Sie funktionieren nicht überall gleich</small>

Wie man sieht, muss eine Führungsperson im internationalen Kontext Rücksicht nehmen. Bei der Auswahl seines Führungsstils muss er sich der

<small>Die Führungsperson muss sich der anderen Situation anpassen</small>

veränderten Situation anpassen. Dadurch wird die Kommunikation und Zusammenarbeit wesentlich erleichtert. Es soll hier abschließend nochmals betont werden, dass es die Aufgabe von Kulturmittlern und -spezialisten ist in solchen Situationen, diese Konflikte, die durch unterschiedliche Auffassungen entstehen, wie und mit welchen Mitteln geführt werden sollte, zu erkennen und beratend und vermittelnd einzugreifen.

Kulturmittler müssen bei Konflikten eingreifen

❑ **Kulturell unterschiedliche Personalführung – Motivation von Deutschen und Chinesen**

Im Gegensatz zu Deutschland hat das Arbeitsverhältnis in China eher familiären Charakter. Grundlage der Zusammenarbeit ist weniger der formale Arbeitsvertrag, als eine patriarchalische Beziehung zwischen dem Chef und den Mitarbeitern. Seine Autorität gewinnt er nicht aus einer formalisierten Machtstruktur (Arbeitsvertrag, Hierarchie), vielmehr nimmt er als Leitfigur eine Vorbildfunktion wahr, an der sich die Mitarbeiter orientieren. Deutsche Führung basiert tendenziell mehr auf fachlicher Kompetenz, das heißt, es wird klarer geführt. Beruf und Privatleben sind deutlich voneinander getrennt. In China hingegen basiert Führung stärker auf sozialer Kompetenz. Das bedeutet, dass auf das Gesicht und die familiären Interessen des Mitarbeiters Rücksicht genommen wird. So wird es zum Beispiel in China erwartet, dass der Chef auch bei aus deutscher Sicht rein familiären Anlässen, wie etwa Beerdigungen, Hochzeiten und dergleichen, zumindest symbolisch Anteil nimmt.

China: Führungsperson als Vorbild für die Mitarbeiter

Deutschland: Führungsperson muss vor allem fachlich kompetent sein

Sehr große Unterschiede bestehen auch bei der Art und Weise, wie Mitarbeiter motiviert werden. So sind in China rein finanzielle Anreize allein nicht ausreichend, oder sogar unwirksam. Allerdings nimmt die Höhe der Vergütung eine zunehmend wichtigere Rolle ein und sollte nicht unterschätzt werden. Nicht selten ist in China mit der Arbeitsstelle (*danwei* 单位) immer noch nicht nur der Arbeitsplatz verbunden. Die Wohnung, der Kindergartenplatz, die Sozialversicherung und vieles mehr hängen häufig davon ab. Aber auch da, wo die Angestellten nicht mehr in einem *danwei* organisiert sind, werden die Erwartungen an die Arbeitsstelle vom alten *danwei*-Konzept auf den neuen Arbeitgeber übertragen. Das sollte bei der Gestaltung der Vergütung

China: nur Geld allein motiviert nicht

Führungsperson muss Respekt zeigen und fürsorglich sein

berücksichtigt werden. Arbeit und Lebensumfeld sind nicht so klar getrennt wie in Deutschland. Darauf muss eine Führungsperson Rücksicht nehmen, wenn sie die Motivation der Mitarbeiter erhöhen will. Ein gutes Verhältnis ist die Grundlage für die Loyalität der Mitarbeiter. So ist es erforderlich Respekt und Fürsorge zu zeigen, das heißt, ein Chef sollte auch Interesse an seinen Mitarbeiter als Menschen haben. Ist ein Mitarbeiter krank, wird von der Führungsperson erwartet, dass sie sich nach dessen Gesundheit erkundigt und vielleicht sogar einen Krankenbesuch macht. In Deutschland würde dies als unzulässige Einmischung ins Privatleben oder sogar als Kontrolle gesehen werden.

In Deutschland wird von einem Mitarbeiter selbstständiges und eigenverantwortliches Handeln erwartet. Freiräume erhöhen für Deutsche die Motivation. Chinesen sind es häufig nicht gewohnt selbstständig zu entscheiden und erwarten Unterstützung und klare Vorgaben vom Chef. Sie versichern sich stets aufs Neue, dass das, was sie gerade tun, tatsächlich dem entspricht, was von ihnen verlangt wird. Chinesische Mitarbeiter lassen sich dadurch motivieren, dass man sie bei der Erfüllung ihrer Aufgaben begleitet, für Rückfragen stets zur Verfügung steht und Entscheidungen in der Gruppe fällt. Motivation läuft in China viel stärker über die Gruppe ab als über die einzelnen Mitarbeiter.

Deutsche betonen eigenverantwortliches Handeln

Chinesen erwarten Unterstützung und klare Vorgaben von der Führungsperson

Aufgaben zu den Abschnitten *Führung im internationalen Kontext* und *Kulturell unterschiedliche Personalführung*:

1. Suchen Sie im Text Eigenschaften des Führungsstils, die Sie nach der Lektüre von einer deutschen Führungskraft erwarten. Womit könnte ein chinesischer Mitarbeiter dabei Schwierigkeiten haben?
2. Stellen Sie Vermutungen an, welche Schwierigkeiten sich ergeben könnten, wenn eine deutsche Führungskraft ihre Rolle sowie Rechte und Pflichten mit einem chinesischen Mitarbeiter aushandeln und nach der Aushandlung anwenden will? Tragen Sie dabei zusammen, welche Quellen von Nicht-Verstehen oder Missverständnissen es

dabei geben könnte! Tipp: Sehen Sie nochmals in den Kapiteln 1 und 2 nach. Wichtige Stichwörter in diesem Zusammenhang sind *verbale* und *nonverbale Kommunikation, High-Context-* bzw. *Low-Context-Kultur* sowie *Direktheit* und *Indirektheit*!

Wiederholungstest

Wiederholungstest für den Abschnitt: *Führung im interkulturellen Kontext*

Richtig oder falsch? Kreuzen Sie an und begründen Sie Ihre Entscheidung! Diskutieren Sie ihre Begründungen in der Gruppe!

1. Führung liegt allen sozialen Strukturen zu Grunde, und bildet den Kern dieser Strukturen.

☐ richtig ☐ falsch

2. Da auch unternehmerisches Handeln menschliches Handeln ist, muss es ebenfalls geführt werden.

☐ richtig ☐ falsch

3. Führung ist weder an Interaktion, noch an Personen gebunden.

☐ richtig ☐ falsch

4. Eine Gruppe mit gemeinsamen Aufgaben und geteilter Verantwortung bildet die Voraussetzung für Führung.

☐ richtig ☐ falsch

5. Führung besteht vor allem darin, sich durchsetzen zu können. Kommunikation spielt keine große Rolle.

☐ richtig ☐ falsch

6. Führungsinstrumente garantieren die perfekte Kontrolle der Geführten.

☐ richtig ☐ falsch

7. Führungsstil ist die Art und Weise, wie sich eine Führungsperson im Allgemeinen verhält.

☐ richtig ☐ falsch

8. Führungsstil hängt von der Grundeinstellung der Mitarbeiter zu ihren Führungspersonen ab.

☐ richtig   ☐ falsch

9. Führungserfolg wird am Grad der Disziplin und der Unterordnung der Geführten gemessen.

☐ richtig   ☐ falsch

10. Führung muss im internationalen Kontext interkulturelle Unterschiede besonders beachten.

☐ richtig   ☐ falsch

11. Im interkulturellen Kontext werden Rollen und Pflichten zwischen den Beteiligten ausgehandelt. Das bedeutet auch, dass sich die Führungsperson an die Situation anpassen muss

☐ richtig   ☐ falsch

12. In China muss die Führungsperson vor allem fachlich kompetent arbeiten, in Deutschland wird die Vorbildfunktion für die Mitarbeiter betont.

☐ richtig   ☐ falsch

13. In China ist nur die Gewährung von finanziellen Anreizen ein geeignetes Mittel, um Führungserfolg zu garantieren.

☐ richtig   ☐ falsch

14. In Deutschland wollen die Geführten ständig in Kontakt mit der Führungsperson bleiben, um sich stets rückversichern zu können.

☐ richtig   ☐ falsch

15. Chinesen erwarten von der Führungsperson Unterstützung und klare Vorgaben, das heißt, sie wollen von der Führungsperson genau wissen, wie sie handeln sollen.

☐ richtig   ☐ falsch

5.3 Interkulturelles Personalmanagement

❏ Personalbeschaffung – Auswahlkriterien

In welcher Art und Weise wirken sich kulturelle Unterschiede auf die Kriterien zur Einstellung von Personal aus? Dies wollen wir am Beispiel Deutschland – China konkreter betrachten. Wie wir bereits wissen, werden Geschäfte in China, als einem Land mit einer High-Context-Kultur, in viel höherem Maße von Personen abhängig gemacht als beispielsweise in Deutschland. Aussagen und Vereinbarungen und sogar Verträge werden primär in Zusammenhang mit den Personen gesehen, mit denen sie tatsächlich geschlossen wurden (vgl. 2.2 *Unterschiede zwischen High-Context- und Low-Context-Kulturen*, S. 65ff). Viele Chinesen legen großen Wert darauf, die Menschen persönlich zu kennen, mit denen sie geschäftlich zu tun haben. Daraus lässt sich für die deutsche Seite die Forderung nach Kontinuität ableiten. Es ist sehr wichtig, immer dieselben Mitarbeiter zu entsenden bzw. vor Ort zu haben.

In China werden Geschäfte viel mehr als in Deutschland von Personen abhängig gemacht

Diese Mitarbeiter sollten zudem über ein umfangreiches Wissen über China und seine Menschen verfügen, da sie sicherlich eher in der Lage sind, das wichtige persönliche Vertrauen der chinesischen Geschäftspartner zu erwerben. Das bedeutet, dass neben den natürlich ebenfalls wichtigen fachlichen Qualifikationen weitere Kenntnisse und Fähigkeiten erforderlich sind. Dazu gehören landeskundliches Wissen, die Kenntnis von Alltagsproblemen, die Fähigkeit das Selbstwertgefühl der Chinesen richtig einzuschätzen und zu respektieren und die vielfältigen Abhängigkeiten in der chinesischen Gesellschaft zu erkennen und anzuerkennen. Der Mitarbeiter oder Manager muss eine positive Grundhaltung gegenüber der anderen Kultur mitbringen, sich dabei aber dennoch auch als Mitglied seiner eigenen Kultur verhalten und sich nicht „aufgeben" oder sogar „chinesischer als die Chinesen selbst" verhalten wollen. Besonders wichtig ist es, sich der Notwendigkeit bewusst zu sein, gemeinsame Werte zu definieren.

Mitarbeiter sollten Hintergrundwissen über China haben sowie das Land respektieren können

Trotz einer positiven Grundhaltung sollte der Entsendete nicht „chinesischer als die Chinesen" sein

❏ Fachliche und persönliche Anforderungen

Grafik 17: Anforderungen an einen „Expat"-Manager in China Quelle: eigene Abbildung

Die Anforderungen an einen „Expat"-Manager in China unterscheiden sich deutlich von denen, die an einen Manager in Deutschland gestellt werden. Viel wichtiger als in Deutschland ist es für einen Manager beispielsweise, nicht nur sein Fachgebiet zu beherrschen, sondern als „Generalist" zu arbeiten. Das heißt, er muss auch Aufgaben lösen, für die er eigentlich nicht ausgebildet ist. Es genügt nicht, sich auf sein Spezialwissen „zurückzuziehen". Beispielsweise könnte von einem Personalchef erwartet werden, dass er sich um den Betrieb eines Kindergartens kümmert oder dass der kaufmännische Leiter sich auch mit der Verwaltung der Außenanlage befassen muss.

In China muss man Generalist, also ein „Alleskönner" sein

Dies bedeutet, dass man flexibler denken und handeln muss als in Deutschland. Auch ist es unter Umständen erforderlich, Aufgaben zu erledigen die „eigentlich" nicht in den eigenen Aufgabenbereich fallen. Dies ist etwas, was nicht jedem Spezialisten sofort einsichtig ist. Daher kann es durch solche Anforderungen, die möglicherweise von den Mitarbeitern vor Ort, also beispielsweise von der chinesischen Seite gestellt werden, zu Spannungen und Problemen kommen.

Man muss flexibler als in Deutschland sein

5.3 Interkulturelles Personalmanagement

Ebenso wichtig sind pädagogische Fähigkeiten. Es wird von Spezialisten erwartet, dass sie ihr Wissen nicht nur einsetzen, sondern auch an die Mitarbeiter weitergeben. Dabei muss man beachten, dass es nicht dasselbe ist, etwas zu wissen und es jemandem beizubringen. Im Umkehrschluss wird deutlich, dass es für chinesische Mitarbeiter häufig nicht sofort verständlich wird, warum ein deutscher Manager oder Mitarbeiter unter Umständen auf für selbstverständlich gehaltene Anforderungen mit Unverständnis oder sogar Ablehnung reagiert.

Auch pädagogische Fähigkeiten sind wertvoll

Was für deutsche „Expats" eine Quelle nicht zu unterschätzender Probleme darstellen kann, ist die aus deutscher Sicht „unkonventionelle" Art und Weise der Chinesen, Termine zu vereinbaren und wahrzunehmen. So ist man in China viel eher dazu geneigt, einen Termin, der bereits vereinbart worden ist, kurzfristig wieder abzusagen, da etwas anderes „dazwischengekommen" ist. Für deutsche Verhältnisse werden Termine außerdem oft sehr kurzfristig vereinbart. Dies erfordert es häufig, die bereits feststehende Terminplanung ebenso kurzfristig umzustellen bzw. nach deutscher Ansicht „über den Haufen zu werfen". Das kann von deutscher Seite zu Irritationen führen, da es dort im Vergleich zu den chinesischen Partnern meist an Flexibilität fehlt.

Termine und Terminplanungen sind in China nicht so wichtig wie in Deutschland – Termine werden viel kurzfristiger vereinbart

Auch ist die Bedeutung von Banketten und sozialen Ereignissen für die Kommunikation in den beiden Kulturen sehr unterschiedlich (vgl. 2.2 *Beziehungen*, S. 65ff). Auch eine robuste körperliche Konstitution ist in diesem Zusammenhang ein Qualifikationsmerkmal für einen Auslandsentsandten. Solche Treffen gehören zur Zusammenarbeit und ihnen wird von chinesischer Seite eine größere Bedeutung beigemessen als von Seiten der Deutschen. Allein der damit verbundene Zeitaufwand und der damit häufig auch verbundene Konsum von Alkohol kann für einen wenig erfahrenen „Expat" eine große Belastung darstellen, die sich auf seine Arbeit negativ auswirken kann.

Bankette und das „Miteinander" sind in China viel wichtiger als in Deutschland

Aufgabe zu den Abschnitten *Personalbeschaffung – Auswahlkriterien* sowie *Fachliche und persönliche Anforderungen*:

1. Sammeln Sie, welche Sachverhalte hinter diesen Anforderungen an deutsche „Expats" stehen könnten. Warum werden diese Eigenschaften und Verhaltensweisen in diesem Text so hervorgehoben?

Wiederholungstest

Wiederholungstest für die Abschnitte: *Internationale Personalführung, Kulturelle unterschiedliche Personalführung, Personalbeschaffung – Auswahlkriterien* sowie *Fachliche und persönliche Anforderungen*

Welche der beiden Aussagen ist richtig, welche ist falsch? Lösen die Aufgabe in Einzelarbeit und vergleichen Sie danach in Partnerarbeit Ihre Ergebnisse und begründen Sie Ihre Meinung!

1. In China sollte man über ...
    a) ... überragendes Fachwissen verfügen.
    b) ... eine umfassende „Alleskönner"-Kompetenz verfügen.

2. Im Vergleich zu Chinesen sind Deutsche häufig ...
    a) ... festgelegter.
    b) ... flexibler.

3. Pädagogische Fähigkeiten sind im Umgang mit chinesischen Mitarbeitern ...
    a) ... unabdingbar.
    b) ... wertvoll.

4. Für Deutsche sind festgelegte Termine und eine genaue Terminplanung ...
    a) ... etwas Selbstverständliches.
    b) ... häufig nur eine Orientierungshilfe.

5. Bankette sind in China ...
    a) ... ein wichtiger Teil des „Miteinanders".
    b) ... eine Gelegenheit, Geschäfte zu machen.

6. Internationales Marketing

6.0 跨文化与国际市场营销

6.1 Grundbedingungen des internationalen Marketings

6.2 Internationales Marketing

6.0 跨文化与国际市场营销

❑ **简介：**

　　第六章介绍国际市场营销的概念和基础知识。市场营销是指一个企业所有营销措施的总合。如前所述，不同的文化对经济贸易的要求是不一样的，这一点也必然反映在市场营销方面。

　　第一节首先追溯国际市场营销的产生和历史发展。谈及国际市场营销必须介绍两个概念：全球化现象和竞争国际化发展。上世纪 50 年代的技术发展带动了商品生产、货物出口和资本流动的飞速增长。苏联解体等非经济因素为西方的企业打开了新的市场，诸如东欧市场。生活方式的"西方化"推动了文化上的全球化。国际法上的一些协议也为新市场的开放提供了法律保障（如关贸总协定）。电子和多媒体通讯手段既促进了全球化，又是全球化的重要组成部分。

　　从市场营销的角度看，市场全球化有两种现象：全球化的"拉"与"推"。"拉"是指企业不由自主地卷入全球化需求的引力之中，被动适应市场需求；"推"正好相反，企业可以自主创意推动市场发展。

　　本节接着从经济层面列举了推动和阻碍全球化发展的主要因素。全球化为世界带来的究竟是福还是祸，目前还没有定论，但全球化带来的弊端已初显端倪，例如穷富差距扩大、环境污染更加严重等，一些国家虽然已经从政治层面认识到这些问题，但真正付诸行动的企业并不多，人们寄希望于像联合国及其下属机构这样的国际组织来遏制这些弊端。

　　国内市场的过分饱和以及全球产品趋于一致必然导致国际市场的竞争加剧，企业为了生存不得不在推销广告方面下功夫，宣传重点不再是产品的功能性和质量，而是产品带来的"情感附加值"，如体现某种"生活方式"、某种形象或某种社会身份等。

　　第二节阐述国际市场营销的定义及其目的和策略。在信息全球化时代国际市场营销在信息方面的工作有两个，一是明确营销策略，二是该策略的具体落实。国际市场营销分四个基本类型：传统型，多国型，全球型和跨国型。传统型是以国外业务的赢利来稳固国内的企业，主要考虑的是本国的竞争对手；多国型着眼于企业在一些国家的市场上是否成功，国外的子公司及国外办事处在适应当地市场要求方面有很大自主权，其竞争对手是那些国家最具实力的同行；全球型力争在全球范围实现一种尽可能完美的营销策略，很少顾及当地的市场要求；跨国型综合了全球营销和多国营销的长处，因而对各国分支机构之间的信息和知识交流有相当高的要求。

国际市场营销的目的源于企业国际化的基本原则，开拓国外市场以确保国内的稳定是主要目的，除此还要减少因此而产生的经营风险。一般有三种着眼顾客的市场营销战略方针：即以创新为中心、以质量为中心和以成本为中心的营销方针。<u>创新</u>主要是指新产品和新型服务的开发；<u>质量</u>是指凭借产品质量取胜；<u>成本</u>是指通过高销售额使产品的生产成本低于国际竞争者的水平。

最后通过几个例子说明在国际市场营销中文化因素的重要性。

读者在本章应主要掌握以下内容：
1. 在什么样的历史背景下产生了国际市场营销？
2. 什么是全球化的"拉"与"推"？
3. 有哪些推动和阻碍全球化发展的因素？
4. 国际市场营销的四个基本类型有何异同？哪一种是理想的营销原则？
5. 企业为什么要进行国际市场营销？
6. 常见的市场营销战略方针有哪些？

读者在本章应掌握以下主要概念：
- 市场营销（Marketing），国际市场营销（internationales Marketing）
- 全球化（Globalisierung）
- 全球化的"拉"与"推"（„Globalisierungs-Pull" und „-Push"）
- 国际营销（internationales Marketing），多国营销（multinationales Marketing），全球营销（globales Marketing）和跨国营销（transnationales Marketing）
- 以创新为中心、以质量为中心和以成本为中心的营销方针（Innovations-, Qualitäts- und Kostenorientierung im Marketing）

6.1 Grundbedingungen des internationalen Marketings

„If I'm selling to you, I speak your language. If I'm buying, dann müssen Sie Deutsch sprechen."

*Willy Brandt (1913–1992),
ehemaliger Bundeskanzler und Friedensnobelpreisträger*

Was unterscheidet ein Unternehmen, das rein national (im Heimatland) tätig ist, von einem international tätigen Unternehmen?

Man könnte sagen: Ein Unternehmen lebt nicht von dem, was es produziert, sondern von dem, was es verkauft. Der Verkauf von Produkten und Dienstleistungen ist somit ein wichtiger Bereich in jeder Unternehmung. In diesem Zusammenhang fällt oft der Begriff des Marketings. Doch was ist Marketing eigentlich? Der Begriff „Marketing" bezeichnet alle Maßnahmen eines Unternehmens, die das Ziel haben, den Absatz zu fördern. Absatz bedeutet den Verkauf von Produkten oder Dienstleistungen. Auf Grund der vorangegangenen Kapitel kann man sich leicht vorstellen, dass verschiedene Kulturen an wirtschaftliches Handeln auch verschiedene Anforderungen stellen. Dies gilt natürlich auch in hohem Maße für das Marketing. In diesem Abschnitt erklären wir zuerst die Beweggründe und die Geschichtszusammenhänge des internationalen Marketings, um dessen Wesen deutlicher zu machen. Relevant sind hierbei das Phänomen der Globalisierung und die Entwicklung des internationalen Wettbewerbs.

Unter Marketing versteht man alle absatzfördernden Maßnahmen eines Unternehmens

Aufgaben zum Abschnitt *Grundbedingungen des internationalen Marketings*:

1. Welche ausländischen (deutschen) Unternehmen kennen Sie?
2. Ordnen Sie diese einer Branche zu! Was wird produziert bzw. verkauft?
3. Was wollte Willy Brandt mit seinem Spruch sagen?

6.1 Grundbedingungen des internationalen Marketings

❑ Die Globalisierung von Märkten

Der Begriff der Globalisierung kam (in Deutschland) zu Anfang der 90er Jahre des 20. Jahrhunderts erstmals auf. Seitdem wird er in den Medien, in der Wirtschaft, in der Politik, aber auch in vielen anderen Bereichen als Modebegriff häufig gebraucht. Ursprünglich kam der Begriff aus der Soziologie und bedeutete eine Zunahme der nationenübergreifenden Beziehungen. Dieser Prozess begann mit der Entwicklung des Kapitalismus. Mit dem Ende des Kalten Krieges beschleunigte sich seine Entwicklung. So begann die Globalisierung schon mit dem weltweiten Güterverkehr (Import/Export von Waren). Mit verbesserten Produktionsmöglichkeiten auf Grund fortschreitender technischer Entwicklung ging seit den 50er Jahren mit einer gewaltigen Steigerung der weltweiten Güterproduktion ein Anstieg des Güterexports einher. Gleichzeitig stieg auch das Gesamtvolumen der Auslandsinvestitionen und die Anzahl von internationalen Unternehmen rapide an. Neben dem internationalen Warenfluss wuchs seitdem auf dem internationalen Börsenmarkt auch der internationale Kapitalfluss.

Globalisierung ist die Zunahme der nationenüberspannenden Beziehungen

Neben diesen wirtschaftlichen Aspekten haben auch andere Entwicklungen in der zweiten Hälfte des 20. Jahrhunderts ganz wesentlich zur „Globalisierung" beigetragen. Die bereits erwähnte Auflösung des „Ostblocks" nach dem Zusammenbruch der Sowjetunion brachte eine Öffnung von neuen Märkten, die westlichen Unternehmen bislang verschlossen geblieben waren. Die Globalisierung der Kultur, die man heute beobachten kann, ist in ihrem Wesen auch eine „Verwestlichung" der Kultur (Paradebeispiele: McDonald's, Coca-Cola, Hollywood-Filme, westliche Mode und Musik). Wirtschaftliche Entwicklungen stehen immer in Zusammenhang mit politischen Entwicklungen. So schaffen Regelungen des internationalen Rechtsverkehrs (z. B. GATT – General Agreement on Tariffs and Trade), die eine Basis für völkerrechtliche Vereinbarungen bilden, und supranationale Organisationen wie die UNO erst die Voraussetzungen für ein geordnetes Zusammenleben und einen Austausch zwischen den Völkern.

Völkerrechtliche Abmachungen sind Voraussetzung für die Öffnung neuer Märkte

Der internationale Waren- und Personentransport, anfänglich auf dem See-, später auf dem Luftweg, hat ebenfalls zu einem erleichterten und damit erhöhten globalen Austausch geführt. Vor allem aber haben Entwicklungen im Bereich der Kommunikationsmedien, wie die Massenverbreitung von Telefon und Radio (seit den 60er Jahren), später das Fernsehen als „Fenster in die Welt", die Entwicklung der Globalisierung entscheidend mitgeprägt. Seit der Entwicklung des Satellitenfernsehens und der Möglichkeit zu „Live"-Übertragungen hat sich der globale Informationsfluss nicht nur vergrößert, sondern auch um ein Vielfaches beschleunigt. Mit Aufkommen des Internets und dessen zunehmender Popularisierung in den 90er Jahren bekamen die Benutzer erstmals selbst die Möglichkeit, etwa per E-Mail weltweit und ohne Zeitverlust miteinander zu kommunizieren. Multimediale Kommunikation und die Möglichkeit, selbst Inhalte zu produzieren und auch anderen Benutzern weltweit zugänglich zu machen, sind ein wichtiger Bestandteil der Globalisierung.

<small>Elektronische und multimediale Kommunikation sind wesentliche Bestandteile der Globalisierung</small>

Alle diese Entwicklungen, wie sie gerade beschrieben wurden, bilden erst die Voraussetzung dafür, dass so etwas wie ein internationaler Wettbewerb entstehen konnte. Wie aus dem obigen Absatz ersichtlich ist, ist Globalisierung ihrem Ursprung nach keine rein wirtschaftliche Erscheinung, sondern hat nicht zu unterschätzende soziale und politische Dimensionen.

Aufgaben zum Abschnitt *Die Globalisierung von Märkten*:

1. Definieren Sie den Begriff Globalisierung!
2. Welche Dimensionen hat die Globalisierung?
3. Welche Kommunikationsmittel haben wesentlichen Anteil an der Globalisierung?

❏ Globale Märkte und Internationalisierung des Wettbewerbs

Aus Sicht des Marketings ist die Globalisierung von Märkten vor allem durch zwei Begriffe charakterisiert, und zwar dem so genannten *„Globalisierungs-Pull"* bzw. *„-Push"*. Der aus dem Englischen entlehnte Begriff *pull* (auf deutsch

„*ziehen*") bedeutet hier, dass eine Notwendigkeit besteht, an die sich angepasst werden muss. *Pull* drückt hier auch Passivität aus. Die Unternehmen werden in diesen Zustand „mit hinein gezogen", haben also keine Wahl. Umgekehrt bedeutet *push* (auf deutsch „*schieben*") eine Eigenmotivation, also eine aktive veränderte Einwirkung und Initiative. Aus Sicht des Marketings bezieht sich dies, wie man sich leicht vorstellen kann, auf Märkte. Ein „Globalisierungs-Pull" entsteht durch einen Nachfrage-„Sog" nach globalisierten Produkten und Dienstleistungen. Dies ergibt sich durch vermehrte internationale Wirtschaftskontakte und die Ansprüche weltweit operierender Unternehmen. Also müssen die Unternehmen in ihren Kommunikations- und Marketingstrategien diesen Anforderungen entsprechen.

Der Globalisierungs-Pull entsteht durch erhöhte internationale Nachfrage

Weitere Faktoren, die auf wirtschaftlicher Ebene die Globalisierungsentwicklung vorantreiben bzw. hemmen, sind in den unten stehenden „Schaukästen" aufgeführt.

Treibende Faktoren sind:

- Innovationen nehmen extrem zu, das „Leben" von technischen Produkten wird immer kürzer – zusammen mit der Differenzierung von Produkten und neuen Verteilungsmethoden. So verändert sich der Vorgang des Kaufens. Beispiele sind Internet-Ticketkauf bei der Deutschen Bahn oder der Internet-Buchhändler Amazon, Flugtickets im Internet.
- Die differenzierten und zunehmend gesättigten nationalen Märkte (*Pull* ins Ausland) verlangen die ständige Erschließung neuer Märkte und verstärkten internationalen Wettbewerb.
- Transport und Kommunikation werden immer schneller, eine wichtige Rolle spielt dabei das Internet.
- Auf Grund wachsender Kapitalstärke steigen die Ländereinkommen an. Allerdings muss dies mit einer gewissen Skepsis betrachtet werden, da auch die Einkommensunterschiede ansteigen, sodass in der Realität manche Länder dennoch im Vergleich zu anderen ärmer werden.

- Die Bedürfnisse der Konsumenten nähern sich weltweit immer mehr aneinander an, weltweit werden die Produkte des täglichen Lebens immer ähnlicher. Allerdings gibt es stets auch regionale Besonderheiten.
- Die Tendenz zur ökonomischen Integration zeigt sich beispielsweise in der Gründung von Freihandelszonen wie der EU (wobei diese auch eine wichtige politische Komponente hat) oder der NAFTA.
- International wächst die Anzahl der Konsumenten mit dem Wachstum der Weltbevölkerung immer stärker.
- Die Produktion wird auf immer mehr verschiedene Länder aufgesplittet.
- Der Einzelhandel wird internationalisiert.

Hemmende Faktoren sind:

- Die Kontrolle auf nationaler wie supranationaler Ebene durch Anti-Preis-Dumping-Gesetze zum Schutz der nationalen Wirtschaft, Regulierungsbehörden (z. B. Wettbewerbskommission der EU, Kartellämter).
- Die verschiedenen kulturellen Werte und die mangelnde Sensibilität von Seiten der Unternehmen stehen der erfolgreichen Durchführung von Werbekampagnen oft im Wege. Vergleichen Sie das Beispiel der Kosmetikwerbung mit Claudia Schiffer in China im folgenden Abschnitt *Beispiele im interkulturellen Marketing* (S. 217f).
- Die ungleiche Verteilung von Gütern und Reichtum. Die Globalisierung findet einseitig statt, d. h. das bereits bestehende starke Gefälle zwischen den Industrie- und Entwicklungsländern wird eher noch verstärkt. Nutznießer sind die ohnehin schon gut gestellten Nationen bzw. Bevölkerungsschichten – die Reichen werden immer reicher, die Armen immer ärmer.

> **Aufgaben zum Abschnitt** *Globale Märkte und Internationalisierung des Wettbewerbs*:
>
> 1. Wo finden Sie in Ihrer eigenen Lebenswelt globalisierte Produkte und Unternehmen?
> 2. Finden Sie Beispiele für die in den Schaukästen genannten Phänomene!

❑ Globalisierung – Segen oder Fluch?

Gerade aus dem letzten Punkt wird ersichtlich, dass in Zeiten der Globalisierung von Seiten der Unternehmen in Zusammenarbeit mit der Politik auch eine neue Verantwortung übernommen werden muss. So wurde in Deutschland eine Enquete-Kommission *Globalisierung der Weltwirtschaft – Herausforderungen und Antworten* eingerichtet. (Eine Enquete-Kommission ist eine vom Bundestag eingesetzte Kommission, die Informationen zu einem Thema sammelt und dem Parlament vorlegt.) Von Seiten der Politik wurde das Problem erkannt, dass in der Wirtschaft allgemeine Standards bei sozialen Problemen und in Umweltfragen fehlen. Derartige Regulierungen sind allerdings nur sinnvoll, wenn sie freiwillig eingehalten werden. Im allgemeinen sind die von Wirtschaftsunternehmen oft zitierte Verpflichtungen zu „nachhaltiger Entwicklung" auf globaler Ebene immer noch reine Lippenbekenntnisse. Der erste Schritt hierzu müsste aus der Politik kommen. So bestehen von Land zu Land verschiedene Standards und Gesetze z. B. im Umweltschutz. Auf Grund unterschiedlicher Wettbewerbssituationen sind Unternehmen einfach nicht gezwungen, sich gewissen Standards zu unterwerfen, da sie notfalls in ein Land mit lockerer Gesetzgebung ausweichen können.

Diese missliche Lage begründet sich aber auch durch das bereits erwähnte Gefälle zwischen Arm und Reich. Im Interesse der wirtschaftlichen Weiterentwicklung sind die so genannten Entwicklungsländer oft gezwungen, dem Druck ausländischer Unternehmen zum Nachteil der Umwelt,

Internationale Organisationen bieten Schutz gegen zu viel Globalisierung

der eigenen Bevölkerung und Ressourcen nachzugeben. Dieser latente „Wirtschaftsimperialismus" wird weiterhin stillschweigend von den Regierungen der Industrienationen unterstützt. Einen Ausweg versuchen lediglich supranationale Organisationen wie die UNO und ihre Unterorganisationen zu bieten.

> **Aufgaben zum Abschnitt** *Globalisierung – Segen oder Fluch?*
>
> 1. Sammeln Sie die *Pros* und *Kontras* der Globalisierung und schreiben Sie diese an die Tafel!
> 2. Diskutieren Sie in zwei Gruppen über Vor- und Nachteile der Globalisierung, wobei die eine Gruppe für und die andere Gruppe gegen die Globalisierung argumentiert!

❏ Marketing im internationalen Wettbewerb

Lokale Märkte sind oft übersättigt

Die Notwendigkeit zum internationalen Marketing ergibt sich aus der oben beschriebenen Globalisierungsentwicklung. Dabei sind die konkreten wirtschaftlichen Rahmenbedingungen des internationalen Marketings eine zunehmende Übersättigung der nationalen Märkte und gerade im Bereich der Werbung auch eine Informationsüberlastung. Auf den internationalen Märkten herrscht starke Konkurrenz. Die Produktpaletten sind weit gehend identisch und weisen nur minimale Qualitätsunterschiede auf. Daher wird es für die Unternehmen im Inland immer schwieriger, sich in Bezug auf die Funktion und Qualität ihres Produktes gegenüber dem Kunden zu profilieren.

Es gibt zu viele Informationen (Werbung) für Produkte

Um aus dem „Einheitsbrei" des Angebots herauszustechen, d. h. dem Kunden aufzufallen, sind die Unternehmen auf das Marketing (und insbesondere die Werbung) angewiesen. Dies hat beim Kunden eine Informationsüberlastung zur Folge, was die Aufmerksamkeitsspanne des Kunden gegenüber der Werbung erheblich reduziert. Da viele Werbeinformationen gar nicht beim Kunden „ankommen", steigen zudem die Werbekosten für die Unternehmen an. Die

6.1 Grundbedingungen des internationalen Marketings

Unternehmen versuchen also, beim Kunden für ihr Produkt einen so genannten „emotionalen Zusatznutzen" hervorzurufen. Es wird nicht mehr für Funktionalität und Qualität geworben, sondern viel mehr Wert auf „Lifestyle", „Image", sozialen Status, etc. gelegt. Für China sei als Beispiel das „coole", jugendliche Format von McDonald's aufgeführt. So sind in der Fernsehwerbung weniger Hamburger und Pommes Frites zu sehen, als junge, gut aussehende Menschen mit modernen westlichen „Klamotten" (Kleidung), die Skateboard fahren, als DJ's Musik auflegen, die neuesten Handys haben etc. Hier wird versucht, beim Kunden emotionale Kaufanreize zu setzen.

Auf Grund dieser stagnierenden Marktbedingungen auf nationaler Ebene sind die Unternehmen gezwungen, sich international neue Märkte zu erschließen. Das McDonald's-Beispiel zeigt gleichzeitig auch die Maxime eines interkulturellen Marketings, nämlich, „so global wie möglich, so lokal wie nötig". Dieser Leitsatz suggeriert auch einen gegenseitigen Aushandlungsprozess zwischen verschiedenen kulturellen Lebenswelten, allerdings im Interesse des Geschäfts. Interkulturelles Marketing versucht, mittels einer geeigneten Werbestrategie, den Absatz von Produkten in verschiedenen Ländern zu fördern.

Wegen stagnierender Märkte müssen Untenehmen ins Ausland ausweichen

Aufgaben zum Abschnitt *Marketing im internationalen Wettbewerb*:

1. Welche zwei Faktoren machen es für Unternehmen notwendig, internationale Märkte zu erschließen?
2. Was bedeutet: *„so global wie möglich, so lokal wie nötig"*? Welchen ökonomischen Grund hat dieser Leitsatz?

Wiederholungstest

Verbinden Sie die bereits bekannten Schlüsselbegriffe in der linken Spalte mit den passenden Paraphrasen in der rechten Spalte! Welche Aussage auf der linken Seite stimmt mit welcher Aussage auf der rechten Seite überein?

Erster und zweiter Abschnitt

Globalisierung ist die Zunahme der nationenüberspannenden Beziehungen	Für die Erschließung internationaler Märkte sind Verträge zwischen den Staaten notwendig
Völkerrechtliche Abmachungen sind Voraussetzung für die Öffnung neuer Märkte	Die neuen Medien haben großen Anteil an der Globalisierung
Elektronische und multimediale Kommunikation sind wesentliche Bestandteile der Globalisierung	Immer mehr Organisationen und Unternehmen agieren in mehreren Ländern gleichzeitig, das heißt global

Dritter und vierter Abschnitt

Der Globalisierungs-Pull entsteht durch erhöhte internationale Nachfrage

Es ist die Aufgabe nationenübergreifender Organisationen, die Auswüchse der Globalisierung zu bekämpfen

Globalisierung bedeutet, dass internationale Unternehmen mehr Freiheit haben (weniger Bindung durch Gesetze)

Wenn der Markt im Heimatland keine Absatzmöglichkeiten mehr bietet, gehen die Unternehmen oft ins Ausland

Internationale Organisationen bieten Schutz gegen zu viel Globalisierung

Die Produktnachfrage aus dem Ausland „zieht" die Aktivitäten eines Unternehmens in andere Länder

Lokale Märkte sind oft übersättigt, daher müssen die Firmen auf andere Märkte ausweichen

Im bunten Durcheinander der Werbeinformationen wird es für Unternehmen immer schwerer, mit den eigenen Produkten aufzufallen

Es gibt zu viele Informationen (Werbung) für Produkte, es ist schwer für die Unternehmen, sich von den anderen abzuheben

Die Schattenseite der Globalisierung ist die Möglichkeit für die Unternehmen, strenge gesetzliche Regelungen zu umgehen, indem sie ins Ausland ausweichen

6.2 Internationales Marketing

Internationales Marketing soll hier definiert werden als: „Analyse, Planung, Durchführung, Koordination und Kontrolle marktbezogener Unternehmensaktivitäten bei einer Geschäftstätigkeit in mehr als einem Land".[1]

In diesem Abschnitt betrachten wir das internationale Marketing als wirtschaftswissenschaftlichen Begriff und nicht als einen Begriff aus der interkulturellen Kommunikation. Was sind die Besonderheiten im internationalen Marketing? Die Bedeutung von Kommunikation bei der Globalisierung haben wir bereits kennen gelernt. Im Zeitalter globaler Kommunikation beinhaltet der Kommunikationsaspekt des Marketings generell zwei wichtige Prinzipien. Erstens muss eine mit der Marketingbotschaft verbundene Intention bzw. Strategie formuliert werden. Im zweiten Schritt wird diese als Kommunikationsplan mittels Werbung in den Medien, verkaufsfördernder Maßnahmen, Direktmarketing (Direktvertrieb durch Handelsvertreter von Tür zu Tür, Telefonmarketing) und Öffentlichkeitsarbeit (d. h. Unternehmenskommunikation oder Public Relations) umgesetzt. Damit will man den Vertrieb von Produkten und Dienstleistungen vorantreiben. Dies geschieht gleichzeitig in verschiedenen Teilen der Welt.

Zwei Prinzipien von Kommunikationsstrategien im internationalen Marketing: Strategieplan und dessen Umsetzung

Wie dies vonstatten geht, soll in diesem Abschnitt etwas genauer beleuchtet werden. Zunächst lassen sich im Bereich des internationalen Marketings vier Grundrichtungen differenzieren:

1) (Herkömmliches) Internationales Marketing
2) Multinationales Marketing
3) Globales Marketing
4) Transnationales Marketing

---

[1] Meffert, Heribert (2000): *Marketing - Grundlagen marktorientierter Unternehmensführung*. 9. Aufl. Wiesbaden: Gabler, S. 1231.

6.2 Internationales Marketing

(Herkömmliches) Internationales Marketing versucht durch gewinnbringende Auslandsgeschäfte den Bestand des Unternehmens im Herkunftsland zu sichern. Die Perspektive ist dabei stark national ausgerichtet. Das Wettbewerbsdenken bezieht sich in der Regel auf inländische Konkurrenten. Allgemein wird auf länderspezifische Besonderheiten wenig Rücksicht genommen.

Multinationales Marketing hat die Sicherung des internationalen Unternehmenserfolges auf einzelnen nationalen Märkten zum Ziel. Niederlassungen bzw. Tochtergesellschaften im Ausland haben einen sehr großen Entscheidungsspielraum, der sich an lokale Marktanforderungen anpassen kann. Das Wettbewerbsdenken bezieht sich jeweils auf den stärksten lokalen Mitbewerber.

Globales Marketing versucht für die Gesamtunternehmung global eine möglichst optimale Marketingstrategie zu verwirklichen. Dabei werden lokale Marktanforderungen weniger beachtet.

Transnationales Marketing versucht die Vorzüge von globalem und multinationalem Marketing zu vereinen. Die Stärke des globalen Marketings liegt in der Kostenersparnis durch eine weltweit relativ einheitliche Strategie. Multinationales Marketing hat den Vorteil, lokale Märkte sehr differenziert bearbeiten zu können. Dazu ist ein hohes Maß an Informations- und Wissensaustausch zwischen den lokalen Niederlassungen erforderlich.

Aufgaben zum Abschnitt *Internationales Marketing*:

1. Sammeln Sie, welche Formen des internationalen Marketings es gibt!
2. Welche Eigenschaften haben diese Marketingstrategien?

❏ Ziele und Strategien im internationalen Marketing

Hauptziel des internationalen Marketing: Neue Märkte „erobern"

Generell ergeben sich die Ziele von internationalem Marketing aus den Grundprinzipien einer Unternehmung bei der Internationalisierung ihres Geschäfts. So kann, wie bereits gesagt, der Sprung ins Ausland dem Ziel dienen, durch gewinnbringende Auslandsgeschäfte die Stellung im Inland zu sichern. Auf Grund von Sicherheitsüberlegungen könnte auch versucht werden durch eine Teilnahme an Märkten in verschiedenen Ländern das Geschäftsrisiko, dem jedes Unternehmen ausgesetzt ist, zu mindern. Die meisten jedoch haben das Ziel, bei stark wachsenden Auslandsmärkten „ihr Stück vom Kuchen abzukriegen". Als Beispiel sei hier der Wachstumsmarkt China genannt.

Drei strategische Orientierungs-richtungen: Innovation, Qualität, Kosten

Wie gesagt, ist es das Ziel des Marketings, Dienstleistungen und Waren zu verkaufen. Auf den Kunden bezogen lassen sich drei strategische Orientierungsrichtungen ausmachen. *Innovations-*, *Qualitäts-* und *Kostenorientierung*. In der heutigen Geschäftswelt kommt der Entwicklung von neuen Produkten und Dienstleistungen (Innovationen) größte Bedeutung zu. Da Neuentwicklungen immer teurer werden, ist es für eine Unternehmung von Vorteil, neue Produkte für einen weltweiten Verkauf zu entwickeln, da sich durch die Standardisierung Kosten einsparen lassen. Dies ergibt sich aus einem harten internationalen Konkurrenzkampf und der steigenden Sättigung der Märkte. Ein Beispiel dafür sind Computerprozessoren wie die CPUs von Intel oder AMD.

Bei der *Qualitätsorientierung* versuchen die Unternehmen sich über die Leistungsfähigkeit ihres Produktes von der Konkurrenz abzuheben. Dabei ist länderübergreifend ein hohes Qualitätsniveau zu sichern, was einen hohen Koordinationsaufwand zwischen Mutter- und Tochtergesellschaft verlangt. Als Beispiel hierfür seien die einheitlichen Standards für die Speisezubereitung bei McDonald's genannt. Dies ist der anbieterbezogene objektivierte Qualitätsaspekt. Der subjektive Qualitätsaspekt bezieht sich auf in den jeweiligen Ländern unterschiedliche Wahrnehmungen in Bezug auf Gebrauchsnutzen, Ästhetik und Qualitätsimage eines Erzeugnisses. In der Praxis wird hierbei auf lokale Besonderheiten noch relativ wenig Rücksicht genommen. Vernünftiger erscheint hier jedoch eine länderspezifische Anpassung. Ein Beispiel dafür ist die Qualitätsstrategie der Produkte der Sportmarke Nike, die weltweit ein fortschrittliches aber an die jeweiligen Länder angepasstes Qualitätsimage propagiert.

Kostenorientierung versucht durch hohe Verkaufszahlen die Herstellungskosten einer einzelnen Produkteinheit unter das Niveau von internationalen Konkurrenten zu bringen und somit einen Wettbewerbsvorteil zu erreichen. Typischerweise wird dies durch Joint Ventures und Kooperationen realisiert. Häufig ist diese Vorgehensweise in der Autoindustrie zu finden.

Aufgaben zum Abschnitt *Ziele und Strategien im internationalen Marketing*:

1. Welches Hauptziel verfolgt internationales Marketing?
2. Welche drei Möglichkeiten gibt es, kundenbezogenes Marketing zu betreiben?

❑ Beispiele für internationales Marketing

Der McDonald's-Konzern passt seine Werbung und sein Speisenangebot den lokalen Gegebenheiten an. In Singapur sind 15 Prozent der Bevölkerung muslimisch, weswegen bestimmte Speisen nicht mit Schweine- sondern mit Hühnerfleisch angeboten werden. In Israel werden koschere (*koscher* bedeutet, dass das Fleisch nach den Vorschriften der jüdischen Religion erzeugt wird) Burger angeboten, in Europa zunehmend auch vegetarische Burger, in Norwegen Burger mit Lachs.

Ein anderes Beispiel ist der Musiksender MTV. Er unterhält weltweit ca. 30 unterschiedliche Programme, die je nach den landestypischen Gegebenheiten ihr Programm gestalten. Diese lokale Anpassung erstreckt sich von Gestaltung und Aufbau der Studios bis hin zur Auswahl der Musik. So ist die Jugend weltweit

Beispiele für internationales Marketing: McDonald's und MTV

keineswegs komplett rebellisch und hedonistisch, wie dies in den westlichen Industrieländern suggeriert wird. Beispielsweise verstören Gangsta-Rap-Videos oder Schock-Rock-Videos von P. Diddy bzw. von Marilyn Manson die Teenager in Indien. Denn in Indien bevorzugen die Teenager Harmonie statt Auflehnung, Sex vor der Ehe ist für 70 Prozent tabu und es wird allgemein akzeptiert, wenn der Ehepartner von den Eltern ausgesucht wird. Daher wird auf MTV India 24 Stunden Videos mit indischer Musik ausgestrahlt. Bevorzugter Drehort sind saftige Bergwiesen.

Es gibt viele Beispiele für interkulturell fehlgeschlagene Werbeaktionen, so etwa dieses:

So hatten sich die Marketing-Chefs eines großen deutschen Versandhauses die Reaktion ihrer potentiellen chinesischen Kundinnen nicht vorgestellt. Zuerst erschrocken, dann die Hand kichernd vor den Mund haltend, blieben die Frauen von den riesigen Plakatwänden in der Pekinger Innenstadt stehen: Top Model Claudia Schiffer in Großformat – den Chinesinnen suggerierend, dass auch sie so schön sein könnten. Doch die blonde Deutsche hat Sommersprossen. In Europa durchaus sympathisch gelten sie in China als hässliche Hautfehler. Die Kampagne war glatt in den Sand gesetzt, das Ziel verfehlt.[2]

Ein letztes Beispiel:

Die Fluglinie American Airlines bewarb ihre neuen Ledersitze in der ersten Klasse mit „fly in leather", in Mexiko bedeutet die rein wörtliche Übersetzung „vuela in cuero" soviel wie „Fliegen sie nackt!"

---

[2] Quelle: "Die Welt" 30.04.2000, S. 4.

Aufgaben zum Abschnitt *Beispiele im internationalen Marketing*:

1. Diskutieren Sie im Plenum: Kennen Sie weitere Beispiele für fehlgeschlagenes internationales Marketing?
2. Überlegen und diskutieren Sie: Wie hätte im Fall der in dem oben stehenden Artikel beschriebenen Werbekampagne dieser Misserfolg vermieden werden können?

Wiederholungstest

Welche der beiden Aussagen ist richtig, welche ist falsch? Lösen die Aufgabe in Einzelarbeit und vergleichen Sie danach in Partnerarbeit Ihre Ergebnisse und begründen Sie Ihre Meinung!

1. Zwei Prinzipien von Kommunikationsstrategien sind im internationalen Marketing grundlegend: Der Strategieplan ...

    a) ... und dessen Umsetzung.

    b) ... und der Taktikplan.

2. Das Hauptziel des internationalen Marketing ist es, ...

    a) ... die nationale Marktposition zu festigen.

    b) ... neue Märkte zu „erobern".

3. Es gibt drei strategische Orientierungsrichtungen: Innovation, Qualität, ...

    a) ... Quantität.

    b) ... Kosten.

4. McDonald's und MTV sind bekannte Beispiele für ...

    a) ... internationales Marketing.

    b) ... multikulturelles Marketing.

Abbildungsverzeichnis

1.1 Grafik 1: Relationship Building (S. 14)
1.2 Grafik 2: Die vier Seiten einer Nachricht (S. 21)
     Grafik 3: Die „vier Ohren" (S. 22)
     Grafik 4: Ein unpassendes (Ohren)paar (S. 23)
1.3 Grafik 5: „Zwei Bier bitte!" (S. 40)
2.1 Grafik 6. Die Kulturzwiebel (S. 49)
2.2 Grafik 7: Nicht unterschätzen – die Rolle der Verbindungsperson! (S. 68)
2.3 Grafik 8: „Falsch verstanden – wie peinlich!" (S. 93)
3.1 Grafik 9: Akkulturationstypen (S. 106)
     Grafik 10: Der Verlauf des Kulturschocks (S. 109)
3.2 Grafik 11: Bausteine interkultureller Kompetenz (S. 115)
     Grafik 12: Das Eisbergmodell der Kultur (S. 118)
3.3 Grafik 13: Dimensionen interkultureller Trainings (S. 126)
3.4 Grafik 14: Eine unverstandene Ablehnung (S. 139)
4.2 Grafik 15: In zwei Kulturen „zu Hause sein" (S. 156)
4.3 Grafik 16: Die Sitzordnung beim chinesischen Bankett (S. 165)
5.3 Grafik 17: Anforderungen an einen „Expat"-Manager in China (S. 196)

Tabellenverzeichnis

2.1 Tabelle 1: Wie äußert sich die Wertedimension der Machtdistanz? (S. 53)

2.1 Tabelle 2: Wie wirkt sich die Wertedimension des Individualismus-Kollektivismus auf die Arbeitseinstellung aus? (S. 55)

2.1 Tabelle 3: Vergleich maskuliner und femininer Werte (S. 57)

2.1 Tabelle 4: Unterschiede zwischen Kulturen mit schwacher und starker Unsicherheitsvermeidung (S. 60)

3.3 Tabelle 5: Überblick über die Möglichkeiten der Behandlung interkulturelle Probleme (S. 134)

Fachbegriffe, neue Wörter, Namen der Wissenschaftler

1.1

Fachbegriffe:

Kultur f. -en: 文化。西方语言中的文化一词源自于拉丁语，是耕种的意思。现在文化有150多种定义，本书所采用的是一个较简单、实用的定义，即文化是某个群体共有的价值和标准体系。

Anthropologie f. -n: 人类学

moderne Anthropologie f. unz.: 现代人类学。此学说在最近的研究中把灵长类动物的某些行为看成文化的成果。

Wert m. -e: 价值

Norm f. -en: 标准

Kommunikation f. -en: 交际，交流

mentale Programmierung f. unz.: 心灵软件。这是荷兰社会学家霍夫斯泰德提出的一个在跨文化交际中以实际应用为目的的文化概念。他认为每个人都拥有自己的思维、感觉以及潜在行为模式，这些是人们在其出生、成长的社会环境中学到的。他把这种模式比喻成计算机的软件。一旦这种模式被固定下来就很难再改变。

interkulturelle Kommunikation f.: 跨文化交际

Habitus m. unz.: 仪态。来源于拉丁语，指生物的行为和表现形式。法国社会学家 Pierre Bourdieu 认为仪表**源自某人社会地位**的意识状态，这种意识状态是行为和观念的基础。

Subkultur f. -en: 亚文化**群**

High-Context-Kultur: 强语境文化。美国文化人类学家爱德华·豪尔把文化分为强语境文化和弱语境文化，以便对不同的文化进行区别。在强语境文化中进行交际的人们必须要从语境中推导出很多信息。谈话者并不直接说明意思，而是期待听话者能够考虑表达的背景和说话人的意图。

Low-Context-Kultur f. -en: 弱语境文化。在弱语境文化中谈话者并不期待听话者有和他共同的认识背景，而是直接说出自己要表达的意思。

Neue Wörter:

Spektrum n. -ren: 光谱（原义），多种多样（转义）

Primat m./n. -e: 灵长类

Orang-Utan n. -s: 猩猩属

potenziell adj.: 潜在的，可能的

Freundesclique f. -n: 朋友圈子

Ritual n. -e/-ien: 礼俗，仪式

Metapher f. -n: 借喻，比喻，隐喻

Kategorie f. -n: 类别，种类，范畴

Wahrnehmungsschemata pl.: 感觉模式

Mahnmalkultur f. -en: 纪念碑文化

Biergartenkultur f. -en: 巴伐利亚啤酒花园式文化

Misstrauenskultur f. -en: 怀疑文化

Joggingkultur f. -en: 慢跑文化

Marathonkultur f. -en: 马拉松文化

Stereotypisierung f.: 定型化

über etwas kein Wort verlieren: 不再谈论某事，只字未提

knackig adj.: 鲜脆的，脆嫩的

Einengung f. unz: 限制，约束

Namen der Wissenschaftler:

Kroeber und Kluckhohn

Geert Hofstede

Pierre Bourdieu

Edward T. Hall

1.2

Fachbegriffe:

Kommunikation f. -en: 交际，交流。来源于拉丁语的 con（共同，一起）和 munus（任务或成就）。交际没有统一的概念解释，人们经常用发送者－接受者模式描述交际。

Tradierung f. -en: 口传，流传

Interaktion f. -en: 互动，相互作用，相互影响

sprachlicher Kode m. -s: 语言编码

Arbitrarität f. unz.: 任意性

verbal adj.: 语言的

nonverbal adj.: 非语言的

paraverbal adj.: 副语言的

Sprechakt m. -e/-en: 语言行为

Sprechhandlung f. -en: 语言行为

Sprachkontext m. -e: 语境

Kontextualisierung f. -en: 语境化

komplexe Handlungsmuster pl.: 复杂的行为模式

mediale Kommunikation f. -en: 媒体交际

Neue Wörter:

Vorentlastung – Assoziogramm: 进入主题前用于减轻学习难度的联想方法

Kybernetik f. unz.: 控制论

Metaphorik f. unz.: 使用隐喻的技巧

therapeutisch-praktisch adj.: 治疗用的

Facette f. -n: 方面

analog adj.: 类似的，相似的

auf etwas aus sein: 追逐、追求某物或某人，热衷于……，醉心于……

Aufzucht f. -en: 抚育，养育，培育

Rudel n. -: 群，成群结队

Orca-Wale pl.: 蓝戟鲸

Fischschwärme pl.: 鱼群

instinktiv adj.: 本能的，天性的

verankert sein: 根植于

Lebensspanne f. -n: 生命期

interagieren vi.: 相互影响，相互作用

willkürlich adj.: 任意的，随意的

geknickt sein: 沮丧，垂头丧气

Namen der Wissenschaftler:

Roman Jakobson

Karl Bühler

Friedemann Schulz von Thun

John Austin, John Searle

Ferdinand de Saussure

1.3

Fachbegriffe:

Normalitätserwartung f. -en: 标准（正常）期望，（标准）期望受文化制约，（标准）期待决定了某种情境中的行为是否适当

Neue Wörter:

für etwas sorgen: 照料某事，引起

jdm. etwas unterstellen: 把……强加于

unmanierlich adj.: 没有礼貌的，没有教养的

jdm. auf die Pelle rücken: 挨得太近

in Anbetracht: 鉴于，考虑到

Namen der Wissenschaftler:

John J. Gumperz

2.1

Fachbegriffe:

Wertedimensionen f. Pl.: 价值维度。荷兰社会学家霍夫斯泰德把价值分为四个维度。

Machtdistanz f. -en: 权利距离。霍夫斯泰德的四个价值维度之一。

Individualismus-Kollektivismus m. unz.: 个人主义和集体主义。霍夫斯泰德的四个价值维度之一。

Maskulinität-Femininität f. -en: 男性化和女性化。霍夫斯泰德的四个价值维度之一。

Unsicherheitsvermeidung f. -en: 不确定性规避。霍夫斯泰德的四个价值维度之一。

„konfuzianische Dynamik" f. unz.: 儒家动力。Michael Bond 通过对东方的调

查研究肯定了霍夫斯泰德的四个价值维度的同时提出把"儒家动力"看作第五个价值维度。

langfristige und kurzfristige Orientierung f. -en: 长期和短期定位（定向）

„wu lun" (Die Fünf Beziehungen): 五伦

Neue Wörter:

assoziieren vt.: 联想

Batman: 蝙蝠侠（美国漫画和电影中的人物）

Snoopy: 史努比（美国的卡通形象）

Asterix: 法国漫画和动画片的人物

Robin Hood: 罗宾汉（侠盗）

Ehrerbietung f. unz.: 敬重，恭敬

in etw. verankert sein: 在……中固定下来

legitimieren vt.: 宣布……为合法，确认……为合法

Charisma n. -ismen: 独特的魅力，神授的超凡能力

Cogito ergo sum (Ich denke also bin ich.): 我思故我在（法国哲学家笛卡尔名言）

Fortpflanzung f. unz.: 繁殖，生殖，繁衍，传宗接代

intakt adj.: 完好的，完整无损的

stoisch-tragisch adj.: 斯多葛式的平淡悲观的，冷淡的

Namen der Wissenschaftler:

Michael Bond

2.2

Fachbegriffe:

Sprechgattung f. -en: 讲话种类

Neue Wörter:

Saudi-Arabien: 沙特阿拉伯

Initiierung f. -en: 发动，开始

Riad (Hauptstadt von Saudi-Arabien): 利雅得（沙特阿拉伯首都）

mit der Tür ins Haus fallen: 开门见山地说出要求

Hemisphäre f. -en: 半球

akquirieren vt.: 获得，购进

hintergangen Partizip II: 受欺骗

bilateral adj.: 双边的

multilateral adj.: 多边的

unabdingbar adj.: 绝对必要的

Mobbing n. -s: 排挤，刁难

Stichelei f. -en: 讥讽，挖苦话

untermauern vt.: 论证

kontrovers adj.: 好争论的，有争议的，对立的

Namen der Wissenschaftler:

Susanne Günther

Hans van Ess

2.3

Neue Wörter:

implizieren vt.: 包含，包括

zudringlich adj.: 强求的，纠缠不休的

arrogant adj.: 傲慢的，狂妄自大的

Sensibilität f. unz.: 敏感性

Namen der Wissenschaftler:

Liang Yong

3.1

Fachbegriffe:

Akkulturationsstrategie f. -n: 文化适应策略

widerlegen vt.: 驳斥，反驳，驳倒

Kulturschock m. -s: 文化休克，文化震骇

Artefakt n. -e: （代表各种文化或习俗的）典型产物，制造物

Assimilationstyp m. -en: 同化型

Kontrasttyp m. -en: 抵制型

Grenztyp m. -en: 边缘型

Synthesetyp m. -en: 融合型

Euphorie f.:〈心〉兴奋，亢奋

Neue Wörter:

Expat m. -s: 驻外专家

Gettobildung f.: 建立隔离区

„lebendes Standbild" n. -er: 活的塑像

pantomimische Mittel n. -: 哑剧表演手段

Zuhilfenahme f.: 凭借，借助，unter Zuhilfenahme von 借助于

Requisit f. -en:（戏剧或电影的）道具

Sketch m. -e/-es: 滑稽短剧

Überschneidungssituation f. -en: 重叠情况

Demotivierung f.: 不再新奇有趣

Namen der Wissenschaftler:

Ekkehard Wirth

3.2

Fachbegriffe:

interkulturelles Training (IK Training) n. -s: 跨文化的企业培训

„global player": 在全球范围内有实力的、影响较大的大公司或机构

interkulturelles Wissen (kognitiv) n.: 跨文化的知识（认知的）

interkulturelle Sensibilität (affektiv) f. -en: 跨文化的敏感性（情感的）

interkulturelle Handlungskompetenz (handlungsorientiert) f. -en: 跨文化的行为能力（行为的）

Ambiguitätstoleranz f. -en: 歧义宽容

„Rollendistanz" f. -en: "角色距离"

explizites Trainingsziel n. -e: 明确的训练目的

Meta-Perspektive f. -n: 超越自己的视角

Neue Wörter:

Indiskretion f. -en: 轻率，冒失
Unvoreingenommenheit f. -en: 无偏见，无成见，不先入为主

3.3

Fachbegriffe:

Culture Assimilator m. -en: 文化适应练习
critical incidents: 两难事件
Bafa-Bafa n.: 一种跨文化的模拟训练名称
„Barnga" n.: 文化冲突方面的模拟练习名称
Sensitivity Training n. -s: 敏感性训练
Kulturanthropologie f. -n: 文化人类学
kulturvergleichende Psychologie f. -n: 文化比较心理学
„Cultural Awareness" f.: "文化意识"训练

Neue Wörter:

Supervision f. -en: 监督
Simulation f. -en: 模拟实验，情景练习
Planspiel n. -e: 实战模拟训练
Empathie f.:〈心〉移情；体验
Consulting n.: 咨询
Coaching n. -s: 教练
Mediation f. -en: 调解，调停
Trainees pl.: 接受培训者
Workshop n. -s: 讲习班

3.4

Neue Wörter:

bluffen vt.: 诱人上当
deplatziert (deplaciert) adj.: 不合适的，不恰当的

4.1

Fachbegriffe:

Business-„Knigge" m. -s: 商业行为规范。„Knigge" 是指有关行为规范的书，常与其它词合用如 Party-Knigge。

Neue Wörter:

Senioritätsprinzip n. -en: 长者优先的原则

Namen der Wissenschaftler:

Adolph Franz Friedrich Ludwig Freiherr von Knigge

4.2

Fachbegriffe:

konnotative (implizite) Bedeutung f. -en: 隐藏的深层含义，含蓄的含义
denotative (explizite) Bedeutung f. -en: 外在的、明确的、清楚的含义
Notation f. -en: 标写

Neue Wörter:

gerichtliche Vereidigung f.: 法庭上的宣誓

IHK-Zertifikate pl.: 工商会证书

Fettnäpfchen vermeiden: 避免因说话、做事不当而引起的误解

Fehler ausbügeln: 改正错误

Einvernehmen n.: 和睦，融洽

Anglizismus m. -en: 英语习语，（为另一种语言所借用的）英语词语

sich in Luft auflösen: 消失

heterogen adj.: 不同的

unbezähmbar adj.: 无法克制的，强烈的

Brisanz f.: 震撼力，轰动

4.3

Fachbegriffe:

protokollarische Details pl.: 礼节方面的细节

Neue Wörter:

zu viel des Guten sein:〈口〉好事做过头，适得其反

4.4

Fachbegriffe:

Fremdstellung f. -en: 换位思想

Argumentationsstruktur f. -en: 表述论据的顺序结构

Rhetorik f.: 修辞学

Neue Wörter:

nicht aus seiner Haut können:〈口〉本性难移

anheim fallen vi. (Dat.): 被……

        dem Irrglauben anheim fallen: 引起误解

        jd./etw. fällt der Vergessenheit anheim: 被遗忘、忘却

        etw. fällt der Zerstörung anheim:（物做主语）遭到破坏

banal adj.: 乏味的，陈腐的

kontrovers adj.: 对立的，有争议的

5.1

Fachbegriffe:

interkulturelle Managementkompetenz f.: 跨文化管理能力

interkulturelle Kommunikationsbewusstheit f: 跨文化交际意识

Kommunikationsfertigkeiten pl.: 交际技能

Neue Wörter:

klischiert adj.: 按照陈规

Namen der Wissenschaftler:

Jürgen Bolten

5.2

Fachbegriffe:

Führung f. -en: 领导，本文选用的意义有三个方面：1）施加影响的互动过程；2）在领导者和被领导者之间进行；3）朝着某一目标前进

Führungsebene f. -n: 领导层面

Operative Ebene f.: 行为层面

Führungsinstrumente pl.: 领导工具，领导手段

Führungsstil m. -e: 领导风格

Selbstverwaltung f. -en: 自我管理

Neue Wörter:

Kontinuum s. -nua: 连续谱

autokratisch adj.: 专制的

despotisch adj.: 专制的

paternalistisch adj.: 家长式的

pädagogisch adj.: 教育的（在此指宗法制式教育）

Patriarch m. -en: 族长

partizipativ adj.: 参与式的

partnerschaftlich adj.: 伙伴式的

Partizipation f. -en: 参与

Loyalität f.: 忠诚，忠心

5.3

Fachbegriffe:

Personalbeschaffung f. -en: 人员招聘

Personalführung f. -en: 人事领导

Neue Wörter:

„Generalist" m. -en: 多面手，全才

etwas über den Haufen werfen: 推翻

Irritation f. -en: 不愉快，恼怒

6.1

Fachbegriffe:

Absatz m.: 销售，销路

internationales Marketing: 国际市场营销

Globalisierung f.: 全球化

internationaler Wettbewerb m.: 国际竞争

Globalisierungs-Pull m.: 全球化的"拉"

Globalisierungs-Push m.: 全球化的"推"

Nachfrage-„Sog" m. -e: 需求吸力

Freihandelszone f. -n: 自由贸易区

NAFTA (the North American Free Trade Agreement):《北美自由贸易协定》。1994 年由美国、加拿大、墨西哥签订，形成世界上最大的自由贸易区。

Anti-Preis-Dumping-Gesetz n. -e: 反倾销法

Kartellamt n. -ämter: 卡特尔机构

Enquete-Kommission f. -en: 调查委员会

Lifestyle m.: 生活方式

Neue Wörter:

nationenübergreifend adj.: 跨国的，跨民族的

supranational adj.: 超国家的

jdm. etwas zugänglich machen: 对……开放，可供……使用

Klamotten pl.: 衣服

Claudia Schiffer: (Geboren am 25. 08.1970 in Rheinbach, Deutschland, Top-Model) 德国超级名模，也是世界名模之一

Produktpalette f. -n: 产品种类

emotionaler Zusatznutzen m. -: 情感上的附加价值

suggerieren vt.:（从心灵上）给以……的影响，促使产生……的想法或愿望

6.2

Fachbegriffe:

Internationales Marketing: 国际市场营销

Multinationales Marketing: 多国营销

Globales Marketing: 全球营销
Transnationales Marketing: 跨国营销
Joint Venture: 合资企业
Kooperation f. -en: 合作，协作

Neue Wörter:
AMD：电脑公司的名称，是业务遍及全球的集成电路供应商，1969年成立，总公司设在美国硅谷，提供微处理器，闪存设备和基于硅的解决方案。
rebellisch adj.: 反叛的，叛逆的
hedonistisch adj.: 享乐的，享乐主义的
Gangsta-Rap-Videos: （隐含暴力的）冈斯特说唱影视。Gangstar 在美国俚语中意思是土匪，强盗。Gangsta-Rap 是说唱乐的一个分支，歌词内容涉及美国黑人下层社会中暴力、同性恋、种族主义等内容，因此受到评论家和某些音乐人的批判。它对美国白人文化与黑人文化有一定影响。
Schock-Rock-Videos von P. Diddy bzw. von Marilyn Manson: Shock-rock 译为休克摇滚。它把传统的摇滚乐夸张化、艺术行为化，表演者大都穿着奇装异服，舞台绚丽，表演内容涉及暴力、鲜血、尸体、死亡、性，甚至变态等内容。一些年轻人想借此表达自己对现实社会的恐惧及反抗。但现在大多数评论家认为这并不是一种摇滚风格，而是出于商业目的哗众取宠的表演行为。它反映了在当代年轻人中盛行着的一种文化潮流。代表乐队：Rammstein（德国战车乐队）
Rammstein: 事实上 Rammstein 是个地名，一个曾经以一次死伤80人的航空灾难而闻名的小镇。由于他们的舞台表演渗透着轻视生命、注重整体、集体及种族的观念，被部分媒体指责为新纳粹分子，一些德国新纳粹党徒更是声称自己是 Rammstein 的乐迷。其实现实生活与政治信仰在他们的歌词中并不是主题。
Puff Diddy: 译为吹牛老爹，美国著名黑人说唱歌手，被誉为嘻哈说唱音乐之父，代表作：《没有出路》《没有人能让我失望》。
Marilyn Manson: 玛丽莲·曼森，美国一支反基督乐队，风格与 shock-rock 相近。经典曲目：*Sweet Dreams*，*Coma White*。
etwas glatt in den Sand setzen: 将某事办坏，办糟

Mehr Informationen zu den für das Buch relevanten Wissenschaftlern

John Langshaw Austin: (*26. März 1911 in Lancaster, +8. Februar 1960 in Oxford), englischer Philosoph und Linguist, Begründer der Sprechakttheorie. Wichtiges Werk in diesem Zusammenhang: „*How to Do Things with Words*".

Jürgen Bolten: deutscher Kommunikationswissenschaftler, Leiter des Fachbereichs „Interkulturelle Wirtschaftskommunikation" in Jena, Arbeit vor allem auf dem Gebiet interkulturelles Training, zahlreiche Publikationen, darunter „*Interkulturelle Kommunikation*".

Michael Bond: (*10.7.1944 –), kanadischer Psychologe. Seit 1974 tätig als Professor an der Chinese University of Hongkong. Arbeitsschwerpunkte: Sozialpsychologie, interkulturelle Psychologie, Kultur und Sozialverhalten, interkulturelles Management, und Psychologie der Chinesen.

Pierre Bourdieu: (*1. 8. 1930, +23. 1. 2002), einflussreicher, gesellschaftlich engagierter französischer Sozialwissenschaftler, Verfasser von „*Das Elend der Welt*", „*Die feinen Unterschiede. Kritik der gesellschaftlichen Urteilskraft*". In diesem Buch wird seine Habitus-Theorie erwähnt.

Karl Bühler: (*27.05.1879, +24.10.1963), deutscher Psychologe, aber auch Mediziner, einer der wichtigsten Sprachtheoretiker des 20. Jhs., Emigration in die USA, Privatpraxis in Los Angeles, Assistenzprofessur für Klinische Psychiatrie an der Southern California University, bedeutend auf dem Gebiet der Sprach- und Denkpsychologie, Hauptwerke: „*Die Krise der Psychologie*", „*Axiomatik der Sprachwissenschaften*", „*Sprachtheorie*", „*Die Zukunft der Psychologie*".

Taylor Cox: Associate Professor für „Organization Behavior and Human Resource Management" an der University of Michigan School of Business, Hauptpublikationsgebiete: Diversity Management, multikulturelle Organisationen, wichtigstes Werk : „*Cultural Diversity in Organizations: Theory, Research and Practice*".

Hans van Ess: Professor für Sinologie an der Ludwig-Maximilians-Universität München.

John J. Gumperz: (*1922 –), geboren in Deutschland, ausgewandert in die USA 1939, Doktor in deutscher Sprachwissenschaft, 1965 Professor für Anthropologie an der University of California, Berkeley, starke Ausrichtung auf Soziolinguistik, Prägung des Begriffs der *Kontextualisierung*, Werke: *„Directions in Sociolinguistics"*, *„Language in Social Groups"*, etc.

Susanne Günthner: (*1957 –), Professorin für Germanistische Linguistik an der Universität Münster, Arbeitsschwerpunkte: Interkulturelle Kommunikation, Kontrastive Analysen zur gesprochenen Sprache: Deutsch-Englisch, Syntax gesprochener Sprache, Konversationsanalyse, Analysen kommunikativer Gattungen und Prosodieforschung, Dissertation *„Diskursstrategien in der interkulturellen Kommunikation"*.

Edward T. Hall: (*16.5.1914 –), US-amerikanischer Anthropologe, Beschäftigung mit dem Erlernen von Sprachen (informaler, formaler und technischer Level), Rolle von Raumaufteilung in der zwischenmenschlichen Kommunikation Verfasser von *„The Silent Language"*, *„Beyond Culture"*, *„The Dance of Life"* und *„Hidden Differences"*.

Geert Hofstede: (*1928 –), niederländischer Managementprofessor, Aufenthalte in der Schweiz, Belgien, Frankreich, den Niederlanden, einflussreichste Theorie auf dem Gebiet der Managementforschung: seine vier Kulturdimensionen Machtdistanz, Maskulinität/Femininität, Individualismus/Kollektivismus, Unsicherheitsvermeidung, Verfasser von *„Culture's Consequences: Comparing Values, Behaviors, Institutions and Organizations"* und *„Cultures and Organizations: Software of the Mind"*.

Roman Jakobson: (*11. 10. 1896, +18. 7. 1982) russischer Sprach- und Literaturwissenschaftler, einer der größten Linguistiker seiner Zeit, Begründer des Prager linguistischen Kreises, als Jude Flucht in die USA, Professor erst an der Columbia University, dann Harvard und M.I.T., Vertreter des funktionalen

Strukturalismus, Verfasser von „*Kindersprache, Aphasie und Lautgesetze*", „*Phonological Studies*", „*Word and Language*", etc.

Clyde Kluckhohn: (*11. 1. 1905, +29. 6. 1960), US-amerikanischer Anthropologe, Studienaufenthalte in Europa und weit gehende Kontakte mit Psychoanalyse, Karrierebeginn an der University of New Mexico, später University of Harvard (Professur), Verfasser von „*Anthropology and Psychology*", „*Mirror for Man*", zahlreiche Arbeiten mit den Navaho. In diesem Buch relevant: „*Culture: A Critical Review of Concepts and Definitions*".

Adolph Franz Friedrich Ludwig Freiherr von Knigge: (*16. 10. 1752, +6. 5. 1796), Jurist und Schriftsteller, Domänen- und Kammerherr in verschiedenen deutschen Städten, 1788 Publikation des Werkes: „*Über den Umgang mit Menschen*", später auch als „der Knigge" bekannt.

Alfred Kroeber: (*11. 6. 1876, +5. 10. 1960), US-amerikanischer Anthropologe und Kulturrelativist, meiste Zeit an der University of California, Berkeley, Verfasser von „*The Super organic*", „*Anthropology*", „*Peruvian Archaeology*", zahlreiche Feldexpeditionen in Mittel- und Südamerika, Arbeiten mit amerikanischen Ureinwohnern. In diesem Buch relevant: „*Culture: A Critical Review of Concepts and Definitions*".

Charles Lattmann: (*1912, +1995), Universalgelehrter und Pionier der Personalwissenschaft, Professor für Betriebswirtschaftslehre an der Hochschule St. Gallen (Schweiz), Werke: „*Die Humanisierung der Arbeit und die Demokratisierung der Unternehmung*", „*Die verwaltungswissenschaftlichen Grundlagen der Führung des Mitarbeiters*".

Samy Molcho: (*1936 –), österreichischer Schauspieler, Tänzer, Regisseur, Pantomime und Experte für Körpersprache, Erweiterung von Pantomime als reiner Kunstform um psychologische und dramatische Elemente, zahlreiche Schauspiel- und Regietätigkeiten an Theatern auf der ganzen Welt, Veranstalter von Seminaren, Bücher: „*Magie der Stille*", „*Körpersprache als Dialog*", „*Alles über Körpersprache*", etc.

Peter Pawlowsky: (*1954 –), Professor für Betriebswirtschaftslehre an der TU Chemnitz, Internationale Forschungsprojekte zu Fragen der Arbeitswelt, organisationalem Lernen; Knowledge Management und Human Ressource Management in der Automobilindustrie.

Ferdinand de Saussure: (*26. 11. 1857, +22. 11. 1913), Schweizer Indogermanist und Sprachwissenschaftler, Professor für Sanskrit und Sprachwissenschaft an der Universität Genf, Begründer des Strukturalismus und damit der modernen Linguistik, berühmtestes Werk: *„Grundfragen der allgemeinen Sprachwissenschaft"* (nach seinem Tod erschienen).

Friedemann Schulz von Thun: (*1944 –), deutscher Psychologe an der Universität Hamburg, Schwerpunkte auf dem Gebiet der Psychologie der zwischenmenschlichen Kommunikation, „4 Schnäbel – 4 Ohren Modell", Verfasser von „*Miteinander reden. Störungen und Klärungen*".

John Searle: (*1932 –), US-amerikanischer Philosoph an der *University of California*, Berkeley, wichtige Beiträge auf dem Gebiet der Sprachphilosophie, Geistesphilosophie und dem Vergleich von physischer und sozial konstruierter Realität, entwickelte die Sprechakttheorie von John Austin weiter (illokutionäre Kraft), Werke: *„Speech Acts: An essay in the philosophy of language"*, *„Expression and Meaning"*, *„The Construction of Social Reality"*.

Wolfgang Staehle: deutscher BWL-Professor aus Berlin, Personal-Guru, vor allem mit verhaltenswissenschaftlicher Perspektive, Verfasser eines Standard-BWL-Lehrwerks in Deutschland, „Staehle, Management".

Liang Yong: chinesischer Höflichkeitsforscher, Professor an der Universität zu Trier in Deutschland.

Verwendete sowie weiterführende Literatur

1. Kapitel: Kultur, Kommunikation und Interkultur

Austin, J. L. (1975): *How to Do Things with Words*. Harvard

Bennett, M.J. [Hg.] (1998): *Basic concepts of intercultural communication – selected readings*. Yarmouth ME: Intercultural Press

Bourdieu, P. (2001): *Die feinen Unterschiede – Kritik der gesellschaftlichen Urteilskraft*. Frankfurt am Main: Suhrkamp

Bühler, K. (1982): *Sprachtheorie*. Stuttgart: UTB

Drechsel, P.; Schmidt, B.; Gölz, B. (2000): *Kultur im Zeitalter der Globalisierung – von Identität zu Differenzen*. Frankfurt am Main: IKO – Verlag für Interkulturelle Kommunikation

Freund, W. [Hg.] (2002): *Begegnungen – Perspektiven Interkultureller Kommunikation*. Frankfurt am Main/London: IKO – Verlag für Interkulturelle Kommunikation

Gallois, C.; Callan, V. (1997): *Communication and culture – a guide for practice*. Chichester: Wiley

Gumperz, John J.; Jupp, T.C.; Roberts, Celia (1979): *Crosstalk. A Study of Cross-Cultural Communication. Background material and notes to accompany the BBC film*. National Centre for Industrial Language training

Hall, E.; Hall, M. (1990): *The Silent Language*. New York

Heringer, H. J. (2004): *Interkulturelle Kommunikation – Grundlagen und Konzepte*. Tübingen: Francke

Hofstede, Geert (1993): *Interkulturelle Zusammenarbeit. Kulturen. Organisationen. Management.* Wiesbaden: Gabler [Original: Hofstede, Geert (1991): *Cultures and Organizations: Software of the mind.* London: McGraw-Hill]

Hofstede, G.J.; Pedersen; P. B.; Hofstede, G.. (2003): *Exploring culture – exercises, stories and synthetic cultures.* Nachdruck, Yarmouth: Intercultural Press

Knapp, K.; Knapp-Potthoff, A.: „Interkulturelle Kommunikation", in: *Zeitschrift für Fremdsprachenforschung* 1, 1990, S.62–93

Kotthoff, H. [Hg.] (2002): *Kultur(en) im Gespräch.* Tübingen: Narr Kroeber, Alfred C.; Clyde, Kluckhohn (1963): Culture: A critical review of concepts and definitions. New York

Pollock, D.C.; van Reken, R. E.; Pflüger, G.. (2003): *Third culture kids – Aufwachsen in mehreren Kulturen.* Marburg an der Lahn: Francke

de Saussure, F. (2001): *Grundfragen der allgemeinen Sprachwissenschaft.* Berlin: De Gruyter

Schneider, H.J.; Kroß, M. [Hg.] (1999): *Mit Sprache spielen: die Ordnungen und das Offene nach Wittgenstein.* Berlin: Akademie Verlag

Schulz von Thun, Friedemann (1981): *Miteinander Reden 1 – Störungen und Klärungen.* Reinbek: Rowohlt

Searle, J.R. (2000): *Sprechakte – Ein sprachphilosophischer Essay.* Frankfurt am Main: Suhrkamp

Thomas, A. [Hg.] (1991): *Kulturstandards in der internationalen Begegnung.* Saarbrücken: Breitenbach

Wierlacher, A.; Stötzel, G. [Hg.] (1996): *Blickwinkel – kulturelle Optik und interkulturelle Gegenstandskonstitution; Akten des III. Internationalen Kongresses der Gesellschaft für Interkulturelle Germanistik Düsseldorf 1994.* München: Iudicium

Internet-Quellen:

Nertinger, E. http://www.hueber.de/downloads/lehrer/daf/interkultur2.pdf abgerufen am 9.3.2004. Es handelt sich um einen Abschnitt aus einem auszugsweise ins Internet gestellten Skript von Eva M. Nertinger.

2. Kapitel: Werte, Beziehungen, Höflichkeit

Böttcher, S. (1999): *Kulturelle Unterschiede – Grenzen der Globalisierung – ein Vergleich zwischen dem Westen u. Ostasien.* Berlin/München: Duncker und Humblot

Carbaugh, Donal [Hg.] (1990): *Cultural communication and intercultural contact.* Hillsdale NJ: Erlbaum

Gumperz, John J.; Jupp, T.C.; Roberts, Celia (1979): *Crosstalk. A Study of Cross-Cultural Communication. Background material and notes to accompany the BBC film.* National Centre for Industrial Language training

Günthner, S.: „Höflichkeitspraktiken in der interkulturellen Kommunikation – am Beispiel deutsch-chinesischer Interaktionen", in: Lüger, H.-H. [Hg.] (2001): *Höflichkeitsstile.* Frankfurt: Peter-Lang, S.295–314

LIANG, Yong: „Höflichkeit als interkulturelles Verständigungsproblem. Eine kontrastive Analyse Deutsch/Chinesisch zum kommunikativen Verhalten im Alltag und Wissenschaftsbetrieb", in: JbDaF 18, 1991, S.65–86

Lüger, H.-H. [Hg.] (2001): *Höflichkeitsstile.* Frankfurt: Peter Lang

Sugitano, M.: „Kontextualismus als Verhaltensprinzip: ‚Kritisch' erlebte Interaktionssituationen in der japanisch-deutschen Begegnung", in: Thomas, A. [Hg.] (1996): *Psychologie Interkulturellen Handelns*. Göttingen: Hogrefe, S. 227–245

Internet-Quellen:

van Ess, H. (2003): Ist China konfuzianisch? China Analysis No. 23. Center for East Asian and Pacific Studies: Universität Trier, S. 11. Aus dem Internet: http://www.chinapolitik.de/studien/china_analysis/no_23.pdf, abgerufen am 19.03.2004

3. Kapitel: Interkulturelle Trainings

Amt für Multikulturelle Angelegenheiten der Stadt Frankfurt am Main (1995): *Begegnen – Verstehen – Handeln – Handbuch für interkulturelles Kommunikationstraining*. 2. Aufl. Frankfurt/Main: IKO, Verlag für Interkulturelle Kommunikation

Axtell, R.E. (1998): *Gestures – the do's and taboos of body language around the world*. New York/Chichester: Wiley

Brislin, R.W.; Yoshida, T. [Hg.] (1994): *Improving Intercultural Interactions: Modules for Cross-Cultural Training Programs*. Thousand Oaks CA: Sage

Bolten, J.: „Interkulturelles Verhandlungstraining", in *JbDaF* 18, S.269–287

Hall, E.; Hall, M. (1983): *Hidden Differences. How to communicate with the Germans*. New York

Knapp, K. (1999): *Meeting the intercultural challenge – effective approaches in research, education, training and business, Society for Intercultural Education, Training and Research*. Sternenfels: Verlag Wissenschaft und Praxis

Landis, D.; Brislin, R.W. [Hg.] (1983): *Handbook of Intercultural Training, Vol. 1, Issues in Theory and Design.* New York et al.: Pergamon Press

Lin-Huber, M. A. (2001): *Chinesen verstehen lernen – Wir – die Andern: erfolgreich kommunizieren.* 1. Aufl. Bern/Göttingen et al.: Huber

Ting-Toomey, S. (1999): *Communicating across cultures.* New York: Guildford Press

4. Kapitel: Delegationen, Dolmetschen und Übersetzen, Empfänge, Verhandlungen

Ammann, M. (1995): *Kommunikation und Kultur – Dolmetschen und Übersetzen heute – eine Einführung für Studierende,* 3. Aufl. Frankfurt (Main): IKO – Verlag für Interkulturelle Kommunikation

Apfelbaum, B.: „Der Umgang mit interkulturellen Konflikten in Gesprächen mit Dolmetscherbedarf", in: *GAL Bulletin, Zeitschrift für Angewandte Linguistik 26,* 1997, S.63–78

Günthner, S.: „Argumentation in German-Chinese conversations", in: Spencer-Oatey, H. [Hg.] (2000): *Culturally Speaking: Managing Relations in Talk across Cultures.* London: Cassel, S.217–239

Günthner, S.: „Adding Jade and Pearls to One's Speech: Aesthetic and Interactive Functions of Proverbs in Chinese and German Interaction", in: Knoblauch, H. / Kotthoff, H. [Hg.] (2001): *Verbal Art across Cultures: The Aesthetics and Proto-Aesthetics of Communication.* Tübingen: Narr, S.255–272

Knapp, K.; Knapp-Potthoff, A.: „Sprachmittlertätigkeit in der interkulturellen Kommunikation", in: Rehbein, J. [Hg.] (1985): *Interkulturelle Kommunikation.* Tübingen: Narr, S.450–463

Muschg, Adolf (1980): *Baiyun oder die Freundschaftsgesellschaft.* Frankfurt am

Main: Suhrkamp

Rehbein, J.: „Intercultural Negotiation", in: Di Luzio, A.; Günthner, S.; Orletti, F. [Hg.] (2001): *Culture in Communication: Analyses of Intercultural Situations.* Amsterdam/Philadelphia: John Benjamins, S.173–198

5. Kapitel: Interkulturelles Management

Blom, H.; Meier, H. (2002): *Interkulturelles Management – interkulturelle Kommunikation – internationales Personalmanagement; Diversity-Ansätze im Unternehmen.* Herne/Berlin: Verlag Neue Wirtschaftsbriefe

Böttcher, S. (1999): *Kulturelle Unterschiede – Grenzen der Globalisierung – ein Vergleich zwischen dem Westen u. Ostasien.* Berlin/München: Duncker und Humblot

Bolten, J.: „Integrative Aus- und Weiterbildungsmodelle für den Erwerb interkultureller Managementkompetenz – Ein Stufenplan", in: Achtenhagen, F.; Lempert, W. [Hg.] (2000): *Lebenslanges Lernen im Beruf.* Opladen: Leske & Budrich, S.217–319

Bolten, J. (2000): *Studien zur internationalen Unternehmenskommunikation.* Leipzig : Popp

Crane, R. (2000): *European business cultures.* Financial Times/Prentice Hall: Harlow

Engels, B. [Hg.] (2001): *Interkulturelle Aspekte wirtschaftlicher Globalisierung.* Deutsches Übersee-Institut: Hamburg

Günthner, S.: „Zur Begegnung deutscher und chinesischer Gesprächsstile", in: Müller-Jacquier, B. [Hg.] (1991): *Interkulturelle Wirtschaftskommunikation.* München: Iudicium, S.297–323

Jahnke, R. (1996): *Wirtschaftlichkeitsaspekte interkultureller Kommunikation – interkulturelle Kommunikation in international tätigen Unternehmen unter besonderer Berücksichtigung von Führungskräften.* Sternenfels : Verlag Wissenschaft & Praxis

Knapp-Potthoff, A.; Liedke, M. [Hg.] (1997): *Aspekte interkultureller Kommunikationsfähigkeit.* München: Iudicium

Kopper, E.; Kiechl, R. [Hg.] (1997): *Globalisierung – von der Vision zur Praxis – Methoden und Ansätze zur Entwicklung interkultureller Kompetenz.* Zürich : Versus Verlag

Kotthoff, H.: „Lernersprachliche und interkulturelle Ursachen für kommunikative Irritationen", in: *Linguistische Berichte* 135, 1991, S.375–397

Leuthner, M.; Mühlhahn, K. [Hg.] (2001): *Deutsch-chinesische Beziehungen im 19. Jahrhundert – Mission und Wirtschaft in interkultureller Perspektive,* Münster/Hamburg et al.: Literatur Verlag

Marx, E. (2001): *Breaking through culture shock – what you need to succeed in international business.* London: Nicholas Brealey

Meier, H.; Roehr, S. [Hg.] (2004): *Einführung in das Internationale Management – Internationalisierung und Globalisierung; Internationale Unternehmensführung; Interkulturelle Kommunikation.* Herne: Verlag Neue Wirtschaftsbriefe

Nolan, R. W. (1999): *Communicating and adapting across cultures – living and working in the global village.* Westport Connecticut: Bergin & Garvey

Spencer-Oatey, H. [Hg.] (2000): *Culturally Speaking: Managing Relations in Talk across Cultures.* London: Cassel

Tannenbaum, R.; Schmidt, W.H.: „How to Choose a Leadership Pattern", in: *Harvard Business Review* 36, 1958, S. 95–101

Thomas, A.; Kammhuber, S.; Schroll-Machl, S. [Hg] (2003): *Handbuch Interkulturelle Kommunikation und Kooperation.* Band 2: *Länder, Kulturen und interkulturelle Berufstätigkeit.* Göttingen: Vandenhoeck & Ruprecht

Vermeer, Manuel (2002): *China.de – Erfolgreich verhandeln mit chinesischen Verhandlungspartnern.* Wiesbaden: Gabler

Wirth, Ekkehardt (1992): Mitarbeiter im Auslandseinsatz. Wiesbaden: Gabler

Wiseman, R. L.; Koester, J. [Hg.] (1993): *Intercultural communication competence.* Sage Publ.: Newbury Park et al.

Young, Linda W. L. (1994): *Crosstalk and culture in Sino-American communication.* Cambridge: Cambridge University Press

6. Kapitel: Internationales Marketing

Bungarten, T. [Hg.] (1994): *Sprache und Kultur in der interkulturellen Marketingkommunikation.* Tostedt: Attikon-Verlag

Costa, J. A. [Hg.] (1995): *Marketing in a multicultural world – ethnicity, nationalism, and cultural identity.* Thousand Oaks et al.: Sage Publications

Die Welt, 30.4.2000

Käser-Friedrich, S.; Garratt-Gnann, N. (1996): *Interkultureller Management-Leitfaden Volksrepublik China – ... denn im interkulturellen Management ist es wie im Marketing: Nur wer seine Zielgruppe kennt, hat Erfolg.* 2. Aufl. Frankfurt am Main: IKO – Verlag für Interkulturelle Kommunikation

Mauritz, H. (1996): *Interkulturelle Geschäftsbeziehungen – eine interkulturelle Perspektive für das Marketing.* Wiesbaden: DUV

Meffert, Heribert (2000): *Marketing – Grundlagen marktorientierter*

Unternehmensführung. 9. Aufl. Wiesbaden: Gabler

Müller, W. G. (1997): *Interkulturelle Werbung.* Heidelberg Physica-Verlag

Schugk, M. (2004): *Interkulturelle Kommunikation – kulturbedingte Unterschiede in Verkauf und Werbung.* München: Vahlen

Lösungen

Ad 1.2 Lösungen zum Wiederholungstest: *r = richtig, f = falsch:*

1.	r	10.	r	19.	f
2.	f	11.	r	20.	r
3.	r	12.	f	21.	r
4.	f	13.	f	22.	r
5.	r	14.	f	23.	f
6.	r	15.	r	24.	f
7.	f	16.	f	25.	r
8.	f	17.	r		
9.	f	18.	r		

Ad 2.1 Lösungen zum Wiederholungstest:

e, b, c, g, f, h, a, i, j, k, d

Ad 2.2 Lösungen zum Wiederholungstest, vierter bis sechster Abschnitt:

1.	a)	7.	a)	13.	b)
2.	b)	8.	b)	14.	b)
3.	b)	9.	a)	15.	a)
4.	a)	10.	b)	16.	a)
5.	a)	11.	b)		
6.	b)	12.	b)		

Wiederholungstest Lösungstext für den siebten Abschnitt:

Wie wir bereits wissen, gibt es zwischen High-Context- und Low-Context-Kulturen beträchtliche Unterschiede in Bezug auf die Art und Weise wie mit Meinungsverschiedenheiten umgegangen wird. Offene Konflikte werden in High-Context-Kulturen weitest gehend vermieden. Demgegenüber werden in Low-Context-Kulturen Entscheidungen kontrovers diskutiert. Die dabei gefundenen Ergebnisse einer Diskussion sind dann in der Regel verbindlich und werden nicht mehr verändert.

Diese unterschiedlichen Konfliktlösungsstrategien führen häufig zu Irritationen zwischen Vertretern von High- und Low-Context-Kulturen. So werden direkte Diskussionen in High-Context-Kulturen oft hart und rücksichtslos angesehen. Allzu direkte Aussagen sind nicht in jeder Situation unbedingt üblich. In Asien wird im Gegensatz zum Westen oft erwartet, dass der andere errät, was man sagen will. Ein weiterer wesentlicher Unterschied ist, dass in Low-Context-Kulturen direkter Wiederspruch gegen Höhergestellte durchaus vorstellbar ist.

3.2 Lösungen zum Wiederholungstest für den Abschnitt 4:
 d, f, c, a, e, b

3.3 Lösungen zum Wiederholungstest: *r = richtig, f = falsch*

1. r	5. r	9. r
2. r	6. f	10. f
3. f	7. f	
4. f	8. r	

4.1 Lösungen zur Aufgabe: *Die deutsche Seite:*

a) f	c) ng	e) f
b) f	d) r	

Lösungen zur Aufgabe: *Die chinesische Seite:*

a) f	c) r	e) r
b) f	d) r	f) f

4.2 Lösungen zum Wiederholungstest:
 h, c, e, d, g, i, a, f, b

4.3 Lösungen zum Wiederholungstest:

1. a)	4. b)	7. a)
2. a)	5. b)	8. b)
3. a)	6. b)	9. a)

Lösungen

5.1 Lösungen zum Wiederholungstest 1.a:

a)	KF	e)	KF	i)	KF
b)	KF	f)	KB	j)	KB
c)	KB	g)	KB		
d)	KF	h)	KF		

5.2 Lösungen zum Wiederholungstest: *r = richtig, f = falsch:*

1.	r	7.	r	13.	f
2.	r	8.	f	14.	f
3.	f	9.	f	15.	r
4.	r	10.	r		
5.	f	11.	r		
6.	f	12.	f		

5.3 Lösungen zum Wiederholungstest: *Internationales Personalmanagement*:

1.	b)	3.	a)	5.	a)
2.	a)	4.	a)		

6.2 Lösungen zum Wiederholungstest:

1.	a)	3.	b)
2.	b)	4.	a)